위기청소년의 성인되기

- 보호체계 퇴소청소년의 자립을 중심으로 -

┃김향초 저┃

학지사

| 저자 서문 |

　지난 수년간 가출청소년쉼터에서 일하는 실무자와 회의하다 보면 항상 언급되는 화두가 '자립'이었다. 실무자가 청소년에게 서비스를 제공하면서 궁극적으로 희망하는 것은 그가 실무자의 도움으로 자립하여 사회에서 건강하게 살아가는 것이다. 문제는 가출청소년에게 자립 자체가 매우 어려운 과제이기 때문에 성인기로의 이행 과정에서 일반 청소년과 같은 조건의 자립을 요구하는 것은 무리라는 점이다. 즉, 실무자가 만나는 청소년은 일반 청소년과는 달리 학업 내지 취업 준비가 부족하고 부모의 지원이 부재하여 성인이 되었을 때 스스로 자신의 삶을 꾸려 가기가 쉽지 않다. 그러다 보니 자립이라는 것 자체가 너무 커다란 기대를 나타내는 것이 아닌가 하는 우려감을 낳곤 한다. 이러한 분위기 속에서 항상 걱정하는 것은 청소년의 성인기로의 이행 과정을 어떻게 도와야 할 것인가다.

　그동안 국내외를 막론하고 인간발달 단계에서 20대는 성인으로 이행하는 가장 보편적인 시기로 여겨져 왔고 청춘은 아름답다고 예찬하기도 하였다. 그러나 현재 우리 사회에서는 청소년기라 하여 주로 중·고등학교 시기에 관심을 두었을 뿐 성인기로 이행하는 후기 청소년기에서 청년기 사이에 대한 연구는 미비하였고, 특히 이 시기에 속한 청년의 고민에 대해서는 거의 관심이 없었다. 그러다가

2000년대에 지식산업사회로 진입하여 고등교육의 요구, 취업 시장의 변화 등 사회적 · 경제적 환경이 변화하고, 세계적으로 금융 위기와 더불어 청년 취업이 사회의 주요 이슈로 등장하면서 청년이 겪는 삶의 어려움에 대해 인식하기 시작하였다. 한 예로 『아프니까 청춘이다』라는 책은 청년기의 고민에 대한 인식을 새롭게 하는 계기가 되었다.

청소년이 성인으로 이행해 가는 과정은 사회적 · 경제적 현실에 맞추어서 변화하고 있다. 지식산업시대의 도래는 국내외적으로 이행 과정이 과거에 비해 더 오랜 시간이 걸리고 더 복잡해지며, 여러 발달과업의 순서까지도 와해시키고 있다. 실제로 대다수의 청소년이 대학 재학 중에 학비 보조는 물론 거주지까지도 도움을 받는 경우가 늘면서 독립 연령의 연장이 당연시되고 있고, 사회 또한 이 기간을 성인의 책임감을 실천할 것을 기대하기보다는 일종의 집행유예 기간으로 허락하고 있는 추세다.

대다수의 청년은 부모의 지원하에 다양한 경험을 통해 발달과업을 성취하면서 자신의 미래에 대해 부푼 희망과 큰 꿈으로 가득 차 있다. 그러나 이와 동시에 아직까지는 생활의 안정을 찾지 못하다 보니 자신의 꿈을 실현하기 위해 어디로 가야 할지를 몰라서 불안해하고 있다.

그렇다면 가정에서 부모의 양육과 보호가 불가능하여 보호체계에서 생활하는 청소년은 성인기로의 이행 과정을 어떻게 지나고 있을까? 이러한 청소년에게 법적 연령 기준에 의한 퇴소라는 갑작스러운 변화에 적응조차 못한 상황에서 성인 초기 단계의 발달과업인 독립적인 생활에 적응해야 한다는 현실은 감당하기에 버거운 과제다. 현실이 이렇다 보니 자신의 미래에 대한 계획을 수립한다는 것은 생각조차 할 수 없다.

　이러한 현실 속에서 보호체계 실무자가 우려하는 문제는 청소년이 자립 준비를 체계적으로 훈련받지 못한 채 갑자기 사회로 던져진다는 점이다. 일반 청년보다 더 많이, 더 오랜 기간 동안 자립 준비를 해도 사회로 나갔을 때 건강한 구성원의 역할을 수행하기 어려운데, 서비스 제공이 갑작스럽게 중단되고 정서적·도구적 자원이 결핍되면 또 다른 유형의 고위험 성인집단으로 전락할 가능성이 크다.

　따라서 이 책에서는 먼저 일반 청소년이 성인기로 이행하는 과정을 살펴보았다. 일반적인 생각과는 달리 청년기는 많은 발달과제를 습득해야 하면서 성인기로의 진입이 늦어지고 있고, 당사자인 청년 또한 이러한 사회 분위기 속에서 다양한 어려움에 직면하고 있다. 이에 덧붙여 특히 부모의 지원이 부재한 상황에서 가정이 아닌 보호체계에서 생활하고 있는 위기청소년이 성인기로 이행하는 데 얼마나 힘든 과정을 겪는지 살펴보았다.

　다음으로 가장 중요한 주제인 자립에 대해 구체적으로 살펴보았다. 먼저 보호체계청소년에게 자립이 무엇을 의미하는지 알아보고, 보호체계 퇴소 후 생활상을 통해 자립의 실태를 파악하고자 하였다. 또한 현재 우리나라에서 퇴소청소년을 대상으로 제공하고 있는 자립 관련 서비스는 물론 자립과 관련하여 국내외적으로 마련된 법령과 실천되고 있는 제도를 살펴보았다. 마지막으로 퇴소청소년에게 도움이 될 자립 관련 방안 및 프로그램을 제시하였다.

　이 주제를 구상한 후 자료 수집 과정에서 많은 어려움이 있었지만 부족한 대로 정리하려고 노력하였다. 무엇보다도 이 원고를 선뜻 받아 주신 학지사 김진환 사장님과 담당자께 이 자리를 빌려 감사드린다. 이 내용이 비록 많은 사람의 관심사는 아닐지라도 보호체계에서 생활하는 청소년과 그 청소년에게 도움을 주는 실무자에게 희망과 힘이 되었으면 하는 바람이다. 아울러 이 책을 통해 사회에서 위기 청소년의 성인되기에 대한 관심과 적극적인 지원이 이루어지기 바란다.

2013. 2.

김향초

|차 례|

저자 서문 / 3

청소년의 성인되기 _ 13

1. 개 요 _ 13
2. 정의 및 특징 _ 16
   1) 청년의 정의 / 16
   2) 성인이행기의 특징 / 21
   3) 청년기의 특징 / 24
3. 성인되기 _ 35
   1) 특 징 / 35
   2) 성인의 지표 / 42
4. 성인기로의 이행 기간 연장 _ 45
   1) 특 징 / 46
   2) 청년기 연장의 원인 / 50
5. 청년기의 당면 문제 _ 57
   1) 자아정체감 확립의 어려움 / 57
   2) 부모에게서 독립의 지연 / 59
   3) 취업의 어려움 / 66

위기**청소년**의
성 인 되 기

02

위기청소년의 성인되기 _ 75

1. 위기청소년 _ 77
1) 정 의 / 78
2) 특 징 / 85
3) 당면 문제의 심각성 / 92

2. 보호체계청소년 _ 102
1) 특 징 / 104
2) 당면 문제의 심각성 / 110

위기**청소년**의
성 인 되 기

03

보호체계 퇴소청소년과 자립 _ 125

1. 퇴소청소년의 퇴소 후 생활상 _ 125
1) 자립의 정의 / 126
2) 퇴소 후 생활상 / 131

2. 보호체계 퇴소청소년의 성인되기 _ 145
1) 특 징 / 146
2) 성인으로의 전환 과정 / 148

3. 성인기로 이행의 어려움 _ 155
   1) 특 징 / 156
   2) 당면 문제 / 159

4. 퇴소청소년의 자립지원 관련 서비스 _ 170
   1) 배 경 / 171
   2) 자립지원 서비스의 내용 / 181
   3) 자립지원 서비스의 문제점 / 197

5. 자립지원 관련 법과 제도 _ 210
   1) 우리나라 / 211
   2) 미 국 / 218

6. 퇴소청소년의 자립지원 개선방안 _ 236
   1) 개인적 요인 / 238
   2) 제도적 요인 / 250
   3) 자립지원 프로그램의 개발 / 264

참고문헌 / 285

청소년의 성인되기

청소년의 성인되기

1. 개 요

저출산과 고령화 사회의 도래는 미래를 짊어질 청소년의 인구가 감소하는 심각한 사회 문제를 낳고 있다. 실제로 청소년 인구의 구성비를 살펴보면 1980년에 36.8%로 증가한 이후 1990년에 31.6%, 2000년에 24.5%, 2010년에는 21.1%로 계속 감소하였으며, 2020년에는 16.5%로, 2030년에는 13.0%가 될 전망이다(여성가족부, 2010a). 이러한 현실 속에서 청소년정책이 청소년을 위한 시설과 인력의 질적 개선이 이루어질 수 있는 방향으로 추진되지 않을 경우, 새로운 변화에 대응하기 힘들어질 것이라는 우려를 낳고 있다. 이는 청소년의 인적자원 개발과 관리가 더 이상 청소년 정책만의 문제가 아니라 국가 차원의 위기로까지 발전할 수 있다는 인식이 확대되어, 우리 사회의 가장 중요한 이슈가 되고 있음을 잘 보여 주고 있다.

이러한 청소년 인구 감소의 심각성과 청소년의 중요성을 인식하면서, 국내외에서는 지난 10여 년간 청소년을 대상으로 한 서비스 프로그램과 정책에 많은 관심을 보여 왔다. 한 예로 영국은 아동·학교·가족부 산하에 6개 국을 두고 있는데, 괄목할 점은 새로운 부서의 개편과 함께 청소년국을 신설하였다는 것이다. 이는 이전의 교육기술부가 청소년과 그에 관한 정책을 평생교육 관련 부서에서 전담했던 것을 고려해 보면, 청소년에 대한 중요성과 인식의 발로에서 비롯되었다고 해석할 수 있다(여성가족부, 2010a: 15). 우리나라의 경우에도 청소년 사회참여의 활성화를 위해 청소년 참여기구 운영을 개선하고, 청소년 권익 증진을 위해 청소년증 제도의 내실화를 꾀하고 있으며, 청소년 역량개발지원을 위해 청소년 방과후 아카데미 운영을 지원하고 있고, 청소년 안전사회망 강화를 위하여 지역사회청소년통합지원체계(Community Youth Safety Network: CYS-Net)를 운영하고 있다. 이처럼 우리나라를 포함한 선진국에서는 지난 20여 년간 청소년 발달에 관한 관심이 높아지면서 정책입안자와 실무자가, 특히 아동과 청소년을 위한 서비스와 프로그램 개발에 많은 노력을 기울여 왔다.

또한 청소년기의 연장과 성인기로의 진입이 점차 늦어짐에 따라 이 단계에 해당하는 기간이 길어지면서, 청소년기가 끝났다고 해서 곧장 성인기로 들어가는 것이 아님을 인식하게 되었다. 즉, 과거에는 고등학교를 졸업하고 취업과 동시에 성인기로 이행하는 것이 일반적인 추세였으므로, 청소년기를 마치고 성인기로 이행하는 청년 기에 대한 관심은 낮은 편이었다.

다행히 최근 들어 청소년 후기에서 청년기 초기에 해당하는 20대 초·중반에 대한 관심이 높아지고 있다. 즉, 청소년이 사회에서 건강 한 성인으로 살아가기 위해 청년기까지 갖추어야 할 과제가 과거에 비해 더 많아짐에 따라, 이들을 습득하는 데 점점 더 많은 시간이 요 구되는 현실 속에서 청년기에 대한 관심이 높아지고 있다. 외국의 경 우 십여 년 전부터 성인이행기(emerging adulthood)라 하여 성인기 와는 다른 시각에서 이들에게 접근해야 한다는 주장이 나오고 있고, 랭커스터와 스틸먼(Langcaster & Stillman, 2010)은 특히 1982년에서 2000년 사이에 태어난 세대를 밀레니얼 세대(Millennial Generation) 라고 부르고 있으며, 국내에서도 몇 년 전부터 이 연령층에 해당하 는, 특히 대학생을 중심으로 이들의 고민과 삶의 어려움을 다룬 책이 등장하기 시작하였다(곽금주, 2008, 2010; 김난도, 2010; 김애순, 2010; 엄기호, 2010; 우석훈, 박권일, 2007; 정철상, 2010).

이 시기는 더 이상 청소년이 아니지만 아직까지는 성인도 아니어 서 어찌 보면 주변인과 같은 느낌을 줄 수 있지만, 인간발달 단계에 서 엄연히 존재하는 단계이고 또한 성인기로의 이행 시기로서 이 시 기에 달성해야 할 발달과업을 얼마나 충실하게 수행하느냐에 따라 성인기의 출발점이 달라질 수 있다. 특히 청년기로 일컬어지는 성인 기로의 원활한 이행 과정은 궁극적으로 사회 안정과 경제 발전의 토 대이므로, 청년기의 특징과 이들이 성인기로 이행하는 과정에서 겪 게 되는 당면 과제 등에 대해 좀 더 자세히 살펴보고자 한다.

2. 정의 및 특징

1) 청년의 정의

청소년, 청년, 청년기 등은 현대적인 개념이다. 청년기는 아동에서 성인으로 발달하는 시기로, 부모에게 의존적이던 아동이 점차 독립적이고 성숙한 성인으로 이행해 가는 성장의 과도기이자 마무리 단계라 할 수 있다.

과거에는 아동이나 성인과 구별되는 청소년, 청년이라는 독립된 개념이 존재하지 않았을 뿐만 아니라 아동에서 성인으로 곧바로 성장한다고 여겼다. 그래서 동서양에서는 각 문화권마다 고유한 방식으로 성년식, 할례의식, 사냥의식 등과 같은 통과의례(initiation rites)를 거쳐 아동에서 바로 성인으로 인정받았다(허혜경, 김혜수, 2010: 3). 한 예로 우리나라의 경우 「아동복지법」에서는 18세 미만을 아동으로 정의하고, 「민법」에서는 20세 이상을 성인으로 다룸으로써 그 사이의 기간은 지극히 잠정적인 것으로 파악함에 따라 과거에 제정한 법률에서는 아동기에서 곧장 성인기로 이행되는 것으로 이해하고 있음을 알 수 있다.

그러나 현대사회로 오면서 아동기에서 곧바로 성인기로 넘어오는 것이 아니라 아동이 성인으로 성장하는 준비기이자 과도기인 청소년기와 청년기를 거친다는 인식이 확대되면서, 1903년 홀(Hall)이 '청소년'이라는 용어를 사용한 이래 청소년기의 발달 특성에 관한

연구가 활발하게 진행되어 왔다. 특히 오늘날 신체적 변화는 물론
사회적인 환경의 변화로 청소년기가 점차 빨라지고 성인의 위치 획
득은 점차 지연되고 있다. 이러한 추세와 관련하여 앱터(Apter,
2001)는 "아동은 과거보다 빨리 성장하고 더 일찍 사춘기에 도달한
다. 그들은 빠르게 성장하지만 그렇게 빨리 성인이 되지는 못한다."
(Gitelson & MoDermitt, 2006: 858에서 재인용)라고 하였다.

따라서 청소년기(대략 10~18세)와는 다른 성인이행기(대략 18~
25세)의 개념이 등장하고 있다. 특히 산업사회가 전개되면서 교육
여건이 개선됨에 따라 고등교육이 일반화되고 고도로 발달된 사회
에 적응하고자 진로교육을 받기도 한다. 뿐만 아니라 대다수의 청소
년은 성인기로 진입하기 위한 준비 기간을 마련하고 있고, 심지어
최근에는 취업의 어려움으로 취업 준비 기간이 필요한 경우도 적지
않다. 이들은 연령적으로는 성인에 해당됨에도 불구하고 사회적 위
치에서 볼 때 아직까지는 부모에게서 독립하지 못한 상태로 청소년
기와 성인기 사이에 청년기라는 단계가 엄연히 존재하고 있음을 잘
보여 주고 있다.

현재 우리나라에서는 만 20세 이상을 법률상의 성인으로 규정하
고 있는 반면 「청소년기본법」의 경우 9세 이상 24세 이하의 자를
'청소년'이라 규정하면서, 다른 법률에서 청소년에 대한 적용을 달
리할 필요가 있는 경우에는 따로 정할 수 있다고 명시하고 있다. 그
러나 실제로는 고등학교 졸업까지를 청소년으로 간주하는 경향이
있어서 고등학교 졸업 이후 24세 이하에 해당하는 청소년에 대한 표
현이 모호한 편이다.

흔히 청소년이라 함은 대부분 부모와 함께 거주하며 의무적인 고등교육 과정 중에 있고, 신체적으로는 2차 성장 등의 성숙 과정에 있으며, 법률상으로는 미성년인 존재를 의미한다. 이런 점에서 볼 때 18세 이상의 젊은이는 더 이상 청소년이 아닌 존재로, 실생활에서도 '10대 청소년' '20대 청년'이라는 말을 훨씬 자연스럽게 사용하고 있고 실제로 대학생과 20대 젊은이는 스스로를 주로 '청년'이라고 지칭하고 있다(곽금주, 2008). 그러나 현실적으로 대학교육의 보편화, 의무적인 군복무 기간, 취업 준비 등과 같은 특수 상황 때문에 24, 25세 전후가 되어도 대학생이거나 경제적 독립을 이루지 못한 채 부모에게 의존하는 경우가 대부분이다 보니, 사회적 기대 측면에서 이들을 성인으로 인정하기가 곤란하다(허혜경, 김혜수, 2010). 외국의 경우도 이와 비슷하여 많은 국가가 18세를 기준으로 하여 성인으로 인정하는 추세지만, 18세 이후 20대 중반까지의 연령층을 설명하는 구체적인 용어조차 분명치 않다.

이러한 분위기 속에서 2008년에 새 정부가 들어서면서 청소년 정책과 관련하여 '청년'이라는 용어를 새롭게 사용하기 시작하였고, 국가 차원에서 아동과 청소년 정책을 통합하여 '출생에서 자립'까지 생애주기별로 적정한 서비스를 제공할 수 있는 능동적 복지체계를 구축하고자 하였다(보건복지가족부, 2009a). 특히 대상별로 생애주기별 특성에 맞춰 '13~18세 청소년'을 대상으로 비행 · 일탈 예방, 학력 향상, 청소년활동을 통한 잠재역량개발지원정책을, '19~24세 청년'을 대상으로 취업 · 창업 등 자립능력지원 중심의 정책을 핵심적으로 추진하고 있다고 밝히면서 19~24세의 사람에게 '청년'이라는 용어를 사용하고 있다. 이와 관련하여 허혜경과 김혜수(2010)는 이러한 연령 구분이 우리나라 학제를 반영한 것이라고 설명하고 있다.

외국의 경우 아네트(Arnett, 2000: 2004)는 선행 연구를 바탕으로 현대산업사회에는 청소년기를 지나 성인기로의 이행을 시작하여 마무리지었다고 스스로 생각하는 시기인 '성인이행기'가 존재하는데, 이 시기는 대략 18~25세로 대학생 시기가 이에 해당한다고 주장하고 있다. 그에 따르면, 이 시기는 신체적 성숙이 이미 완료된 상태로 대학에 재학 중이거나 직업 세계에 이미 뛰어들었거나 또는 그 두 가지를 병행하는 경우도 있으며, 법률적으로는 완전히 성인인 시기로 부모와 따로 사는 경우가 많고 거주 형태도 다양한 모습을 보이고 있다. 따라서 그는 이 시기가 후기 청소년기도 아니고 젊은 성인기도 아닌, 둘 사이에 존재하는 '성인이 되어 가는 과정의 시기'라고 설명하고 있다.

이러한 표현을 고려할 때 우리말에서 이러한 기준을 만족시킬 만한 단어로는 '청년'을 들 수 있다. 청소년기와 젊은 성인기 사이에 존재하는 시기를 지칭하는 적당한 용어와 관련하여 안선영 등(2011)은 '발현성인기'라 칭하고 있고, 곽금주(2008)는 '성인진입기' '성인입문기' 혹은 '성인이행기' 정도로 풀이하고 있는데, 공통적으로 널리 사용하고 있는 말 중에는 '청년기' 정도가 가장 적당하다고 설명하면서 18~25세의 연령에 속한 주로 대학생 시기가 이에 해당한다고 하였다. 따라서 이 책에서는 청년기로 통일해서 사용하고자 한다.

대부분의 발달심리학자에 따르면, 청년기는 청년이 속한 사회의

기대와 기준에 따라 심리적 · 사회적 · 경제적 독립을 이루어 성인의
책임을 수행하게 되면서 비로소 종결된다. 이는 '사회적 나이(social
age)'라는 개념으로 설명되는데, 그 청년이 속한 사회의 기대에 부
응하고, 성인으로서의 법적 · 사회적 의무를 다했을 때 비로소 완전
한 성인으로 여겨지는 것을 의미한다(허혜경, 김혜수, 2010: 19). 따
라서 청년기를 결정짓는 요인으로는 기본적인 생물학적 · 심리적 ·
정서적 · 인지적 성숙도는 물론이고, 취업 · 결혼 · 경제적 독립 등과
같은 성인의 역할 수행 정도를 포함한 사회문화적 성숙도 등도 이에
포함되며, 기타 법적 · 교육적 요인 등도 작용한다. 참고로 이러한
청년기는 시대 · 사회 · 문화에 따라 시작 시점과 종결 시점을 규정
짓는 연령 기준이 다양한데, 이에 대해 영역별 기준을 제시하면 〈표
1-1〉과 같다. 단, 여기서 청년기의 시작 시점은 청소년기의 시작

〈표 1-1〉 청년기의 시작 시점과 종결 시점

기 준	청년기의 시작	청년기의 종결
생물학적	사춘기의 시작	성적 성숙과 생식능력의 획득
정서적	부모에게서 독립하기 시작	자아정체감 형성
인지적	논리적 추론능력 출현	논리적 추론능력 확립
대인관계적	부모 지향에서 동년배 지향으로	동년배와 친밀감 형성능력 발달
사회적	성인으로서의 역할훈련 시작	성인의 지위 획득
교육적	중학교 입학	공식적 학교교육의 종결
법적	청소년 지위의 획득	성인 지위의 획득
연령적(우리나라)	청년기 연령 도달(9, 10세)	성인기 연령 도달(25, 26세)
문화적	의식적 통과의례를 위한 훈련 기간 진입	의식적 통과 의례의 완성

출처: Steinberg, L. (1999). *Adolescence* (5th ed.).

시점으로 간주하고 있다.

그러나 지식산업 중심으로 변화하고 있는 현 시점에서 은기수 등 (2011)이 언급한바와 같이, 청년은 사회적으로 규정된 시간표에 의한 생애 과정을 따라가는 것이 아니라 개개인이 자신의 가치관, 인생의 목표, 주위 여건 등에 따라 다양한 생애 과정을 밟게 되면서 비표준화된 생애 과정을 받아들이고 있는 추세다. 이처럼 한 사회에서 성인기 이행 과정이 다양하다는 것은, 한편으로는 그 사회가 청년이 성인으로서 사회에 진입하는 데 획일적인 방식을 요구하지 않고 다양한 가능성을 허용한다는 점에서 긍정적으로 비춰질 수 있지만, 다른 한편으로는 진로의 다양성이 청년 개개인에게는 혼란과 위험요인으로 작용할 가능성도 없지 않다(안선영 외, 2011). 따라서 이러한 성인기로의 이행 과정의 양면성에 대한 이해와 더불어, 이 과정은 더 이상 예상할 수도 없고 일정 연령에 도달했다고 해서 마무리되지 않는다는 인식이 확대되고 있다.

2) 성인이행기의 특징

아네트(Arnett, 2000)는 10대 후반에서 20대 중반에 이르는 시기를 '발현성인기'로 정의하면서, 이 시기가 모든 사회에서 동일한 연령대에 나타나는 것이 아니라 학교교육 기간이 길고 성인기 과업 수행 시기가 지연되는 현상을 보이는 산업화된 사회에 국한되어 나타난다고 보았다(안선영 외, 2011). 이 개념이 등장한 역사적 배경을 살펴보면 다음과 같다.

첫째, 산업사회에서 지식정보사회로 발전함에 따라 노동시장에서 보다 수준 높은 지식과 기술이 요구되었다. 그 결과 중등교육 이상의 교육을 받아야 할 필요성이 커지고 학교교육을 받는 기간이 연장되며, 이에 따라 직업을 얻고 경제적인 자립능력을 갖추게 되는 시기가 늦추어질 뿐만 아니라 결혼과 출산도 점차 늦어지게 되었다.

둘째, 여성에게 교육과 취업의 기회가 많아짐에 따라 여성이 더 높은 수준의 교육을 받고자 하고, 자신의 20대를 결혼과 출산보다는 안정적인 직업을 얻고 성공적인 직장 경력을 쌓는 데 투자하려는 경향이 높아졌다.

셋째, 서구에서 시작된 성에 대한 인식이 변화하고 혼전 성 경험과 동거에 대해 용인하는 분위기가 형성됨으로써, 다양한 책임과 의무가 따르는 결혼을 하지 않고도 성생활을 할 수 있게 된 것도 결혼이나 출산 연령이 높아지는 현상과 깊은 관련이 있다(Arnett, 2011).

이처럼 다양한 사회적 · 문화적 변화 속에서 전통적으로 성인으로 인정받기 위해서 당연하게 여겨졌던 취업, 결혼, 출산과 같은 성인기 과업을 수행하는 시기가 늦추어지는 현상을 자연스럽게 받아들이는 사회적 분위기가 형성되고 있다(Tanner & Arnett, 2009; 안선영 외, 2011: 21에서 재인용). 그는 이 시기를 청소년기, 성인기와는 구분되는 발달 단계로 간주하면서 주요 특징을 다섯 가지로 정의하고 있다.

첫째, 일과 사랑 같은 삶의 다양하고 기본적인 영역에서 가능성을 탐색함으로써 확고한 정체성을 확립하는 시기다. 청년기는 부모의 간섭에서 벗어나 성인의 의무와 책임에 비교적 자유로운 시기로, 청소년은 사랑과 일에 대해 다양한 가능성을 시험해 보는 과정을 거치면서 자신의 모습을 찾고 자신이 앞으로 살아가고자 하는 삶의 방향을 깨닫게 된다. 특히 한국의 청소년은 청소년 시기에 입시경쟁과 제한된 정보 때문에 제대로 된 정체성 탐색이 어려운 점을 감안할 때, 이 시기의 역할 탐색은 자연스러운 현상이다(곽금주, 2010). 이러한 탐색 과정은 점진적으로 이루어지며, 이 시기에는 정착하거나 성인으로서의 책임을 지는 것 등에 대해서는 심각하게 받아들이지 않는 경향이 있다. 이러한 다양한 탐색활동을 통해 시행착오를 겪으면서 성인의 삶을 준비하게 된다.

둘째, 청년이 자신에게 적합한 삶의 방식을 탐색하는 가운데 불안정성(instability)이 높은 시기다. 선택의 기회와 다양한 가능성이 열려 있다는 것은 아직까지는 정착하지 못하고 불안정하다는 것을 의미하는 것으로, 새로운 시도와 다양한 경험을 통해 진로 계획을 끊임없이 수정해 가는 가운데 고민과 방황이 수반되곤 한다.

셋째, 이 시기는 인생의 다른 어느 시기보다 자기 자신에게 집중하는(self-focused) 시기다. 이는 아동기의 자기중심성과는 구별되는 것으로, 부모나 학교가 제시하는 규칙과 같은 외적인 구속이나 타인에 대한 의무나 책임에서 상당히 자유롭기 때문에 전적으로 자신에게 집중할 수 있는 시기다. 그러면서도 자신의 삶에 관한 의사결정을 스스로 내려야 하며, 자신이 누구이고 무엇을 원하는지에 대해 집중하는 시기다.

넷째, 이 시기는 규제를 받아야 하는 청소년기도 아니고 자신의 삶에 전적으로 책임을 져야 하는 성인기도 아닌 어중간함(feeling in-between)을 느끼는, 불명확한 정체감을 느끼는 시기다. 즉, 자신이 성인이라고 느낄 때도 있지만 의사결정의 독립이나 경제적 자립에서는 아직 성인이 되지 못했다고 느끼는가 하면, 장소나 상황에 따라 자신을 성인으로 여기는 정도가 달라지기도 하면서 스스로 어정쩡함을 느끼곤 한다. 곽금주(2010)는 이들이 성인의 기준으로 중요하게 생각하는 요인의 과정적인 성격 때문에 청소년기와 성인기에 끼여 있다고 여긴다고 설명하고 있다.

다섯째, 이 시기는 많은 가능성이 열려 있지만 삶의 방향이 아직 명확하게 결정된 것은 거의 없다. 즉, 이전의 삶의 방식에서 큰 희망과 기대 속에 변화를 시도해 보고 새로운 가능성을 모색하곤 한다. 지금 현재의 모습이 어떠하든지 간에 자신의 꿈을 이룰 수 있고 행복해질 수 있다고 여기는 낙관적 성향이 강하게 나타난다.

이러한 다섯 가지의 특징이 이 시기에만 국한되어 나타나는 것은 아니지만 이 시기에 가장 정점에 이른다고 할 수 있다(Arnett, 2011; 안선영 외, 2011: 23-24에서 재인용).

3) 청년기의 특징

청년기가 인간의 전체적인 삶에서 자신의 미래를 위해 여러 가지 준비를 해야 하는 과정으로서 도전의 시기임에 틀림없지만, 대다수의 청소년은 성인기로 가는 과정 중 궤도에서 심각하게 이탈하지 않은 채 자신의 방법대로 항해하곤 한다. 이 시기에 청년은 자신의 미래에 중대한 영향을 미칠 수 있는 다양한 활동에 참여하여, 처음으로 자신의 진로와 삶에 대해 스스로 선택하고 새로운 환경과 인간관계, 성인의 역할에 적응하는 등의 발달과업을 수행하면서, 미래에 안정된 직업을 갖고 자신의 가정을 꾸려야 할 성인으로 성장하고 있다.

에릭슨(Erikson)에 따르면, 이 단계에서는 친밀성과 고립감이 대립한다. 이 시기에 친밀한 우정을 쌓고 타인에게 사랑과 동료애(또는 공유된 정체감)를 보이는 것 등의 발달과업을 수행해야 하므로, 우정이나 친밀한 관계를 형성하는 능력을 형성하지 못할 경우 외로움과 고립감을 느끼게 된다(곽금주, 2010). 즉, 10대 후반에서 20대 후반에 이르기까지 사랑과 직업의 측면에서 자신에게 적합한지 여부를 적극적이고 다양한 방법으로 탐구하고 궁극적으로 적절한 선택을 하면서 점차적으로 성장한다.

(1) 신체적 · 인지적 · 사회적 성숙

청년기에는 신체적 · 인지적 측면에서 성숙하는 시기다. 먼저 신체적 측면에서 살펴보면 활기, 힘, 건강이 최고 수준에 도달하여 신체적 성숙이 완성되면서 신체적인 수행능력은 정점에 달하게 된다. 뿐만 아니라 뇌의 전두엽이 발달하여 자기통제력, 판단, 정서적 규제, 조직, 계획 등의 기능을 책임지는 것이 가능해지면서, 충분히 이성적으로 생각하고 문제를 해결할 수 있는 능력을 발달시키는 시기다(Zarrett & Eccles, 2006).

인지발달 측면에서 청년기는 필요한 지식과 기술을 습득하여 일에 적용해 보는 단계다. 즉, 계획을 세우는 능력, 교육적 목표와 직업적 목표의 성공적 추구를 위해 중요한 기술을 습득할 능력을 갖추

게 되고, 사고체계의 질적·양적 변화가 두드러짐에 따라 논리적이
고 추상적인 사고가 가능해지면서 이념, 정치, 철학에도 관심이 증
가한다. 아울러 세계관에 대한 이해의 폭이 넓어지고 다양한 의견
을 수렴할 줄 알며, 객관적·주관적 지식을 통합할 수 있게 된다.
따라서 발달과제 수행에 좀 더 확신을 갖고 결정할 수 있는 능력을
갖추게 되고, 직업과 관련하여 좀 더 목표지향적인 태도를 견지하게
된다.

정서적 측면에서 인간이 자신에 대해 생각하는 심상 자아가 다양
한 경험을 통해 자아를 확장하고, 이러한 확장을 통해 타인과의 따
뜻한 관계는 물론 자신을 사랑할 줄 알게 되며, 통찰력과 유머감각
등으로 자기객관화가 가능해진다(Zarrett & Eccles, 2006). 또한 정서
적으로 안정되고 성숙한 성격이 형성되면서, 정서적 변화가 심하지
않고 균형이 잡혀 있어 화를 내거나 쉽게 걱정에 쌓이지 않고 중립
적인 모습을 보인다. 또한 어떤 일을 당했을 때, 자기방어에 급급하
지 않고 문제 중심으로 생각하고 임무수행 능력이 향상되면서, 확고
하고 통합된 인생관을 형성해 나간다.

이에 덧붙여 심리적 발달 측면을 살펴보면 창의적 사고, 다원론적
사고를 통해 새로운 문제해결 방안의 발견을 특징으로 하는 문제 발
견적 사고가 발달한다. 또한 자율성이 발달하면서 부모에게서 분리
및 독립을 모색하면서, 자율성을 찾아가는 과정에서 종종 독립에 대
한 갈망과 부모에게서의 분리에 대한 불안감의 양가감정을 느끼게
된다. 대부분의 인간은 사회구조와 문화적 환경에 따라 개인의 발달
과정이 다름에도 불구하고, 사춘기 후반기에 이르면 가족을 떠나거

나 언제라도 떠날 준비를 하게 되고 스스로 부모와 가족에게서 독립적인 기능을 갖추고자 한다. 즉, 청년은 부모에 대한 정서적 · 경제적 의존 상태에서 자율성을 획득하고자 부모에 대한 애정과 의사소통을 유지하면서 점차적으로 부모에 대한 의존도를 감소시킨다.

이러한 분위기 속에서 동년배 집단은 이해와 든든한 후원을 제공하고, 가족에 의해 제공되었던 정서적 지원의 일부를 제공하는 역할을 담당하는 등 새로운 중요성을 깨닫게 된다. 따라서 청년에게는 교우관계가 점차 중요한 위치를 차지하게 되고 이성과의 교제가 매우 활발해지며 새로운 친구, 새로운 인물과의 사귐이 본격적으로 시작된다. 청년은 이성교제를 통해 남성과 여성의 장단점을 파악하여 함께 어울려 지내는 방법을 습득하게 되고, 삶의 활력을 얻음은 물론 상대방을 존중하는 능력을 키움으로써 자신을 인식하고 타인을 이해할 수 있게 되어 원만한 인간관계의 기술을 향상하게 된다.

종합해 보면, 이 시기는 생물학적인 신체발달이 최고에 달하며 인지발달이 완성 단계에 도달함에 따라, 자신의 실체를 인식하고 자신이 처해 있는 세계의 의미를 파악하여 전 생애 설계가 가능해진다. 또한 성인으로서의 자기 자신과 이른바 어른다운 생활 구조(life structure)를 형성해 가는 시기로, 사회적으로 좀 더 중요한 역할을 맡게 되고 자신에 대한 탐색을 통해 자신의 존재를 확인하며 자신의 진로를 놓고 고민하면서 현실세계를 파악해 나간다. 따라서 자기중심적이던 대인관계에서 벗어나 상대방과 자신과의 관계를 이해하기 시작하며, 자신의 존재와 위치를 재검토하면서 사회에 적응해 나간다.

(2) 자아정체감 확립

우리는 자기 자신을 제대로 이해할 수 있을 때 자아정체감을 성취했다고 말하곤 한다. 자아정체감은 자신을 타인과는 구별되는 독립적이고 고유한 존재로 인식하려는 욕구가 있는 동시에, 외적인 자극, 환경, 감정적 변화에도 불구하고 일관되게 자신을 인식하여 안정을 느끼는 것을 의미한다. 또한 자아정체감은 다양한 지위와 역할을 수행할 때 일관성이 있으면서도 통일성 있게 수행해 나가는, 자아에 대한 실제적인 존재감이다(허혜경, 김혜수, 2010). 그러나 자아정체감을 한마디로 설명하기는 쉽지 않다.

에릭슨에 따르면, 자아정체감은 '내적으로 축적된 확신'으로, 시간의 흐름에도 불구하고 자신이 언제나 동질적이고 연속적인 주체로 존재하며, 내적 갈등과 외적 변화를 나름대로의 방식으로 통합하고 조정할 수 있다는 주체적인 자아의 통합감을 의미한다(곽금주, 2010: 65). 따라서 자아정체감은 지속성과 동일성을 갖는 존재로서의 자아를 경험하게 하고 그에 따라 행동하는 능력을 제공함은 물론 타인과는 구분되는 자신만의 자아를 형성케 하는데, 15~18세에 찾아오는 정체감 위기는 이 시기에 해결되어야 한다.

그러나 선행 연구에 따르면, 대다수의 청소년은 12~18세에 주로 정체감 혼란이나 상실을 경험하고, 21세가 지나서야 비로소 정체감 유예나 안정된 정체감 성취가 나타남으로써 그가 주장한 것보다 자아정체감이 더 늦게 형성되고 있음을 알 수 있다. 특히 우리나라의 경우 대부분의 청소년은 대학에 입학하면서, 즉 청년기에 들어서면서 자아정체감 성취에 대한 고민과 갈등을 본격적으로 하게 된다.

많은 학생이 본격적으로 자신의 길을 찾아 나서기 전에 지독한 성장
통을 앓는 것을 볼 수 있다. 대학 입학이라는 꿈이 이루어진 데 도취되
어서 정신없이 휘청거리던 청년이, 또 다른 꿈을 찾아 나서야 한다는
것을 깨닫는 것은 곧 변화의 시작이라 할 수 있다. 이들 앞에는 어둡고
긴 터널이 입을 크게 벌리고 있다. 이전 터널은 열심히 한곳을 향해서
얼마쯤 가면 빠져나갈 수 있다는 것을 알았는데, 이번 터널은 얼마나
긴지 어느 쪽으로 가야 할지 도무지 갈피를 잡을 수 없다. 답답하고 무
기력해진다. 터널 속에 혼자 있는 것 같다. 불안하고 두렵기까지 하다
(김애순, 2010: 420).

국내외적으로 20대 청년기의 가장 큰 특징은 자아정체감 탐색이
이루어진다는 점이다. 선행 연구에서는 자아정체감 형성을 청소년
기의 발달과업으로 간주하여 기존의 심리학 이론에서는 정체성 탐
색과 형성을 청소년기의 주요 과제로 여겨 왔으나, 최근 연구에서는
이를 평생 동안 진행되는 현상으로 인식하면서 곽금주(2010)는 청년
기야말로 정체성을 탐색하는 데 최적의 시기라고 설명하고 있다. 그
이유는 청년기에는 부모의 간섭과 영향이 줄어드는 반면, 아직까지
는 성인으로서의 의무와 책임에서 비교적 자유롭다 보니 다양한 경
험을 하면서 자신이 누구인지에 대해 깊이 탐색할 수 있기 때문이
다. 즉, 10대 후반에서 20대에 걸쳐 학업, 직업, 대인관계에서의 확
장을 통해 새로운 경험을 하면서 사랑, 일, 삶의 방식에 걸쳐 다양한
시행착오와 갈등을 겪곤 한다. 이처럼 다양한 가능성을 탐색, 실험
하는 과정을 통해 자신을 탐색함은 물론 타인과는 다른, 자신만의

사고체계를 형성하게 된다.

이러한 자아정체감의 확립은 전 생애에 걸쳐 이루어지는 성장 과정이자 결과임에도 불구하고, 특히 급격한 신체적·사회적 변화와 자신의 장래에 대한 심오한 고찰이 필요한 청년기야말로 자신을 돌아보고 자신을 찾는 일이 가장 중요한 과제다. 따라서 에릭슨은 개인의 능력과 취약점이 무엇인지를 평가하고, 이러한 자질을 바탕으로 자신이 누구인지, 어떤 사람이 되고 싶은지에 관한 명확한 개념을 형성하려는 개인적 노력이 필요하다고 강조하고 있다. 또한 이렇게 확립된 자아정체감은 청년으로 하여금 건전한 인격을 형성하고 성인으로서의 삶의 의미, 방향, 목표를 위한 구체적인 방안을 마련하는 주요 도구로 활용하고 있다.

(3) 부모에게서의 독립

청년기에는 부모에 대한 이해의 폭이 넓어지고 단순히 부모가 아닌 인간적인 관점으로 접근하는 능력을 갖추면서 부모의 인생관을 더 잘 이해하게 된다. 즉, 청년은 객관적인 관점에서 부모를 이해하고 부모와의 애착관계를 유지하면서도 그들에게서 바람직한 방향으로 분리, 독립하는 과정을 거치는 발달과업을 수행하고 있다. 일반적으로 볼 때, 성장이란 다른 사람에게 의존하지 않고 부모의 그늘에서 독립하여 스스로 일을 통해 수입을 얻고 자신의 능력으로 자신의 삶을 꾸려가는 것을 의미한다. 이를 위해서 가장 중요한 첫걸음이 지금까지 살던 집을 떠나는 것, 즉 절대적으로 의존하던 부모로부터 독립하는 것으로, 집을 떠나 자신만의 가족 혹은 공동체를 이루었다는 것은 곧 그 사람이 독립적인 개체로 온전히 성장하였음을 의미한다.

　대부분의 청년은 이러한 성인으로의 이행 과정에서 부모의 애정과 격려, 친밀감, 경제적 지원 및 자원 체계를 바탕으로 발달과업을 성취하면서 비교적 안정적으로 이 과정을 헤쳐 나간다. 부모 역시 무한한 애정을 바탕으로 자녀의 자율성을 격려해 주어 자녀로 하여금 심리사회적 적응을 하고 부모라는 안전 기지를 통해 두려움 없이 낯선 환경을 탐색할 수 있도록 지원하고 있다. 김애순(2010: 274)에 따르면, 자녀가 부모에게서 분리되는 과정에서 오는 갈등은 청년기가 절정 시기인 것 같다. 즉, 이 시기에 정상적인 부모-자녀 사이에서도 험한 세상에서 자식을 보호하려는 부모와 둥지에서 벗어나 독립을 향한 날갯짓을 하려는 자식 사이의 갈등은 다소 있게 마련이지만, 자식이 부모 품을 벗어나 독립된 인격체로 자립하려는 것은 매우 자연스럽고 긍정적인 현상이다. 이와 같이 부모와 새로운 관계형성을 수립하는 것은 20대의 중요한 발달과업 중 하나로, 청년은 부모와의 애착관계를 유지하면서도 그들에게서 제대로 분리하는 과정을 거쳐야 한다.

　이러한 관계형성에서 특히 중요한 점은 가족과 자원 체계를 구축하고 지지 및 지원을 받는 것으로, 가족체계는 자녀에게 재정적·정서적 지지를 제공할 뿐 아니라 사회적 비용도 지불해 주며 중요한 롤 모델이 되기도 한다. 부모는 자녀의 성인으로의 이행기 동안 음식 및 주거지의 제공, 새 거주지 마련에 필요한 금전적 도움, 자녀양육, 정서적 지지 및 동기부여 등 다양한 도움을 기꺼이 제공하고 있다. 이러한 지원 속에서 부모와 안정된 관계를 형성한 청년은 대학, 직장 등의 낯선 환경 안에서도 자신과 타인, 세계에 대한 시각이 긍정적으로 되고, 시련과 좌절을 겪더라도 빠른 회복 능력을 보이게 된다. 또한 다양한 기회와 환경을 독립적으로 탐색하고 내부에서 발생하는 대인관계 문제에 직면해서도 긍정적으로 대처하면서, 안정적인 자아정체감을 형성하게 된다. 청년기에 더 넓고 새로운 사회를 탐색할 때도 부모는 중요한 자원이 되고 지지대가 되곤 하므로 긍정적인 부모에게서의 지지는 높은 자아존중감, 학업 성공, 도덕적 발달과 깊은 관계가 있다.

실제로 미국의 경우에도 경제적으로 풍족한 부모는 집세를 대신 지불해 주고, 학비를 대출해 주거나 자동차 구매에 도움을 주는 등 경제적 도움을 제공하며, 자녀가 무료 인턴십 등을 경험할 때 잠재적인 안전망의 역할을 담당함으로써 자녀가 바람직한 방향으로 찾아가도록 도와주고 있다. 심지어 일부 부모의 경우 자녀에게 자신의 능력을 활용하여, 자녀가 미래의 직업과 관련된 취업 경력을 쌓는 데 도움을 주는 네트워크 지원까지도 해 주는 분위기다(Swartz, 2008; 은기수 외, 2011에서 재인용). 실제로 이러한 자산은 젊은이가 좀 더 자연스럽게 직업세계로 진입하고 자신의 가족체계를 형성하는 데 커다란 도움이 되고 있다.

반면에 이러한 지지가 결여된 청년은 이 시기에 심각한 위기를 겪기도 한다. 즉, 부모체계에서의 지지가 결여되는 경우 낮은 자아존중감, 낮은 학업성적, 충동적 행동, 빈약한 사회적응을 보이는 것은 물론, 심지어 일탈적 · 반사회적인 행동이나 비행 등의 행동을 보이

고 있다(Zarret & Eccles, 2006). 이러한 점은 부모나 가족체계에서
적절한 지지를 제공받지 못한 채 청년기를 보내는 대다수의 위기청
소년에게서 나타나는 특징으로, 이들은 성인기로의 이행 과정에서
또래보다 여러 면에서 뒤처지게 되고 성인이 되면서 이러한 간격은
더욱 벌어지고 있다.

(4) 취 업

'직업'이란 생계를 위해 지속적으로 '일'을 하는 경우를 의미하는
데, 사람은 일을 통해 사회적 인정을 획득하고자 하고 자기가치감을
느끼게 되며, 직업 자체가 종종 사회적 위치의 원천이 되기도 한다
(곽금주, 2010). 이러한 직업은 여러 가지 의미를 내포하고 있는데,
경제적 의미로는 일정한 수입을 통해 경제생활을 유지 및 발전시켜
주는 역할을 담당하고 있고, 사회적 의미로는 사회의 일원으로서 직
업을 통해 다른 사람과 교제하면서 사회적인 역할과 봉사를 수행할
수 있게 하고 있다. 그리고 개인적 의미에서는 직업을 통해 자신의
능력을 발휘하여 자아실현을 가능케 하는 역할을 담당하고 있다.

따라서 직업 선택은 청년기가 끝날 즈음에 달성해야 할 중대한 과
업 중 하나이고, 이 시기에 어떤 직업을 선택하느냐가 앞으로의 삶
을 크게 좌우한다. 또한 오늘날처럼 일 지향적인 사회에서 직업은
자아정체감 형성에도 큰 영향을 미치므로, 직업 선택 및 결정 시 자
신에 대해 분명하게 이해하는 것이 선결조건이다.

특히 구체적인 직업 선택에 앞서 다양한 직업과 관련된 경험을 하
게 되는 대학생 시기는, 자신의 욕구, 흥미, 능력, 가치를 확인하고

이를 토대로 자신에게 맞는 직업을 탐색하거나 전문적 직업 분야에 대한 지식과 기술을 준비하고 개발하는 시기다. 진로전문가는 이러한 진로와 관련된 자기개념을 '진로정체감'이라 명명하고 있는데, 곽금주(2008)는 진로정체감이란 직업에 대한 자신의 목표, 흥미, 능력에 대한 명확하고 안정된 심상을 갖추고 있는가를 의미하는 것으로, 자기 자신에 대한 이해와 이를 기반으로 직업세계에 대한 이해 및 정보수집의 단계를 거쳐 형성된다고 설명하고 있다.

과거와 비교해 볼 때 오늘날의 젊은이는 더 많은 교육을 받으면서 직업 선택의 폭이 넓어졌고, 더 자유로운 선택을 할 수 있게 되었다. 동시에 산업사회로 접어들면서 직업의 종류가 다양해짐에 따라 직업에 관한 전문적인 지식이 충분치 못하고, 직업에 필요한 기술의 개발 및 변화가 빠른 속도로 진행되다 보니 자신에게 맞는 직업을 선택하는 것은 점점 더 어려운 발달과업이 되고 있다고 해도 과언이 아니다.

지금까지의 내용을 종합해 보면 〈표 1-2〉와 같다. 전형적으로 청년기의 발달과업은 부모에게서 독립하는 능력을 점차적으로 쌓고 건강한 생활양식을 선택하며, 파트너 선택과 사회적 지지의 안정된 자원을 확립하여 직장에서 동료관계를 발전시켜 나가는 것이다. 이러한 과업을 수행하고자 많은 젊은이는 고등교육, 직업훈련 또는 인턴십과 같은 프로그램에 참여하고 있고, 자신을 보호해 주는 부모는 물론 기타 서비스 등의 지원을 통해 사회적 · 경제적 자산을 축적하기 위한 노력을 실천하고 있다. 그러다 보니 전통적으로 성인의 표징으로 여겨진 결혼과 부모 되기는 20대 중반에서 후반으로 지연되고 있다.

〈표 1-2〉 **청년기의 성공적인 발달지표**

차 원	지 표
물리적 · 신체적 건강	좋은 영양상태 / 규칙적인 운동 불법적인 약물에 의존, 남용하지 않음 안전한 성행동
심리적 · 정서적 안녕	긍정적인 자기정체감 / 인생 만족도 긍정적인 견해 / 목적지향성 / 친사회적 지향
인생살이 기술	독립적 의사결정 / 정서적 자기규제 대인관계 기술 / 자기효능감/ 재정적 책임감
윤리적 행위	진실 말하기 / 법과 규율 준수하기 스스로에 대해 책임감 느끼기 타인에 대해 염려하고 보살피기
건강한 가족과 사회적 관계	부모, 애인, 또래와 친밀한 관계 형성 및 빈번한 상호 작용
학 업	고등학교 졸업 / 고등교육 완수 / 직업적 자격증
구조적 고용	학교, 직장, 가정에서 주당 35시간 이상 일하기
시민사회적 관여	봉사활동 / 정치적 참여 / 자선과 기부

출처: Hawkins, J. D., Oesterle, S., & Hill, K. G. (2004). *Successful Young Adult Development*.(곽금주, 2010에서 재인용)

3. 성인되기

국내외를 막론하고 산업화 기술이 고도화되고 사회구조가 복잡해질수록 직업 선택과 사회적 역할 수행에 필요한 준비기로서의 청년기가 연장되고 있다. 그러나 청년기가 길어진다는 것은 단순히 기간의 문제가 아니라, 가정과 국가의 경제적 부담은 물론 청년으로 하여금 사회 구조에 구성원으로서 흡수되지 못함으로써 소외감을 느끼게 하고 자율성의 제약으로 좌절감, 불만 등을 유발시키고 있다. 아울러 사회적 측면에서도 이들이 경제적 인구로서 활동하는 기간이 짧아지면서 국가 차원에서 적지 않은 인력 손실을 초래하고 있다.

1) 특 징

우리는 흔히 어렸을 때 빨리 어른이 되고 싶다는 막연한 생각을 하면서 성인이 되기만 하면 부모와 사회에서 요구하는 모든 규율에서 벗어나 자유롭게 살 수 있을 거라는 희망을 품곤 한다. 그러나 실제로 10대 후반에서 20대 중반에 이르는 대다수의 청년은 성인이 되는 것에 대한 희망도 있지만 동시에 부모의 보호하에 가족 내에서 수행하던 역할에서 벗어나 직장인, 배우자, 부모로서의 새로운 책임에 대한 두려움도 느끼면서 도전적인 삶을 헤쳐 나가고 있다.

오늘날 성인기로의 이행 과정은 전보다 더 복잡해지고 어려운 과정이 되고 있다. 직업세계는 세분화·전문화되어 있고 또 급속하게 변화하고 있어서, 자신에게 맞는 직업을 찾고 직업에 적합한 자격을 갖추기까지 상당히 오랜 시간과 노력이 요구되고 있다. 따라서 오늘날의 청년은 학교체계를 늦게 떠나고 부모의 집에 더 오랜 기간 머물고 있으며, 노동시장에 늦게 진입하고 자녀양육을 연기함에 따라, 부모와 조부모를 포함한 가족에 대한 의존도는 더욱 증가하고 있다(Stein, 2008). 이에 덧붙여 가치관이나 생활 태도를 확립하는 것도 쉽지 않다 보니 10대 후반부터 20대 초반에 있는 청년의 경우 생물학적으로는 성인이라 할 수 있지만 사회학적으로는 자립을 하지 못한 청소년에 더 가깝다고 할 수 있다.

현대사회에서 많은 나라는 가장 일반적인 기준 중의 하나인 연령으로 아동과 성인을 구분하고 있다. 대부분의 선진국의 경우 18세가 성인으로 인정하는 연령이고, 우리나라 역시 「아동복지법」에서 아동을 18세까지로 규정함으로써 18세가 하나의 분기점이 되고 있다. 한 예로 미국의 경우 18세는 개인이 스스로 '성인으로서의 결정'을 할 수 있다고 기대되는 연령으로, 모든 제도에서 18세를 기준으로 성인과 아동으로 구분하고 있고 실제로 사회에서는 18세 이상의 청소년에게 성인으로서의 역할을 요구하고 있다. 그러나 빠르게 변화하는 사회적 · 경제적 현실을 감안해 볼 때 가정, 학교, 지역사회 등의 주변 환경에서 절대적인 지지와 도움이 제공되지 않는 한, 성인의 역할과 태도를 갖춘다는 것은 소수의 청년에게만 가능한 것이 현실이다.

요즘 젊은이에게 현실은 너무 험하다. 입시 지옥을 거쳐 대학에 들어가도 취업문을 뚫기 위한 무한 경쟁이 기다린다. 치솟는 등록금이나 필수 과정이 되다시피 한 해외연수 비용과 같은 경제적 부담도 가혹하다. 그래서 많은 젊은이가 최저 노동조건도 보장되지 않는 아르바이트 전선으로 내몰린다. 심지어 학생은 근로장학생이 되기 위해 누가 더 가난한지 보여 주는 경쟁도 벌여야 했다고 털어놓는다. 대학에 진학하지 않은 젊은이의 현실은 더 가혹하지만 눈길조차 받지 못한다(한겨레신문, 2010. 3. 11.).

　그렇다면 성인이 된다는 것은 어떤 의미일까? 현대 산업사회에서는 독립적이고 자율적이며, 홀로서기를 할 수 있는 사람을 성인으로 간주한다. 우리는 흔히 성인이 된다는 것은 제도권 교육을 마치고, 직업세계로 진입하며, 결혼과 출산과 같은 역할 이행을 수행하는 것을 의미한다. 그 외에도 그동안 축적된 지식을 성인의 생활에 적용할 수 있도록 인지능력을 습득하고 상대주의적 가치를 수용하며, 잘 형성된 자아정체감을 바탕으로 친밀한 관계를 수립할 수 있을 때 성인이 되었다고 느끼게 된다. 즉, 가치관을 형성하고 다양한 경험을 통해 자신에게 적합한 궁극적인 직업을 선택하는 과정을 거치면서, 자아정체감을 형성하고 사회의 통합된 구성원으로서 건강한 성인으로 이행하고 있다.

　이와 관련하여 레빈슨(Levinson)의 '인생의 사계절 이론'에 따르면, '성인 초기 전환기'는 17~22세에 해당되는 시기로 청소년기와 성인초기를 연결하는 동시에 양쪽 모두에 속하기도 한다. 이 시기의 발달과제는 성인 이전의 자아에서 벗어나 성인세계로 안전하게 진입하는 것으로, 청소년 시기의 본질을 파악하고 그 안에서 자신의 위치를 재평가하고 수정한다. 예를 들어, 부모와의 관계에서는 의존과 보호에서 벗어나 동등한 성인으로서 관계를 수립하기 위한 가능성을 탐색하며, 학교 안에서의 자아를 마무리하고 직업세계에서의 자아형성을 위한 탐색을 시작하는 등 성인정체감을 형성하기 위한 선택과 결정을 한다(곽금주, 2010: 22). 이러한 시기에 청년은 다양한 가능성을 탐색하고 선택하다 보니 많은 변화와 불안정성도 경험하곤 한다.

청소년이 성인기로 이행해 가는 과정은 사회적 · 경제적 현실에 맞추어 변화하고 있다. 20세기 후반에 지식산업 시대가 도래하면서 우리나라는 물론 미국과 서구 유럽 국가의 경우 이러한 이행 과정이 과거에 비해 더 오랜 시간이 걸리고, 더 복잡해지며, 발달 순서도 더 다양하게 변화하고 있다. 따라서 지금까지의 전통적인 발달심리학적 측면에서 다루었던, 이전 세대가 보여 준 사회적 시간표(social timetable)는 더 이상 적합하지 않게 되었다. 뿐만 아니라 이러한 기간의 연장으로 중요한 인생 사건이 점점 더 뒤로 미루어질 뿐만 아니라 전통적으로 수행하였던 삶의 궤도에서의 여러 과업의 순서도 와해되고 있다(Fussell, 2002). 이처럼 인간발달 단계에서 성인기로의 이행은 취업, 결혼과 같은 객관적 사건에 의해서 구분되는 과거의 시각과는 달리 긴 시간을 두고 이행해 가는 일련의 과정으로 이해되면서, 최근 인간발달 관련 연구자는 이 시기에 많은 관심을 보이고 있다.

우리는 흔히 고등학교를 졸업하는 후기 청소년기에 이르면 청소년기의 발달과업인 자아정체감이 확립되고 이제 곧 어른이라는 존재가 되었다고 생각하지만, 실제로 청소년이 18세가 되었다고 해서 자동적으로 성인이 되는 것은 결코 아니다. 발달과업의 측면에서 보면 청소년기에 자아정체감 탐색 과정을 마무리하고 청년기로 넘어오면 좋겠지만, 우리나라 청소년은 입시경쟁에 시달리느라 자신과 자신의 미래를 진지하게 생각해 볼 여력이 없다. 오히려 그때부터 본격적으로 사회의 구성원이 되기 위해 필요한 주요 생활기술을 습득하면서 점차적으로 가족에게 의존한 상태에서 독립된 상태로 향해해 가면서 성인기로 들어가는 것이 현실이다.

실제로 대다수의 청년은 과거의 젊은이에 비해 더 자유로운 환경에서 발달과제 수행과 관련된 다양한 탐구를 모색하고 있고 사회 또한 이들이 10대 후반에서 20대까지 성인의 책임감을 실천할 것을 기대하기보다는 이 기간을 집행유예 기간으로 생각하고 있는 추세다. 이 시기는 분명히 청소년기와는 달리 부모의 통제에서 많이 자유로우며, 좀 더 독립을 탐구하는 시기이므로 단순히 '연장된 청소년기'는 아니다. 하지만 그렇다고 해서 전형적으로 결혼과 부모되기 등의 성인의 지위에는 완전하게 도달하지 못하다 보니 엄밀하게 '성인기'도 아니어서, 많은 젊은이는 아직 성인기에 도달하지 않았다고 느끼고 있다(Arnett, 2004).

따라서 청년기는 연령 측면에서 청소년기와 성인 초기 사이에 끼어 있고, 스스로도 성인의 기준으로 중요하게 생각하는 요인—책임감 수용, 독립적 의사결정, 재정적 독립 등—의 과정적인 성격 때문에 성인으로 가는 길목에 놓여 있다고 느끼곤 한다. 최근 미디어에서 자주 등장하는 '마마보이' '마마걸' '헬리콥터 부모'와 같은 용어도 지금의 20대 젊은이, 특히 대학생이 부모세대와는 달리 완전한 성인으로 이행하지 못한 채 성인도 아니고 청소년도 아닌 중간자적 존재인 현실을 반영한 것이라고 볼 수 있다(곽금주, 2010: 29).

한편 이 시기에 해당되는 청년은 대부분이 대학에 재학 중인 것으로 나타났다. 우리나라의 경우 2007년 고등학교 졸업생의 대학 진학률은 83%이고 대학에 재학 중인 학생 수는 약 190만 명으로, 대다수의 젊은이가 대학에 재학 중이라고 할 수 있다. 최근의 보고에 따르면, 미국의 18~21세 젊은이 중 60% 이상이 대학에 재학 중인 것으로 나타나 별반 다르지 않음을 보이고 있다(Arnett, 2004). 이 시기에 대학에 다니는 청년은 자신을 탐구하고, 새로운 아이디어를 개발하며, 다양한 생활방식을 시도해 볼 수 있는 기회가 있다. 물론 익숙하지 않은 학업에 대한 기대, 사회적 지지 자원과 사회적 규범의 변화는 알코올 남용과 같은 위험한 행동을 초래하기도 하지만 수준 높은 인지적 자원, 이전부터 축적해 온 지식, 재정적 안정 등은 청년의 대학에서의 성공적인 적응에 중요한 요인으로 작용하고 있다. 또한 가족의 지지, 교육과 관심사, 가치, 포부 등 학습에 대한 청년의 개인적 공감, 높은 수준의 학업과 관련된 자아개념도 청년의 대학생활을 지지해 주는 중요한 요소다(Zarret & Eccles, 2006). 이 밖에도 이들의 중요 생활공간인 가정, 학교, 지역공동체 등의 환경적 요인은 유기적으로 상호작용하면서 성인으로 이행해 가는 발달 과정에 결정적인 영향력을 행사하고 있다.

이에 덧붙여 성인기로의 이행 과정에서 가족의 사회경제적 지위가 중요한 요소로 작용하고 있다(Osgood et al., 2005). 즉, 이 시기는 혼자 힘으로 헤쳐 나가는 것이 거의 불가능하고 여러 자원을 활용해야 하는 과정으로, 교육과정에서 부모나 가족의 자원을 활용해야 하고 교육을 마치고 노동시장에 진입해서 직장을 구할 때도 공식적인 고용과정뿐만 아니라 가족의 네트워크를 활용해야 하는 경우도 있다. 가족자원이 충분한 청년층은 성인기로의 이행 과정에서 다양한 가족자원을 활용하여 교육, 직장, 결혼, 출산 등의 이행 과정을 원만하게 밟아 나갈 수 있지만, 가족자원이 충분하지 않은 청년층의 경우 자원 부족으로 자신이 원하거나 사회에서 기대하는 이행 과정을 밟는 것이 불가능할 수도 있다(은기수 외, 2011). 실제로 사회경제적 배경이 높은 청년일수록 성인기 이행 과정에서 사회적으로 바람직하다고 여겨지는 선택을 할 가능성이 높으므로, 퍼스텐버그(Furstenberg, 2008)는 이 시기의 결정이 이후의 삶에 누적적으로 작용하여 큰 차이를 가져온다고 보았다(은기수 외, 2011: 11).

대다수의 청년은 다양한 경험과 지지를 받으면서 거대한 희망과 큰 꿈으로 가득 차 있지만, 동시에 아직까지는 생활에 안정을 찾지 못함에 따라 자신의 꿈을 실현하기 위해 어디로 가야 할지를 몰라서 불안해하고 있다. 이들은 과거보다 더 많은 자유를 누리고 있다고 느낌에도 불구하고 성인으로서의 책임감이라는 무게를 동시에 지니다 보니, 불확실함 때문에 힘들어하고 있다. 다시 말해서 오늘날의 젊은이는 흥분과 불확실성, 넓게 열려 있는 가능성과 혼돈, 새로운 자유와 새로운 두려움 모두를 경험하고 있다고 해도 과언이 아니다.

2) 성인의 지표

개인의 발달 단계에서 성인이 된다는 것은 주로 교육을 마치고 취업하며, 결혼하고 부모가 되는 것을 의미한다. 이와 관련하여 안선영 등(2011)의 연구에서 청년세대와 부모세대 모두 성인으로 인정받기 위한 조건으로 '자신의 행동에 대한 책임'을 가장 중요하게 여기고 있으며, 가족을 안전하게 지키고 부양하며 자녀를 양육하는 능력을 갖추는 것을 성인의 기준으로 중요하게 생각하고 있다.

흔히 성인이 되는 지표로 교육의 완료와 직업세계로의 진입, 독립된 주거공간 마련, 결혼하기와 부모 되기로 이해하고 있는데 이러한 요인은 서로 영향을 미치고 있다. 즉, 청소년이 적어도 자신의 능력에 대해 인지하고 이를 습득할 수 있어야 하며 가족 또는 돌봐 주는 사람과의 연계의 중요성을 깨닫고, 자신의 삶을 통제할 수 있는 능력을 갖출 때 성공적인 성인기로의 이행이 가능하다. 또한 이 시기는 교육과정을 끝내고 정규 직장을 얻으며, 경제적으로 가족을 부양하는 시기로, 일반적으로 사람들은 스스로를 지원할 수 있는 자립을 첫 번째 전환으로 인식하고 있다(Smith, 2004).

곽금주(2010: 24)는 이러한 지표를 좀 더 세부적으로 설명하고 있다. 즉, 성인이 된다는 것은 ① 결혼, 제도교육의 완결, 직업세계로의 진입, 출산과 같은 역할 이행을 하고, ② 축적된 지식을 성인의 생활에 적용할 수 있는 인지적 유능성을 획득하고 상대주의적 가치를 수용하며, ③ 잘 형성된 정체감을 바탕으로 친밀한 관계를 수립하고, ④ 결혼, 직업, 주거, 삶의 방식을 선택하면서 성인으로서의 인생구조를 형성하는 것을 의미한다.

또한 아네트(Arnett, 2001)에 따르면, 미국 주류사회에서 성인이 된다는 것은 자립적 개인으로서 누구에게도 의지하지 않고 홀로 서는 것을 학습하는 것으로, 자신에 대한 책임감을 인정하고 독립적인 결정을 하며 경제적으로 독립하는 것을 의미한다. 이러한 성인은 자립된 개인으로서 홀로 서고 타인에 대해 더 많은 관심을 보이며 타인에게 해가 되는 행동을 회피할 줄도 알게 되는데, 미국인의 95% 정도는 이러한 성인기를 규정하는 잣대로 가족을 부양할 능력과 관련된 단계—학교를 마치고, 독립된 세대를 형성하며, 정규직을 가짐—를 언급하고 있다(Jones, 2006). 그러나 실제로는 절반 정도의 미국인만이 결혼하거나 자녀를 낳는 것이 성인으로서의 필수요인이라고 생각하고 있을 뿐, 부모세대와는 달리 결혼과 부모가 되는 것은 필수사항이 아닌 선택사항으로 여기고 있으며, 이러한 요인은 성인으로의 이행 과정에서 시작 단계가 아닌 마무리 단계로 여겨지고 있다(Settersten & Ray, 2010). 안선영 등(2011)의 연구에서도 청년세대는 부모세대에 비해 자녀 출산을 성인으로서 중요시하는 정도가 상당히 낮은 것으로 조사되었다.

이처럼 완전한 성인이 되기 위해서는 다양한 도전에 부딪쳐야 하는데, 에클레스와 구트맨(Eccles & Gootman, 2002)은 이 시기에 부딪치는 구체적인 도전을 다음과 같이 언급하고 있다. 첫째, 이전의 부모에 대한 의존 및 복종 관계가 가족과 지역사회 내에서 증대된 성숙과 책임이 반영되는 관계로 옮겨가고 사회적 · 성적으로 새로운 역할이 부여된다. 둘째, 친밀한 파트너십을 경험하고 사회적 · 개인적 수준에서 정체성을 형성한다. 셋째, 미래에 대한 계획과 이러한 계획을 실천하기 위해 필요한 발걸음을 내딛는다. 마지막으로 직업, 파트너십, 부모되기, 시민을 포함하는 성인기로의 성공적인 이행을 위해 필요한 기술과 가치를 획득한다. 즉, 자신의 강점과 약점을 분명하게 인지하여 사회에서 요구하는 다양한 역할을 조화롭고 성공적으로 수행할 수 있는 기술을 재정립해야 하고, 획득한 역할과 관련하여 필요한 삶의 변화를 사정하며 이러한 변화에 대처할 줄 알아야 한다. 이를 위해서 젊은이는 심리적 · 신체적 · 인지적 자산은 물론 활용 가능한 사회적 지지를 갖추고 있어야 하는데, 성인과의 의미 있는 관계형성은 학업성취, 성공적인 직장생활, 정서적 성숙함, 삶에의 만족감, 약물 남용과 같은 문제행동에 대한 점검 등을 강화시켜 준다(Settersten & Ray, 2010). 특히 부모가 아닌 다른 성인과의 관계는 이들이 편입해야 할, 좀 더 크고 유연하게 연계된 사회적 네트워크와 연결하는 기회와 자원을 제공하고 있어서 중요하다.

문제는 이러한 기준은 동시에 이루어지는 것이 아니라 점차적으로 증대되는 것이다 보니, 성인기로 들어가는 젊은이는 18, 19세에 도달 시 성인으로 느끼기 시작함에도 불구하고 20대 중·후반이 될 때까지는 완전한 성인으로 인식하지 못하고 있다는 사실이다. 그러다 보니 과거와는 달리 젊은이가 늦은 나이에 가정을 떠나는 경우가 늘고 있고 심지어는 부메랑 키즈(boomerang kids)라 불리는 일부 젊은이는 오히려 부모의 둥지로 다시 돌아오는 현상을 낳기도 한다. 이처럼 빠르게 변화하는 사회적·경제적 현실 속에서 대다수의 청년이 가정, 학교, 지역사회 등 주변 환경에서의 절대적인 지지와 도움을 제공받지 못한 채 성인의 역할과 태도를 갖춘다는 것은 매우 어려운 과제다.

4. 성인기로의 이행 기간 연장

최근에 국내외를 막론하고 교육, 취업, 결혼 및 출산, 부모에게서의 독립 등 성인기에 이르는 단선적인 경로가 다양해지면서 성인으

로의 진입을 지연시키고 있다. 즉, 산업 발달로 고도화 기술의 요구
가 확대되면서 구직 시 고등학력을 요구하는 직장이 많아짐에 따라
고등교육을 받는 기간이 연장되고 있고, 젊은이가 생각하는 성인의
의미와 가치 및 배우자와 부모의 역할을 수행하는 단계에의 진입에
큰 변화를 초래하고 있다. 30년 전과 비교하면, 오늘날의 청년은 성
인으로 이행해 가는 과정에서 첫 번째 요인인 학교를 마치는데 더
많은 시간이 걸리면서 자연스럽게 이어지는 이행 단계를 늦추고 있
다(각각의 이행 과정을 마치는 데 10대 후반에서 30대 초반으로 길어지고
있다)(Clark, 2007).

1) 특 징

역사적으로 산업화 이전과 이후를 비교해 볼 때, 주요 화두의 하
나는 더 이상 아이도 아니고 그렇다고 해서 성인도 아닌 상태에 놓
여 있는 젊은이의 삶에 관한 내용이다. 대다수의 젊은이는 정도의
차이가 있음에도 불구하고 성인기로 이행하는 동안 학업을 마치고
안정적인 직장을 구하며 원 가정을 떠나 결혼을 생각하는 것이 가장
공통적인 궤도이지만, 실제로 이러한 궤도 속에서 국내외적으로 성
인으로 간주되는 18세에 성인기에 필요한 과제를 제대로 수행하는
청년은 많지 않다. 즉, 과거에는 18세가 되자마자 부모에게서 독립
하고자 했던 많은 청소년이, 현재에는 대학에 재학 중으로 학비 보
조는 물론 거주지까지도 도움을 받는 경우가 늘면서 독립 연령의 연
장이 당연시되고 있다. 따라서 이러한 이행 과정은 과거에 비해 더

욱 모호해지고 있고 복잡해지며 점점 지연되고 있다.

이런 현상은 우리나라만의 이야기가 아니고 외국에서도 비슷한 상황이 전개되고 있다. 우리나라의 경우 1970년대까지만 해도 대부분의 청소년이 고등학교 졸업 후 취업을 하고, 20대 중반에 결혼을 하여 가정을 꾸리는 등 성인으로서의 과제를 수행해 왔다. 그러나 1990년대 이후 교육여건이 개선되고 고등교육이나 고도로 발달된 사회에 적응하기 위해 진로교육을 받는 청년의 수가 증가하고 있다. 더불어 취업 준비와 관련하여 성인기로 진입하기 위한 준비 기간이 필요한, 연령적으로는 성인이지만 사회적으로는 아직 독립하지 못한 상태인 청년의 인구가 크게 증가함으로써 청년기가 더욱 연장되고 있는 추세다(허혜경, 김혜수, 2010: 4). 특히 우리나라의 경우 남성은 군복무 때문에 여성에 비해 사회 진출이 늦어지는 경우가 많아 청년기가 20대 후반까지 연장되는 경향이 있다(곽금주, 2008).

미국의 경우에도 제2차 세계대전 이후의 경제적 호황으로, 국가에서 젊은이가 10대 후반 이후에 부모에게서 독립할 수 있는 환경을 제공하면서 청소년에서 성인기로의 이행이 10대 후반에서 20대 초반 사이에 이루어질 수 있었다(Settersten, 2005). 1970년대에는 취업의 기회가 많았고 그 당시의 사회적 기대감도 이른 나이를 선호하였기 때문에 이른 나이에 자신의 집을 떠나는 것이 '정상'이었다. 그러나 1990년대에 이르러 경제적 어려움으로 고용의 불확실성이 증대되어 생활, 교육투자 및 가족형성에 관한 결정이 복잡해지면서 성인으로의 이행이 늦어졌다. 스미스(Smith, 2004)의 조사에 따르면, 미국인의 경우 과거에는 평균 21세에 성인으로 이행하는 데 비해 현재는 평균적으로 26세 정도가 되어야 부모가 되는 것으로 밝혀졌다. 물론 개인차가 있기 때문에 성인기로의 이행은 다양한 모습을 보이고 있는데, 특히 18~21세의 법적인 연령과 행동 및 가치에 입각한 사회적 연령의 차이는 점점 더 벌어지고 있다. 또한 1971년에 25세가 수행했던 과제를 2001년에는 30세가 수행하고 있는 것으로 밝혀짐에 따라 성인기로의 이행 과정이 연장되고 있음을 보여 주고 있다.

이에 덧붙여 법적으로 성인이 되었거나 선거권이 생겼다고 해서, 또는 대학을 졸업하고 사회에 나왔다고 해서 모두가 성인이 되는 것은 아니다. 안선영 등(2011)의 조사에 따르면, 성인기 이행과업을 마쳐야 하는 바람직한 시기를 부모세대 성인은 대략 만 30세까지로 보는 데 비해, 청년은 만 35세까지로 보는 응답이 많게 나타나 성인기 기대연령대가 높아지고 있음을 보여 주고 있다. 또한 미국의 경우 1970년대 이후로 교육을 마치고, 직업을 확정하고, 부모에게서 독립하고, 결혼하고, 아이를 낳는 데 점점 더 많은 시간을 할애하게 되었다. 그에 따라 성인기로의 입문이 점점 늦어지면서(Arnett, 2000) 많은 젊은이가 과거에는 18, 19세에 집을 떠났지만, 1990년대 이후에는 법적 성인 연령이 지난 20대 후반이 될 때까지도 결혼을 하지 않거나 부모가 되지 못하거나 안정된 미래를 보장하는 직업을 구하지 못하는 사례가 증가하고 있다. 심지어 일반 가정의 청소년 중에는 20대 중반까지도 부모와 친구에게 의존하면서 자립에 필요한 경험과 기술을 습득하고 있는 실정이다.

이들은 고등학교 졸업 이후 20대 중·후반에 생활의 안정을 찾기까지의 기간 동안 안정된 가정에서 부모에게 경제적 측면에서 교육

비는 물론이고, 거주지 마련에서 아동양육에 이르기까지 여러 면에
서 의존하고 있다 보니 절반의 독립을 유지하는 시기라고도 할 수
있다. 한 예로 요즘 우리나라 20대를 설명할 때, '캥거루족'이나 '헬
리콥터 부모(helicopter parents)'라는 용어를 사용하고 있는 것을 보
면 상당수의 청년이 성인도 아니고 청소년도 아닌 중간자적 존재로
살아가고 있고 사회에 진입하기 위해 점점 더 힘든 시기를 보내고
있음을 알 수 있다(곽금주, 2008).

이와 같이 청년기의 연장 추세 속에서, 적어도 20대까지는 부분적
으로 부모에게 경제적으로 의존하는 것과 30세가 다 되어서야 결혼
하는 분위기가 더 이상 낯선 사회현상이 아니다. 오스굿 등(Osgood
et al., 2005)에 따르면, 미국의 경우 1970년에 결혼 평균 연령이 여
자는 21세, 남자는 23세였으나 1996년에는 결혼 평균 연령이 여자
25세, 남자 27세로 부모의 집을 떠나 자신의 가족을 형성하기까지
준비하는 기간이 늘고 있다고 설명하고 있다.

문제는 이러한 성인기로 이행하는 기간이 연장되고 사회에서 요
구하는 경제적 · 심리적 자율성을 획득하는 데 더 많은 발달과제를
수행해야 하면서, 청년이 많은 혼란을 겪고 있다는 사실이다. 즉, 동
서양을 막론하고 대부분의 청년은 다양한 발달과제의 수행을 요구
하는 사회적 분위기 때문에 가치관이나 생활 태도를 확립하는 것이
쉽지 않다.

이 연령층에 속해 있는 많은 청년은 대학에 재학 중으로 이들은
성인으로서의 역할 이행은 시작하였으나 아직까지는 이행 과정 어
딘가에 놓여 있다. 아직까지 교육을 마치지 못해 학업에 많은 시간

을 쏟고 있고 대부분 미혼이며 시간제 일자리나 부업 외에는 직업세
계에 진입하지 못하고 있다 보니, 재정적 독립은 물론 부모에게서의
주거 독립과 정서적 독립이 완벽하게 이루어지지 못하고 있다. 또한
자기 행위의 결과에 대한 책임과 독립적인 의사결정, 동등한 관계형
성하기와 같은 항목은 모호하고 추상적인 주관적 기준이며, 한 번으
로 끝나는 사건이라기보다는 많은 시간이 걸리는 과정이다(곽금주,
2010).

　이러한 분위기 속에서 많은 젊은이는 성인기의 특징인 결혼과 부
모가 되는 것에 대한 진지한 생각을, 학업을 마칠 때까지 미루는 추
세다. 심지어 10대 후반에서 20대 초반에는 결혼, 가정, 자녀에 관
한 이슈는 성취해야 할 것이 아니라 피해야 할 위험한 요소로까지
인식하고 있다(Arnett, 2004). 이처럼 연령적으로는 성인에 해당하지
만 사회적으로는 독립하지 못한 청년 인구가 크게 증가하면서 성인
기로의 이행이 단순히 결혼이나 출산과 같은 객관적 사건에 따라 구
분되는 것이 아니라, 다양한 사건의 경험을 통해 발달과업을 수행해
야 하는 많은 시간이 걸리는 과정으로 이해하고 있다.

2) 청년기 연장의 원인

　과거에는 18세 이상이 되면 청소년이 생활을 책임지는 성인기로
직접 이동하는 경향이 있었으나, 근래에는 청소년기가 교육 혹은 다
른 사회적 요인에 의해 20대 초까지로 확대되면서 성인 역할로의 진
입이 지연되고 있다(신혜령, 2001). 예를 들어, 20세에 교육을 끝마

쳐도 더 높은 수준의 학위를 얻기 위해 26~28세까지 공부하는 사람
이 많아지는 반면 19~20세에 고등학교를 끝마치고 바로 정규 직업
을 갖는 사람은 많지 않은데, 이러한 변화는 좋은 직업을 얻기 위해
더 많은 기술을 필요로 하는 사회적 변화와 무관하지 않다. 특히 서
구 유럽과 미국의 경우 1990년대에 경제적 여건이 개선되었음에도
불구하고 젊은이의 성인기 발달과업 수행에 대한 태도가 변화하고
있고, 노동시장에서의 교육에 대한 높은 기대치 때문에 성인기로의
이행 기간이 연장되고 있다.

(1) 고등교육의 요구

오늘날 젊은이는 과거의 젊은이에 비해 경제적 · 사회적 성숙에
도달하는 시기가 늦어지고 있는데, 이러한 추세의 변화는 고등교육
기간의 연장이 주된 요인이다. 1980년대 이후 고등교육이 일반화되
면서 대학에 진학하는 청소년이 증가함은 물론 교육과정의 다양화
및 평생교육의 증대로 교육을 마치는 시기가 점점 늦어지고 있는데,
이와 관련하여 주목할 만한 변화는 대학에 진학하는 사람의 비율에
서 나타나고 있다. 이병희 등(2010)의 조사에서 1960년대 초반 코호
트의 경우 남성은 38.4%, 여성은 17.8%만이 대학에 진학했으나,
1980년대 후반 코호트의 대학 진학률은 남녀 모두 80%를 초과함으
로써 최근의 젊은 코호트로 올수록 대학 진학률이 현격하게 높아지
고 있음을 알 수 있다. 특히 첨단 지식의 중요성을 더욱 강조하는 후
기 지식사회에 접어들고 있는 현시점에서, 기술 발달과 정보가 집약
된 경제가 필요로 하는 기술과 교육을 성취하기에 적합한 대학교육

의 증가는 학업을 마치는 연령을 높이고 있고 이에 첫 결혼 연령이 늦어지는 것이 복합적으로 연계되어 있다.

문제는 이러한 고등학력을 추구하다 보니 부모에게 비싼 등록금을 의존하게 되면서, 사회에서는 젊은이를 결혼할 수 있을 만큼 자립된 존재로 여기지 않고 있다는 사실이다. 오늘날의 청년은 원하든 원치 않든 간에 학교체계를 늦게 떠나고 있고, 부모의 집에 더 오랜 기간 머물고 있으며, 노동시장에 늦게 진입하면서 결혼 및 자녀 양육 시기를 늦추고 있다. 즉, 교육기간의 연장은 계속해서 다른 발달 과제의 수행을 연기시키고 있고, 각 과제 또한 마치는 데 더 많은 시간을 할애함으로써 이행 과정이 점점 더 길어지는 결과를 낳고 있다. 뿐만 아니라 파트타임 고용은 증대되는 반면 혜택은 줄어드는 직장에서의 불안정은 이들의 불안감을 가중시키고 가족 구성의 시기를 늦추고 있다. 이러한 추세 속에서 많은 젊은이는 단순히 고학력 추구에 따른 학비 문제로 경제적 부담 때문에 부모와 함께 거주하는 것이 아니라, 실업 상태가 되거나 낮은 임금의 직업을 갖게 될 수도 있기 때문에 함께 거주하기도 한다.

(2) 취업시장의 변화

학교교육을 마치고 노동시장에 신규 진입하는 청년층은 경제적 · 사회적 독립을 모색하는 계층으로, 정규 직장의 확보에 더 많은 시간을 소요하고 있다. 특히 직업세계는 점점 더 세분화 · 전문화되어 있을 뿐만 아니라 빠른 속도로 변화하고 있어서, 자신에게 맞는 직업을 찾고 그 직업에 적합한 자격을 갖추기까지는 상당히 오랜 시간과 노력이 따른다. 또한 고용주는 좀 더 높은 학력소지자를 고용코자 하면서 사회 전반에 걸쳐 더 높은 학력을 추구하는 양상을 보임에 따라 교육은 사회적 계층화의 요인이 되고 있고, 사회적으로 가진 자와 가지지 못한 자의 간격을 더 넓히고 있다(Settelsten & Ray, 2010).

이처럼 교육 수준에 따라 취업조건이 달라지는 추세 속에서, 노동시장의 불안정성으로 청년 노동력의 유휴화가 심화되고 있다. 즉, 청년층 고용률은 2009년 40.5%를 기록하여 1980년 이후 가장 낮은 수준을 기록하고 있고 특히 최근 청년층의 경제활동참가율은 외환위기 이전인 1997년에 비해서도 낮은 수준인데, 이는 글로벌 금융위기에 따른 노동시장 여건의 악화뿐만 아니라 2000년대 들어서서 경제활동참가율이 지속적으로 하락하는 추세를 반영하는 것이다. 또한 청년층의 낮은 경제활동 참여 추세는 2006~2008년에 두드러지는데, 이 시기에는 경제활동참가율이 감소하는데도 실업률이 감소하는 이례적인 현상이 진행되었다(이병희 외, 2010). 이러한 추세 속에서 남성의 경우는 첫 일자리 취업시점도 과거에 비하여 점차 늦어지고 있는 것으로 나타났는데, 이전 코호트는 25세까지 47%가 취업하였으나 최근 코호트는 35%만이 이때까지 취업한 것으로 조사되었다.

이처럼 취업시장의 급속한 변화로 대다수의 젊은이가 사회에서 자신의 자리를 찾기가 쉽지 않다 보니 취업 준비 기간도 점차 연장되고 있다.

(3) 결혼관의 변화

교육 기회의 확대와 근대적 가치관이 내면화되면서 결혼이 개인이 당연하게 경험하는 삶의 자연스러운 경로라기보다는, 더 나은 삶의 조건과 기회를 제공하는 것이 보장될 때에만 선택하는 것으로 바뀌고 있다(이병희 외, 2010). 즉, 결혼을 무조건적으로 성인 정체성의 구성 요소로 규정하는 사회적 규범과 개인의 결혼에 관한 가치관이 변화함에 따라, 전통적인 가족 테두리 안에서의 역할에서 벗어나 자유롭게 살고 싶다는 욕구를 실천하는 사람들이 많아지면서 남녀의 초혼 연령을 지연시키고 있다. 또한 전 세계적으로도 여성의 교육기회 증대로 20대 초반에 결혼하기, 자녀 출산 등의 과업 수행보다는 취업을 선호하는 분위기로 전개되면서 초혼 연령과 첫 출산 연령이 높아지고 있음은 물론, 아기를 낳지 않는 부부도 증가하는 추세로 전통적인 성인의 역할로 여겨 왔던 결혼, 자녀 출산 및 자신의 가정 형성에 관한 사고가 많이 바뀌었다.

우리나라의 경우 혼인 시점과 출산 시점은 과거보다 늦어지고 있다. 성인기의 특징 중 하나인 결혼 연령을 비교해 보면, 1990년에 결혼 평균 연령은 남자 27.8세, 여자 24.8세이었으나 2009년에는 남자 31.6세, 여자 28.7세로 평균적으로 4년이 늦어졌음을 알 수 있다(통계청, 2009). 특히 여성의 경우, 1960년대 초반 코호트는 25세까지 60%가 혼인하였고, 30세까지는 91.5%가 혼인하였는데 비하여, 1970년대 후반 코호트는 25세까지는 30% 미만이 혼인하며, 30세까지 기준을 넓혀서 보더라도 70% 정도만 혼인한 상태다. 출산도 마찬가지로 이전 코호트(1960년대 초반 출생)는 25세까지 출산하는 비율이 38%, 30세까지는 80%가 출산하였으나, 최근 코호트 (1970년대 후반 출생)는 이 비율이 각각 16%, 57%로 줄어들었다(이 병희 외, 2010).

그렇다면 2009년 결혼 평균 연령이 1990년에 비해 평균 4년 정도 늦어지고 있는 이유는 무엇인가? 가장 큰 이유는 고등교육을 받는 기간이 늘어나면서 많은 젊은이는 결혼과 부모가 되는 것에 대한 진 지한 생각을 학업을 마칠 때까지 기다리기 때문이다. 이와 관련하여 이병희 등(2010)의 조사에 따르면, 남녀 모두 학력 수준이 높을수록 결혼을 늦추거나 포기할 가능성이 높았고, 1970년대 이후 출생자도 그 이전에 출생한 사람에 비해 결혼을 늦추거나 포기할 가능성이 높 은 것으로 나타났다.

이러한 추세 속에서 과거에 비해 결혼과 출산이 성인이라면 누구 나 경험하는 통과의례로 당연하게 여기지 않게 되었는데, 이러한 변 화는 개인이 직면하는 사회경제적 요인의 변화가 큰 역할을 하고 있 다. 즉, 고용 없는 성장과 불안정 고용, 자녀 양육비 부담 증가, 일과 가정의 양립을 위한 사회적 인프라 부족 등은 청년이 결혼을 통해 원 가족에서 벗어나고 출산을 통해 자신의 독자적 가족을 형성하는 선택을 현실화하는 데 장애가 되고 있다. 실제로 이병희 등(2010)의 조사에서도 여성의 현재 노동시장 참여 상태가 결혼과 출산 이행을 방해하고 있는 것으로 나타났다.

우리나라 결혼 적령기(25~29세) 여성 10명 가운데 6명이 미혼인 것 으로 조사됐다. 결혼적령기 여성의 미혼율이 30년 만에 6배나 높아졌을 만큼 여성 사이에 결혼 기피 현상이 일반화되고 있다. 특히 기혼 여성조차 결혼을 반드시 해야 한다고 인식하고 있는 사람은 14%에 불과했다.

한국보건사회연구원 변용찬 선임연구위원은 최근 '결혼과 출산율' 보고서에서 25~29세 여성의 미혼율이 1975년에는 11.8%였으나 2005년에는 59.1%로 높아진 것으로 나타났다고 28일 밝혔다. 이들 결혼 적령기 여성의 미혼율은 1990년 22.1%를 기점으로 1995년 29.6%, 2000년 40.1%로 급격히 높아지는 추세다.

(중략)

한편 미혼남녀가 결혼을 하지 않는 이유로 '아직 결혼하기에는 이른 나이'라거나 '교육을 더 받고 싶어서' '자아 성취와 자기개발을 위해' 등 가치관과 관련된 이유가 54.9%로 가장 많았다. '소득이 적어서' 또는 '결혼 비용이 마련되지 않아' '실업이나 고용상태 불안' 등 경제적 이유는 31.9%로 그다음이었다(국민일보 쿠키뉴스팀. 2010. 7. 8.).

이러한 결혼관의 변화와 관련해서 여성의 역할 변화도 한 요인으로 작용하고 있다. 지난 30여 년간 교육적 성취에서의 큰 진전으로 남녀 모두가 교육에 대한 기대 및 기회에 따라 늦은 연령에 마치게 되었고, 교육을 마칠 때까지는 많은 젊은이가 결혼과 부모가 되는 것을 늦추고 있다. 특히 여성의 경우 '고학력을 추구'하고 '직장에 대한 열망'과 '직장과 생활 간의 균형을 맞추기 어려운 현실'에 직면하면서, 자녀를 낳고 양육하는 연령을 늦추고 있다.

5. 청년기의 당면 문제

전 세계적으로 고등교육의 일반화와 평생교육의 증대로 교육을 완료하는 시점이 늦어지고 있고 초혼 연령과 첫 출산 연령이 높아지면서, 선진국에서는 20대 젊은이가 자신을 성인으로 당연하게 지각하는 데 많은 혼란을 경험하고 있다. 최근 성인기로의 이행 지체와 불안정성에 대한 우려가 커지고 있는 이유는 최근 '정규교육과정' '안정적인 일자리 획득' '결혼 및 출산' '분가' 등의 단선적인 경로가 다양화되고 있을 뿐만 아니라, '고학력화에 따른 노동시장으로의 이행 지체' '노동시장의 불안정에 따른 청년 노동력의 유휴화' 그 외에도 '개인주의적임에도 불구하고 부모에의 경제적 종속의 지속' 등 때문이다(이병희 외, 2010: 3). 또한 출산율 저하는 인구구조의 급속한 고령화와 맞물려, 향후 노동력 부족에 따른 경제적 성장 기반 훼손과 부양 부담의 가중을 초래할 우려가 있다.

1) 자아정체감 확립의 어려움

청소년기를 거쳐 성인기로 전환해 가는 일종의 청년기에, 많은 청년은 전보다 더 많은 자유를 즐기면서도 동시에 혼란을 겪으면서 힘든 시간을 보내고 있다. 자신이 더 이상 청소년이 아님에도 불구하고 아직까지는 책임감 수용, 독립적 의사 결정, 경제적 독립과 같은 성인을 규정하는 요인을 충분히 갖추지 못하였음을 알고 있기에, 자신을 온전한 성인으로 생각하지 않는 경우가 많다. 이처럼 성인이라 주장하기에는 부족한 존재라는 인식 속에서 중간에 끼인 듯한 어정쩡함이 이들을 불안하게 하고 있다(곽금주, 2008: 52). 또한 다양한 과업을 탐색하다 보니 어찌 보면 인생에서 가장 불안정한 시기가 되기도 한다.

> 하지만 안다. 더할 나위 없이 힘든 시기이기도 하다는 것을. 어른들은 '네가 무슨 걱정이 있겠냐.' 하거나 '나 때는 더 힘들었다.'라고 하지만, 젊은 그대가 짊어진 고민의 무게는 생각보다 훨씬 무겁다. 특히 20대 초반, 대학시절은 사회적으로는 어른 취급을 받지만 내면은 아직 어른이 될 준비를 마치지 못한 아슬아슬한 경계의 시기이자, 입시준비에 유예됐던 사춘기의 성장기적 문제가 한 번에 터져 나오는 폭발의 시기다. 그뿐인가. 열정이 존재를 휘두르고 기대가 존재를 규정하는, 불일치의 시기이기도 하다. 그런 의미에서 이때야말로 인생에서 가장 화려하면서도 가장 어두운 시기다(김난도, 2010: 8).

이러한 불안정한 상태에서 자아정체감 혼란에 처하는 경우 충동적인 행동을 취하고 책임감이 있는 성인으로서의 행동이 지연되며, 성인으로서의 책임을 회피하고자 아동기로의 퇴행을 보이는 경우도 있다. 심지어 자아정체감 찾기에 실패한 청소년은 자신에 대한 회의와 역할 혼미를 경험하면서 자기파괴적이고 자기중심적인 행동을 취하기도 한다. 그 밖에도 자신의 특성을 파악하고 이해하며 자기확신을 하는 데 어려움을 겪고 있어서 진로발달의 지체 현상을 보이는 데, 이는 진로정체감의 미성숙과 관련이 있다고 볼 수 있다(곽금주, 2010).

이 시기는 젊은이가 과거에 비해 더 많은 자유와 높은 희망과 큰 꿈을 갖고 과거보다 더 많은 자유를 느끼고 있음에도 불구하고 성인으로서의 책임감, 자신의 미래에 대한 불안 및 불확실함 때문에 힘들어한다. 또한 청년기는 많은 가능성이 열려 있음에도 불구하고 아직까지는 삶의 방향이 결정된 것이 거의 없다 보니, 희망과 기대를 하게 되는 시기임과 동시에 탐색과 불안정의 시기이기도 하다. 따라서 이들은 인생계획을 지속적으로 수립하고 수정함으로써 자신이 원하는 미래를 향해 한 걸음 더 나아가게 된다.

2) 부모에게서 독립의 지연

현대 사회로 들어오면서 국내외를 막론하고 성인기로의 이행기간이 연장됨에 따라 청년 자녀가 부모에게서 독립하는 시기도 늦추어지면서, 과거와는 달리 부모나 자녀 모두에게서 자녀가 독립할 때까지는 부모가 지원해 주어야 한다는 인식이 확산되고 있다. 안선영 등(2011)의 조사에 따르면, 경제 수준이 높을수록 성인기 이행 시 부모의 경제적 도움이 바람직하다고 생각하는 정도가 더 높게 나타났다. 이러한 이행 과정에서 경제적 부담을 부모가 담당해야 한다면 위기청년의 경우 순조로운 성인기로의 이행을 기대하기가 어렵고 이후의 삶의 모습에서도 차이가 발생할 수밖에 없다. 또한 여성가족부(2010a)에서 실시한 조사에 따르면, 청소년 자녀를 둔 부모에게

〈표 1-3〉 부모 관점에서 자녀에 대한 경제적 책임 시기(1차와 2차조사 비교)

(단위: 건, %)

	사례 수	취업할 때까지	고등학교 졸업할 때까지	대학교 졸업할 때까지	대학원 졸업할 때까지	결혼할 때까지	결혼 후에도 필요하다면	기 타
1차조사	930	29.7	3.0	28.0	4.9	31.4	2.9	0.0
2차조사	1,051	11.7	6.8	57.0	6.6	14.2	3.7	0.0

출처: 여성가족부(2010). 제2차가족실태조사.

〈표 1-4〉 부모 및 자녀 관점에서 자녀에 대한 경제적 책임 시기 (단위: 건, %)

		사례 수	취업할 때까지	고등학교 졸업할 때까지	대학교 졸업할 때까지	대학원 졸업할 때까지	결혼할 때까지	결혼 후에도 필요하다면	기 타
부모		1,051	11.7	6.8	57.0	6.6	14.2	3.7	0.0
구분	부	510	11.3	6.9	59.2	4.6	14.5	3.4	0.1
	모	541	12.0	6.6	54.8	8.5	14.0	4.0	0.0
	청소년	684	11.3	10.6	47.2	7.0	20.6	3.4	0.0

출처: 여성가족부(2010). 제2차가족실태조사.

'어느 시기까지 자녀를 책임져야 하는가?'에 대해 물었을 때 대학
졸업(57.0%), 결혼할 때까지(14.2%), 취업할 때까지(11.7%)의 순으
로 나타났다. 1차 가족실태조사와 비교해 보면 '대학 졸업 시까지'
라는 응답은 28%에서 57%로 크게 상승한 반면, 취업 및 결혼할 때
까지의 비율은 감소하여 지난 5년간 부모가 생각하는 자녀에 대한
경제적 책임 시기가 줄어든 것을 알 수 있다.

한편 자녀의 관점에서 인식하는 '부모가 경제적으로 책임져야 하
는 시기'와 부모의 응답을 비교하면 유사한 경향을 보이는데, 특히
부모보다 청소년 자녀가 '결혼할 때까지'의 응답률이 상대적으로

더 높게 나타났다.

외국의 경우에도 이와 유사한 현상이 나타나고 있어서 일부 청년은 스스로도 부모의 도움을 당연시하는 경향을 보이고 있다.

> 부모님은 많은 도움을 주시기 때문에 부모님께 의지하지 않는 것이 오히려 바보 같은 짓이라고 생각합니다. 부모님은 이미 다 경험해 보았으니까 그런 경험과 지식을 빌리고 싶어요. 인맥만 해도 어마어마합니다. 부모님을 통해 얼마나 많은 사람의 연락처를 받았는지 몰라요. 그저 부모님이라고 하기에는 부족할 정도로 제게는 멘토이자 선생님이며 친구입니다. - 이언 윈브록(21세) (랭커스터와 스틸먼, 2010: 48)

이러한 추세로 변화하게 된 배경은 사회적 · 경제적 변화와 그에 따른 노동시장 규모의 축소를 들 수 있다. 이를 자세히 살펴보면, 지식 기반 경제로의 전환과 더불어 전 세계에 불어닥친 금융 위기로 노동시장의 규모가 축소되고 비정규직이 확산되면서 고등교육과정인 대학을 졸업하고도 취업하지 못하는 상황이 심화되고 있다. 이러한 현실 속에서 많은 대학생은 진학이나 해외 연수 등을 통해 자신의 가치를 높이고 있고, 그 결과 부모의 자녀에 대한 경제적 지원의 기간이 어쩔 수 없이 연장되고 있다. 그에 따라 부모님에게서 경제적인 독립을 이루지도 못한 채, 성인으로서 부담해야 할 책임을 회피하면서 유예 기간이 늘어나고 있다.

이런 현상은 비단 우리나라뿐만 아니라 서구의 많은 산업국가에서도 발견되고 있다. 미국에서는 이러한 젊은이를 '캥거루족'이라

부르고, 영국에서는 '키퍼스(kippers)'(부모의 은퇴자금을 축내면서 부모의 주머니에서 사는 아이), 독일에서는 '네스트호카(Nesthocker)'(부모의 집에 살면서 웅크리고 있는 아이) 등 나라마다 다양한 이름으로 부른다(곽금주, 2010). 이러한 캥거루족은 현실의 어려움을 회피하고자 무의식적으로 성장을 거부하면서 '피터팬 증후군(Peter Pan syndrome)'을 보이기도 하는데, 피터팬 증후군이란 육체적으로는 성숙했지만 어린아이로 남기를 바라는 심리를 가리키는 용어로, 실패에 대한 두려움과 그에 따른 자신감 상실, 무책임과 무기력증 같은 증상을 설명하는 데 널리 사용하고 있다.

　한편 요즘 부모 중에는 자식을 과잉보호하여 대학생, 직장인이 된 뒤까지 일거수일투족을 간섭하는 것이 당연시되면서 오히려 자녀의 독립을 어렵게 하는 경우도 적지 않다. 몇 년 전부터 자녀 주위를 끊임없이 맴도는 가운데 자녀의 모든 것에 관여하는 '헬리콥터 부모', 열성적으로 스포츠를 시키는 '사커(Soccer) 맘', 자녀의 등·하교를 전담하고 책임지는 '밴(Van) 맘', 일본에서 엄마와 아들이 늘 세트로 다니는 '캡슐 모자(母子)' 등이 회자되었다(정채기, 2010).

　　"요즘 젊은 것은 버릇이 없고……."라는 푸념이 고대 이집트 유적에서도 발견된다는 사실을 누구나 기성세대가 되는 순간 가슴에 새겨 두어야 한다고 믿는 쪽이다. 그렇더라도 신세대의 낯선 행동과 생각을 대할 때 솟아나는 당혹감까지 면제되는 것은 아닌가보다. 중·고등학교에서 '엄마'들이 짜 준 과외그룹에서 함께 공부한 아이들이 무난히 법대에 진학했단다. 2학년이 되자 엄마들이 다시 모여 아이들 사법시험

준비에 나섰다. 좋다는 교재를 대신 골라 주고, 노량진 학원가에서 합
격률 높은 학원을 골라 단체로 등록했다나. 그렇게 공부한 아이들이 사
법연수원 마치고 판·검사로 임용된다? 뭔가 찜찜하다 싶었는데 얼마
전에는 친구가 공익요원으로 근무 중인 아들의 목격담을 들려주었다.
아들은 어느 검찰청에 배치돼 일하고 있는데, 젊은 검사들이 휴식시간
에 모여 잡담을 나누면서 말끝마다 "우리 엄마가 그러는데……." "그렇
지만 우리 엄마는 말이야……."를 남발해 적잖게 충격을 받았다는 얘기
였다.

  학점이 낮게 나오면 부모가 대신 교수에게 항의하고, 군대 갈 때 입
소부대 선택에 부모가 간여하는 일도 이젠 드물지 않다고 한다. 그런데
우리나라만 그런 게 아닌 모양이다. 1982~2000년 사이에 태어난, 7600만
명이나 되는 미국의 '밀레니얼 세대'도 우리나라 젊은 세대와 무척 닮
았다. 그들의 특징을 나타내는 일곱 가지 키워드 중 맨 앞자리를 차지
하는 것이 '부모'다. 한 여론조사에서 대학생 응답자의 38%는 '부모가
지도교수와 통화하거나 직접 만난 적이 있다.'고 했고, 31%는 '부모가
학점에 대한 불만 때문에 교수에게 전화한 적이 있다.'고 답했다(노재
현 칼럼, 중앙일보. 2010. 7. 1.).

엄기호(2010)는 대학에서도 가끔 당혹스러운 일을 겪는다고 털어
놓고 있다.

  학점을 낮게 받으면 학생이 아니라 엄마가 대신 항의 전화를 하는

경우도 있다. 반대로 수업이 재미있으면 자기 엄마도 이런 수업을 듣고 싶어 하는데 엄마와 같이 들으면 안 되겠느냐고 묻는 학생도 있다. 리포트나 수업, 시험에 대해서도 초등학생이 던질 만한 질문이 터져 나온다. 학생은 교수가 "자유롭게 알아서 쓰세요."라고 하는 말을 제일 당황스러워하고 심지어 항의까지 한다. 차라리 글자 크기부터 서술 방식에 이르기까지 지침을 달라고 요구한다. 이런 학생을 보면서 교수는 요즘 대학생이 '애기'나 '초등학생'에 가깝다며 어쩜 저렇게 어려 터졌는지 모르겠다고 혀를 끌끌 찬다. 엄마 치마폭을 떠나지고 못했고 떠날 생각도 없다고 말이다(pp. 125-126).

이처럼 청년 자녀의 학교생활에 지나치게 개입하는 헬리콥터 부모가 증가하는 이유를 살펴보면 예전에 비해 부유해진 경제력, 줄어든 자녀 수, 부모의 고학력 등을 꼽을 수 있다. 미국의 경우 단순 헬리콥터 부모가 지나치면 '블랙호크(미 육군의 공격형 헬리콥터) 부모'를 넘어 '스텔스 폭격기 부모'가 된다고까지 언급하고 있는데, 이들은 자녀의 대학 생활을 간섭하는 정도를 넘어 아예 대학 생활을 대신해 주는 부모로, 그야말로 자식의 인생을 폭격하는 것이다.

월 스트리트 저널은 자녀에게 시시콜콜 챙겨 주는 헬리콥터 부모가 68.7% 정도인 것에 개탄하면서, "최근 미국의 헬리콥터 부모는 자녀의 직장에까지 등장하여 채용 담당자에게 자녀를 홍보하고 연봉협상까지도 한다. 이런 자녀는 성인이 되면 우울증에 빠지기 쉽고 결혼 적령기도 놓치기 쉽다." 라고 지적하였다(정채기, 2010).

정채기(2010)에 따르면, 이러한 유형의 부모가 우리나라에서도 점점 늘고 있는데 문제는 많은 부모가 헬리콥터 부모 유형을 좋은 부모의 모습으로 착각하고 있다는 사실이다. 그러나 동시에 '이러한 부모의 과잉보호 속에서 성장한 자녀가 사회적으로 성공할 수 있을까?' '인생을 살아가면서 부딪치게 될 수많은 어려움을 스스로 극복해 낼 수 있을까?' 하는 우려감을 자아내고 있다.

한편 부모에게서의 독립이 늦어지면서, 최근 가족체계는 점점 더 청년 자녀에 대한 경제적·정서적 지원의 연장으로 과중한 경제적 부담을 떠안고 있다. 미국의 경우 자녀가 20대 후반에서 심지어 30대 초반에 이르기까지 어느 정도의 물질적·정서적 지원을 제공하고 있는데, 이러한 추세가 이제는 중산층 가정에까지 전개되면서 가족체계 스스로 이에 따른 스트레스를 받고 있다(Settersten & Ray, 2010). 심지어 이전에 젊은 자녀에게 많은 투자를 해 왔던 중산층조차도 매년 불확실한 경제 상황 속에서 가족 수입이 줄어들면서, 자녀에게 이전과 같은 수준의 자원 제공이 어려운 실정에 처해 있다.

뿐만 아니라 청년 자녀 입장에서도 심리적 압박을 받으며 생활하고 있다. 엄기호(2010)는 그가 만난 대다수의 대학생은 자신이 부모에 대한 죄책감을 머리에 짊어지고 산다고 토로하고 있다.

한 해에 부모에게서 뜯어내야 하는 돈이 최소 천만 원이 훌쩍 넘는다. 문제는 이 돈을 들여 대학을 다녀도 졸업하고 취업이 되리라는 보장이 없다. 밑 빠진 독에 물 붓는 느낌이다. 그러다 보니 대학생이란 집에서 불필요기만 한 것이 아니라 민폐를 끼치는 존재다. 중하위권 대학으로 내려갈수록 학생이 이고 지는 죄책감의 무게는 더 커진다(pp. 126-127).

문제는 이러한 현상에 대해 청년에게만 그 책임을 떠넘길 수는 없다는 사실이다. 특히 우리나라의 청소년은 아직도 입시 위주의 획일화된 교육환경 속에서 학교에서는 학생으로, 사회에서는 미성년자로 인식하고 있어서 청소년의 권리 확대를 위한 요구사항이나 정책결정 등에 대한 공식적인 의사결정 과정에의 참여가 제한되는 경우가 허다하다. 즉, 우리 사회는 청소년 권리나 참여의 가치를 인정하고 있으면서도 한편으로는 여전히 청소년을 미성숙한 존재로 간주하여, 청소년의 참여를 불안하게 바라보는 등 청소년의 건강한 참여활동을 현실적으로 억제, 제한함으로써 청소년의 사회적 성숙을 지연시키고 있고 궁극적으로 성인기로의 이행을 늦추고 있다.

3) 취업의 어려움

학교에서는 노동시장으로의 이행이 지체되고 있고, 경제적 불안정에 따른 청년 실업 문제의 심각성은 청년의 부모에게서 독립적인 삶을 형성하는 단계로의 진전을 더디게 하고 있다.

[그림 1-1]에서 보는 바와 같이 청년층의 경제활동참가율은 낮아지는 추세를 보이고 있다. 이러한 사실은 '88세대' '청년백수' 등의 표현처럼 20대 청년이 교육을 마친 후 취업을 통해 성인기로 진입하는 것이 힘들다는 점을 잘 보여 주고 있다.

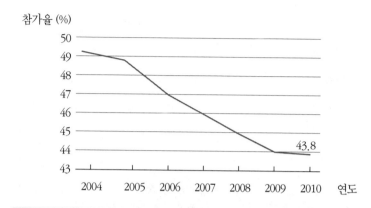

참가율 (%)

[그림 1-1] 청년층(15~29세)의 경제활동참가율

출처: 통계청(2007).

이처럼 취업은 최근 20대가 겪는 현실적인 문제 중 가장 힘든 과제
가 되고 있다. 통계청 자료(2007년 8월 기준)에 따르면, 29세 미만 비
정규직이 남녀 모두 55%를 상회하고 있고 우리 사회는 이를 '88만
원 세대'로 규정하고 있어서 오늘날 대다수 청년이 불안정한 사회생
활을 시작하고 있음을 시사하고 있다.

20대 청춘의 삶, 이보다 더 팍팍할 수 없다

청년의 가장 큰 고민거리라고 할 수 있는 실업난. 20대의 실업률을
보면 외환위기 충격을 어느 정도 극복하고 난 2000년대 이후 전체 실업
률은 3~4%대 수준을 보이고 있지만, 20대의 실업률은 2000년대 초반
에는 빠른 속도로 떨어져 2002년 한때 5%대까지 떨어졌으나 이후에는
7~10%대에서 등락을 보이고 있다. 가장 최근인 2010년 7월에도 전체
실업률은 3.7%대로 사실상 완전고용 상태를 보이고 있지만, 20대 실업

률은 8.5%로 상당히 높은 상태를 유지하고 있다. 알다시피 한국의 실업률 통계는 신뢰성이 매우 낮다. 이런 사정을 감안하면 20대의 체감 실업률은 8.5%보다 훨씬 더 높을 가능성이 높다.

이를 잘 방증하는 것이 연령별 고용률 추이나 '쉬었음' 응답자 추이다. 전체 인구 대비 고용자 수의 비율을 나타내는 고용률 추이를 보면, 2000년대 초중반 내내 51~53% 수준을 유지하던 20~24세 연령대 고용률이 2005년 하반기 이후 가파르게 하락해 2009년 이후로는 45% 전후 수준의 낮은 고용률이 계속 유지되고 있다. 비경제활동 인구의 증가 등 각종 명목으로 실업 통계에는 포함하고 있지 않지만, 실제로 고용되는 20대 전반 인구는 계속 줄어들고 있는 것이다. 실업률 조사에서 '쉬었음'이라고 응답해 비경제활동 인구로 분류되는 '쉬었음' 응답자의 추이를 보면, 다른 연령대에 비해 유독 20대에서 '쉬었음'이라고 응답하는 숫자가 갈수록 높아지고 있음을 알 수 있다. 1999년에는 33만 명에 불과하던 이 응답자 수가 70만 명 수준까지 급증하고 있는 것이다. 취업난 때문에 대학에 적을 둔 채 졸업을 미루거나 휴학하거나 졸업 후에도 취업 준비에 나서는 등의 이유로 많은 젊은이가 사실상 제대로 된 일자리를 찾지 못하고 있다. 설사 취직이 된다 하더라도 상당수가 이른바 '알바' 일자리로 불완전 취업자의 상당 부분을 차지하고 있다. 따라서 실질적인 의미에서 20대의 실업률은 공식 실업률 8.5%의 몇 배에 이를 가능성이 높다. 그만큼 젊은이가 극심한 취업난을 겪고 있는 것이다(2010. 8. 25.).

(출처: http://v.daum.net/link/9109367?RIGHT_BEST1=R6)

그렇다면 요즘의 대학생 사이에서 진로발달 지체 현상이 증가하는 원인은 무엇인가? 한국의 대학생은 자신의 진로결정에 장애를 주는 주요 요인으로 자신의 합리적인 진로결정능력의 부족(33.9%)과 결정한 진로에 대한 자신감 부족(29.6%)을 꼽고 있고, 진로를 선택할 때 중요하게 고려하는 사항으로 자신의 특성(70.0%)을 선택하고 있다. 이러한 결과를 종합하면, 대학생은 진로선택에서 가장 중요한 고려사항인 자신의 특성을 파악하고 이해하며, 자기확신을 하는 데 어려움을 겪고 있다. 결국 대학생 사이에 증가하는 진로발달 지체 현상은 진로정체감의 미성숙과 관련이 있다고 볼 수 있다(곽금주, 2010: 254).

이에 덧붙여 국내외에서 진행되고 있는 노동시장의 유연화와 평생교육의 필요성 증대는 진로정체감의 형성 시기를 늦추고 있고, 그에 따라 명확한 진로정체감을 확립하지 못한 청년의 직업세계로의 진입이 늦어지고 있으며, 설사 진입하더라도 잦은 이직 등을 경험하고 있다.

청년기는 심리적 이유기(psychological weaning)로 청소년기까지 지속되던 부모에 대한 동일시에서 벗어나 자율성과 책임감을 획득하는 시기다. 따라서 청년기 부모-자녀 관계는 갈등을 수반하게 되는데, 이는 부모에게서 독립하려는 청년의 욕구와 성급한 자율의 욕구를 인정하지 않으려는 부모의 상반된 욕구 사이에서 나타나는 필연적인 결과다.

중요한 점은 청년기가 모든 영역에서 반드시 부모에게서 독립과 자율성을 획득해야 하는 시기는 아니며, 부모와 안정된 애착관계를 유지하면서 동시에 의사결정 능력이 부족한 분야에서는 부모에게서의 계속적인 조언을 받는 것이 도움이 되는 시기라는 사실이다. 따라서 부모-자녀 관계에서 안정된 애착과 신뢰를 유지하는 것이 청년기의 긍정적인 심리적 발달에 매우 중요하다.

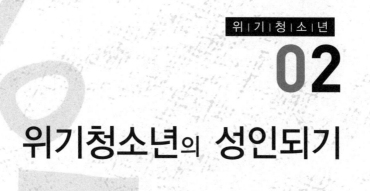

위기청소년의 성인되기

위기청소년의 성인되기

1998년 외환위기와 2008년 글로벌 경제위기에 따른 경제침체 가속화의 영향이 실업증가 및 소득하락으로 이어지면서, 빈부격차와 가족해체가 가속화되고 가족 기능이 저하되어 위기청소년에 대한 우려가 커지고 있다. 1차적 사회안전망인 가정과 학교가 붕괴됨에 따라 많은 청소년이 빈곤, 학업중단, 가정폭력 등의 다양한 위험요인에 노출되면서 위기청소년의 수가 증가 추세를 보이고 있고, 이에 대한 결과로 가정은 물론 사회 전체의 문제로 확대되고 있다. 여성가족부의 자료에 따르면, 전체 인구 중에서 만 9~18세의 아동·청소년 중에 위기 대상은 936,626명으로 같은 연령대의 아동·청소년에서 13.7%를 차지하고 있고, 이 중에서 초등학생은 16,408명, 중·고등학생은 720,218명으로 추정하고 있다(이유진, 2011).

대다수의 위기청소년은 열악한 가정환경과 사회적 지원의 부족으로 신체적·정서적·인지적 발달에 어려움을 겪다 보니, 이 시기에 성공적인 성인이 되기 위해 필요한 지식·행동·태도·기술을 습득하지 못하고 있다. 이들은 종종 어린 시기의 가정 및 학교생활에서 행동·인지·정서 등이 서로 얽혀 있는 역기능적 패턴을 보임에 따라 학교에서의 실패, 다양한 정신건강 문제, 십대 임신은 물론 성인이 되어서도 빈곤생활의 악순환, 노숙자로 전락의 가능성 등을 예상케 하고 있다.

특히 이들은 사회적 보호망의 긴급 구호 미비로 제도권 내의 서비스조차 지원받지 못한 채 범죄의 사각지대에 놓여 있을 뿐만 아니라, 그나마 마련되어 있는 관련 정책 및 지원 프로그램에 관한 정보 부족으로 활용 가능한 서비스조차 제대로 이용하지 못하면서 사회에서 소외되고 있다. 그 밖에도 이들은 성인기로 이행하면서 자립에 필요한 취업, 대학 입학, 결혼, 가족구성 등의 과제 수행과 같은 더 많은 도전에 직면함에 따라 점점 더 사회에서 일반 청년에 비해 더 뒤처지리라 예상케 하면서, 향후 인적자원 개발이나 사회통합 등과 관련하여 막대한 사회경제적 손실을 초래할 가능성이 있다.

위기청소년의 문제는 개인·가정·사회 요인이 복합적으로 작용하여 발생하므로 개인적 문제가 아닌 사회적·국가적 문제로 인식해야 한다. 우리가 이들에 대해 관심을 가져야 할 근본적인 이유는 조기에 적절한 개입과 지원을 제공하지 못할 경우 사회적 안정을 위협할 수 있는 잠재적 위험 요소를 키워 나가게 되어 결국에는 국가의 사회적 부담이 커지고, 청소년 개개인에게도 독립된 성인의 삶으로의 이행이 어려워지기 때문이다.

　이처럼 위기청소년은 청소년기는 물론 성인기로의 이행 과정에 버거운 과제수행으로 어려움을 겪고 있지만, 분명한 사실은 대다수가 고위험청소년이지 범죄청소년은 결코 아니므로 이들에게 조기에 적절한 서비스를 제공하면 성공적인 성인으로의 이행 과정을 통해 건강한 성인으로 성장할 가능성이 크다는 점이다. 뿐만 아니라 청소년 인구 감소 추세로, 한 명의 청소년도 중요한 존재임을 인식하여 위기청소년에 대한 국가 차원의 적극적인 보호 및 지원이 요구되고 있다.

1. 위기청소년

　「청소년기본법」에서 지적하듯이, 청소년은 안전하고 쾌적한 환경 속에서 자기발전을 추구하고 정신적·신체적 건강을 해치거나 해칠 우려가 있는 모든 형태의 환경에서 보호받을 권리가 있다. 또한 동법 제12조 제1항에서는 "국가 및 지방자치단체는 특별지원청소년에 대하여 필요한 지원 대책을 강구하여야 한다."라고 명시하여 위기청소년에 대한 지원 및 보호에 대한 정책 수립의 중요성과 당위성을 언급하고 있다. 그러나 이러한 법 내용과는 달리, 현재 운영되고 있는 위기청소년을 위한 보호체계에서는 소수의 청소년에게만 서비스를 제공하는 실정이어서 대다수의 위기청소년이 위험한 상황에 방치되고 있다.

앞 장에서 살펴본 바와 같이, 우리 사회에서는 대부분의 청소년이
성인으로 독립하기 위해 필요한 진학, 취업 등과 같은 다양한 과업
을 수행하는 데 20대 중 · 후반까지도 부모의 보호와 도움을 받으면
서 점진적으로 성취해 가는 것을 이해하는 분위기다. 이와는 대조적
으로 사회에서는 여러 가지 이유로 부모의 보호가 결여되어 있거나
부모의 양육이 불가능하여 가정이 아닌 아동보호시설, 그룹홈, 청소
년쉼터, 위탁가정 등의 보호체계에서 성장하는 청소년이 만 18세에
이르면 어른이 되므로 독립하여 스스로 살아가리라 기대하고 있다.
이처럼 만 18세에 자립을 요구받는 보호체계청소년을 포함한 대다
수의 위기청소년의 경우 성인으로 독립하는 데 필요한 여러 요인을
제대로 갖추지 못하다 보니, 건강한 성인으로 살아갈 가능성이 상대
적으로 낮다.

1) 정 의

청소년은 정신적 · 신체적 · 정서적으로 중요한 성장 단계에 놓여
있으며, 자신이 속한 사회의 건강한 구성원이 되기 위한 준비 단계
에 놓여 있다. 따라서 청소년이 건강하게 성장하기 위해서는 무엇보
다도 가정에서 올바른 양육과 정서적인 교육이 이루어져야 하고, 학
교와 지역사회에서는 유익한 환경 조성을 통해 건전한 사회구성원
으로서의 성장을 보장해 주며 정부가 주체가 되어 다양한 청소년 문
제에 효과적인 개입을 통해 이들을 보호, 육성할 수 있도록 제도적
장치를 마련해야 한다.

그러나 실제로는 가정해체가 증가함에 따라 가정에서 올바른 양
육을 제공받기가 어려워지고 학교에서조차도 부적응 학생이 증가하
고 있으며, 정부 또한 청소년 문제를 체계적으로 다룰 제도적 장치
가 미비한 실정이다 보니 도움을 필요로 하는 위기청소년이 증가하
고 있다. 특히 글로벌 경제위기에 따른 경제침체 가속화와 그 결과
실업증가, 취업의 어려움, 소득하락 등으로 가족 기능이 저하되면서
이들에 대한 국가적 관심과 대책 마련의 필요성이 요구되고 있다.

역사적으로 살펴볼 때 위기청소년이라는 용어를 사용하기 시작한
것은 최근의 추세로, 청소년이 가정, 학교 및 사회에서 위험한 상황
에 놓여 있는 것과 관련하여 과거에는 문제청소년, 이탈청소년, 사
각지대에 놓인 청소년 등 여러 가지 표현을 혼용하여 왔다. 그러나
최근의 연구를 살펴보면, 취약청소년(배주미 외, 2010), 특별지원청
소년(청소년복지법), 위기청소년(이혜연 외, 2007) 등의 용어가 의미
는 약간 다르지만 혼용하고 있다. 한 예로 취약청소년이란 저소득
가정의 청소년을 비롯하여 아동복지시설 내의 아동 · 청소년, 학업
중단청소년, 가출청소년 등을 일컫는데, 이들은 학업 부족, 심리적
문제 및 지원체계의 부족 등으로 다양한 고통을 겪을 가능성이 높
고, 스스로의 힘만으로는 건강한 성인기로의 이행이 어려울 것으로
예상된다.

이 용어 중에서 국가에서 발간하는 자료는 물론, 최근의 청소년
문제와 관련된 실태조사 등에서 위기 상황에 처해 있는 청소년을 총
체적으로 일컫는 용어라 할 수 있는 ‘위기청소년’이라는 용어를 많
이 사용하고 있다. 즉, 정부에서는 가정과 학교에서 적절한 보호와

교육을 받지 못해 건강한 성장을 위협받고 있고 나아가 문제행동을 유발시킬 가능성이 높은 청소년을 '위기(가능)청소년(youth at-risk)'이라고 칭하고 있다.

청소년 정책의 기본 방향을 또한 '지역사회청소년통합지원체계 (CYS-Net)를 확대하고 학교와의 연계를 강화하여 위기청소년에 대한 보호지원을 강화함과 더불어, 사이버공간상의 청소년 유해환경에도 대처하도록 두었다(여성가족부, 2010a: 3).

그렇다면 누가 위기청소년인가? 이를 설명하기에 앞서 먼저 위기 (at-risk)란 무엇인가? 위기란 일반적으로 정서적 · 관계적 손상에 대한 위험 가능성을 말하는데(홍인종, 2004), 사전적 의미로는 '어떤 상태의 안정에 부정적으로 영향을 주는 정세의 급격한 변화 또는 어떤 사상의 결정적이고도 중요한 단계'로 본다. 또한 제프리 등 (Jeffries et al., 2004)은 위기를 '현재에 나타나고 있지는 않지만 적절하게 개입하지 않을 경우 미래에 청소년에게 부정적인 결과를 가져올 수 있는 상황'이라고 정의하고 있다(강석영 외, 2009: 6).

한편 맥휘터 등(McWhirter et al., 2007)은 '위기'를 구체적인 문제행동과 관련하여 설명하고 있다. 즉, 학교를 중퇴한 청소년의 경우 개인의 삶에서 심리적 영향은 물론 자신이나 환경에 대한 불만족, 기회 부족 등으로 낮은 취업관을 갖고 있고 사회적 · 경제적 불이익은 물론 실업, 낮은 임금으로 경제적 어려움이 증대하고 있으며, 이들의 자녀 또한 낮은 경제적 수준으로 생활함으로써 빈곤의 악순환

을 겪고 있다. 그 밖에도 십대 임신의 경우 사회경제적 결과를 살펴
보면 주거 문제, 취약한 영양과 건강, 실업 또는 저임금, 학교 중퇴,
부적절한 취업 훈련, 재정적으로 국가에 의존하는 등의 다양한 행동
을 보이고 있다.

이러한 내용을 종합해 볼 때, 대부분의 전문가는 가족구조의 파괴
와 가족 기능의 약화, 학교에서의 폭력, 유해환경에의 접촉 등이 십
대를 위기에 처하게 한다는 데 동의하고 있다. 또한 위기 상태에 놓
인 청소년은 종종 사회의 주류(mainstream)에 포함되지 못한 청소년
으로, 미래에 취업의 기회를 감소시키는 학교 중퇴는 물론 약물 남
용과 범죄 행동과 같은 위험한 행동에 연루되곤 한다.

이에 덧붙여 위기가 발생하는 배경을 살펴보면, 과거에는 주로 경
제적 요인 중에서도 빈곤과 개인적 문제로 청소년이 위기에 처하는
경우가 많았으나, 현재는 이러한 요인 외에도 가정, 학교, 지역사회
등 다양하고 복합적인 원인에서 발생하는 경우가 많다(강석영 외,
2009). 예를 들어, 학업중단청소년의 증가, 가출, 자살 외에도 최근
에는 인터넷중독, 다문화가정 자녀, 북한이탈청소년, 은둔형 외톨
이의 사회부적응 등 다양한 청소년 문제가 사회적 이슈로 등장하고
있는데 이러한 문제는 다양한 위기 상황을 포함하고 있다.

다음으로 위기청소년은 누구인가? '위기청소년'이라는 용어는 심
리학, 상담학에서는 정서적으로 곤란을 겪으며 적응 문제로 시달리
는 청소년 개인을 지칭하며, 일반적으로 사회안전망에서 이탈할 가
능성이 있거나 이탈한 청소년을 지칭하는 보편적인 의미로 사용하
고 있다(윤명희, 장아름, 2007; 이상현, 윤명성, 2007). 이러한 용어의

정의와 관련하여 청소년위원회(2005)에서는 위기청소년을, 일련의 개인적 · 환경적 위험에 노출되어 행동적 · 심리적으로 문제를 경험할 가능성이 높으며 적절한 개입 없이는 정상적인 발달을 이루기 어려운 상황에 있는 청소년으로 정의하였다. 또한 OECD(1995)에서는 학교에서 실패하고 성공적으로 직업이나 독립적인 성인의 삶으로 이행하지 못할 것 같은 사람, 그 결과 사회에서 긍정적인 기여를 하지 못할 것 같은 청소년을 위기청소년으로 정의하고 있다. 그 밖에도 위기청소년지원을 위해 국무총리훈령 제545호로 제정된 「지역사회 청소년통합지원체계 구성 및 운영에 관한 규정안」 제2조에서는 위기청소년이란 위기 상황에 처하여 상담 · 보호 · 의료 · 자립 등의 서비스 제공이 필요한 청소년이라고 명시하고 있다. 여기서 위기 상황이란 청소년과 그 보호자의 정신적 · 신체적 · 경제적 · 사회적인 위험요인이나 문제가 있는 행동 때문에 청소년의 권리가 침해되거나 정상적인 발달을 해칠 수 있는 상황을 말한다(강석영 외, 2009: 30).

이와 관련하여 구본용 등(2005)은 위기(가능)청소년이라는 용어를 사용하여 좀 더 구체적으로 정의하고 있다. 즉, 일련의 개인적 · 환경적 위험에 노출되어 행동적 · 심리적으로 문제를 경험할 가능성이 높으며, 적절한 개입 없이는 정상적인 발달을 이루기 어려운 상황에 있는 청소년으로, 가출, 학업중단, 실업, 폭력, 성매매, 약물오남용 등의 비행 및 범죄, 불안 · 우울 등 심리적 장애, 자살의 위험이 높은 청소년으로 정의하였다. 또한 김은경 등(2006)은 현재는 파괴적 행동을 보이지는 않지만 가정과 학교에서 적절한 보호와 돌봄의 기회를 제공받지 못함으로써, 언제라도 가출, 학업이나 훈련의 중단, 신체장애, 폭력이나 성매매 등의 비행에 빠질 가능성이 높은 청소년을 위기(가능)청소년이라고 정의하였다. 이에 덧붙여 윤철경 등(2006)은 구체적인 위기행동을 경험하고 있는 청소년뿐 아니라 위기 상황을 초래할 수도 있는(바람직하지 않은) 환경에 놓여 있는 청소년도 위기청소년으로 정의하고 있다. 즉, 개인적으로 성격이나 기질 면에서 어려움을 보이고, 가정에서 언어적 · 정서적 학대와 방임을 포함한 가정폭력의 가능성이 크며, 부모에게서 효과적이지 못한 감독과 훈련기술을 받고, 학교에의 무단결석과 기타 학교 문제에 따른 실패, 낮은 사회경제적 위치, 빈곤상태에서의 삶을 꾸려 가고 있는 청소년을 포함하고 있다.

이와 같이 '위기청소년'이라는 용어를, 일반적으로 사회안전망에서 이탈할 가능성이 있거나 이탈한 청소년 또는 사각지대에 놓여 있는 청소년을 지칭하는 넓은 의미로 정의내린 이유는 이들을 방치할 경우 언제라도 위기행동에 개입될 가능성이 크기 때문이다. 이와 유사하게 미국의 경우 '사회체계에서 분리되어 있는 청소년'이라는 용어도 사용하고 있는데, 이를 자세히 살펴보면 위탁보호체계에 놓여 있는 청소년, 사법체계에 연루된 청소년, 자녀가 있는 십대 청소년, 고등학교를 졸업하지 못한 청소년, 공공 건강 서비스 체계에 포함되어 있는 청소년을 일컫고 있다.

그 밖에도 우리나라 법률에서는 위기청소년이라는 용어를 직접적으로 사용하지 않지만 「청소년복지지원법」에서 규정하고 있는 특별지원청소년이 위기청소년과 의미적인 면에서 상당 부분 일치하고

있다. 특별지원 대상 청소년지원 사업은 「청소년기본법」 제49조(청
소년복지의 향상) 및 제50조(청소년의 가출 및 비행예방), 「청소년복지
지원법」 제12조(특별지원청소년에 대한 지원) 및 제13조(특별지원청소
년의 선정 등)에 근거하여, 생활에 필요한 기본 여건이 갖추어지지 않
아 사회적 · 경제적 지원이 필요한 청소년 중 다른 제도나 법에 의해
지원을 받지 못하는 청소년을 대상으로 필요한 내용을 직접 지원하
는 서비스다. 특별지원청소년은 세 가지 범주로 분류하고 있다. 보
호자가 없거나, 실질적으로 보호자의 보호를 받지 못하는 청소년,
「초 · 중등교육법」 제2조의 규정에 의한 학교에서 학업을 중단한 자
로서 제1호의 규정에 해당하지 아니하는 청소년, 동법 제15조 제1항
의 규정에 의한 교육적 선도 대상자 중에서 비행 예방을 위하여 지
원이 필요한 자로서 제1호의 규정에 해당하지 아니하는 청소년(영
제7조 제1항)이다. 다시 말해서 특별지원 대상은 가출이나 범죄 · 폭
력피해 등 위기 상황에 노출되어 사회경제적 지원이 필요한 청소년,
다른 법 및 제도를 통하여 지원을 받지 못하는 청소년, 가정 · 학
교 · 사회복귀가 필요한 청소년, 동반자 사업 대상 청소년, 기타 청
소년 중심적 복지지원 서비스가 필요한 청소년과 같이 9세 이상 18세
이하의 위기청소년 중 가구소득 인정액이 최저생계비의 100분의
150 이하인 경우다(백혜정, 방은령, 2009: 56-57).

이러한 정의를 종합해 볼 때 위기청소년이라 함은 가정, 학교, 또
는 지역사회에서 위험에 노출된 채 적절한 보호와 교육을 받지 못해
건강한 성장을 위협받고 있고, 나아가 문제행동을 경험할 가능성이
높은 청소년을 의미한다. 또한 이 시기에 조화로운 성장과 정상적인

생활에 필요한 기초적인 여건이 미비하여 사회적·경제적 지원이
필요한 청소년으로서 위험에 노출되어 있거나 정상적인 기능을 수
행하기 힘든 상황에 놓여 있어서, 성인으로 살아가는 데 필요한 발
달과제를 수행하는 데 실패할 위험에 놓여 있는 청소년을 포함한다.

2) 특징

청소년을 위기 상태에 빠뜨리는 요인을 살펴보면, 청소년 개인의
정신 건강 및 낮은 자존감과 같은 심리적인 요인은 물론이고 만성적
인 가정불화, 부모의 이혼, 자녀에 대한 낮은 관여 등의 가족요인,
학업 및 학교 환경, 또래의 비행 여부, 낮은 사회적 유대감 등의 지
역사회요인이 서로 복합적으로 영향을 미치고 있다.

(1) 개인 특성

에릭슨에 따르면, 청소년기는 자아정체감이 확립되는 시기인 동
시에 정체감 혼란을 겪으며 성인으로 발달해 가는 과도기로서 자아
개념을 특히 중요시하고 있다. 따라서 일반 청소년과 위기청소년의
구분 없이 모두가 정체감 혼란을 겪고 있다고 해도 과언이 아니고,
성인기로의 이행 과정이 연장되면서 정체감 혼란의 기간도 길어지
고 있음을 예상할 수 있다.

이러한 추세 속에서 위기청소년의 심리적 특성을 살펴보면, 삶의
전반에서 긍정적인 경험을 하기 어려운 상황에 처하게 됨에 따라 결
국 부정적인 자아개념과 낮은 자존감이 형성되면서 위기 상황에 처

하게 된다(강석영 외, 2009). 즉, 자신에 대한 만족감 및 수용 정도가 낮아 열등감을 느끼고 있고 자신의 감정이나 욕구를 조절하는 데도 어려움이 있어서, 감정적·충동적 행동을 통제하는 자기통제력이 약하다. 또한 적대감을 느끼고 있고, 수동적·공격적인 태도를 보이며, 일반 청소년과 비교해 스트레스도 많이 느끼고 있고(남미애, 홍봉선, 2007), 우울과 불안의 수준도 높아 자살 시도나 자해의 가능성이 크다(윤현영, 강진구, 2005).

그 밖에도 반복된 욕구좌절로 자신이나 환경에 대해 무관심한 태도를 보이기도 하고, 자신의 감정이나 욕구를 무시하거나 때로는 감정이나 욕구를 조절하지 못하여 상황을 고려하지 못한 채 바람직하지 못한 행동으로 옮기기도 한다(강석영 외, 2009). 이와 관련하여 류진아(2007)는 사회적 위축, 충동성 및 주의력 결핍, 인터넷 과다 사용, 자살시도 및 자해를 개인적 차원에서의 위기의 원인으로 언급하였다. 따라서 이들은 자신의 삶의 방향성을 상실한 채 미래에 대한 막막함과 불안감을 안고 살아가고 있다. 특히 이들은 일반 청소년에 비해 가정에서 사회화를 경험할 기회가 거의 없다 보니 사회적 성숙도가 낮고, (대부분의 시간을 보내는)학교에서의 부적응은 더욱 낮은 자존감을 낳는 요인으로 작용하면서 학업중단을 초래함은 물론 청소년 비행으로까지 연결되는 악순환적인 구조를 형성하고 있다.

이러한 심리적 특성은 가정환경의 영향으로 형성되는 경우가 많다. 즉, 이들은 만성적인 가정불화, 부모의 이혼, 일관되지 못한 양육 태도, 문제행동에 대한 안이한 태도, 자녀에 대한 무관심 등 가족의 기능적 요인은 물론 결손과 빈곤에 따른 낮은 사회경제적 지위의

구조적 요인 때문에 열악한 가정환경에서 성장하다 보니 일반 청소
년에 비해 가정생활 만족도가 낮을 뿐만 아니라, 심지어 부모에게
폭행을 당하는 등 어려운 환경에서 생활하고 있다(이상현, 윤명성,
2007). 이들은 살아오면서 긍정적인 경험보다는 부정적인 경험을 많
이 겪었고 여러 어려운 상황에 처하곤 하면서 부정적인 자아개념이
커지고 낮은 자존감이 형성되었으며, 이러한 낮은 자존감 때문에 무
기력하고 충동적인 심리적 특성을 보이고 있다.

(2) 가족 특성

최근 경제적 위기에 따라 빈곤가정으로 대표되는 취약가정이 늘
어나고 있고 이러한 가정에서 성장하는 청소년의 수가 증가하고 있
으며, 이들을 둘러싼 성장 환경 또한 악화되고 있다. 한 예로 가정의
불안정한 자녀양육 기능과 관련된 주요 지표인 인구 1천 명당 이혼
건수(조이혼율)도 1996년 1.7건에서 2007년 2.5건으로 크게 증가하
였으며 한부모 가구 수도 1990년 88만 9000가구에서 2006년 137만
가구로 크게 증가하였는데(통계청; 이경상, 2009에서 재인용), 이러한
통계로 볼 때 위기청소년의 증가 추세를 예상할 수 있다. 이에 덧붙
여 청소년이 친아버지와 새어머니 또는 친어머니와 새아버지로 구
성된 재혼가족의 경우 가족 문제를 보다 심각하게 지각하고 있고,
이러한 부정적 지각의 결과에 따라 비행에 연관된 또래와의 교류로
이어질 가능성도 커지고 있다.

이러한 분위기 속에서 부모와 가족체계가 청소년 자녀에게 실질
적인 안전망 역할을 수행하지 못함에 따라, 위기청소년의 심리적 문

제를 발생시키고 비행 및 위기 상황을 더욱 악화시켜 위기 수준을 심화시키고 있다(류진아, 2007; 배주미 외, 2010). 특히 2008년 금융위기에 따른 경제구조의 변화로 노동시장의 불안전성이 증대되고 취업이 어려워짐에 따라 가족의 빈곤, 실직, 잠재적 갈등이 야기되면서 결국 가족해체를 초래하고 있다. 이들의 부모 중 일부는 열악한 경제적 여건, 가족 관계의 파탄, 자녀에 대한 부모의 기대 상실, 부모의 낮은 학력, 저임금, 장시간노동 등의 이유로 자녀의 교육 문제에 관심을 가질 수 있는 자원이나 여유가 없다(은기수 외, 2011). 이와 같이 가정의 경제적 빈곤은 그 자체만으로도 어려움을 초래하지만 빈곤생활에서 벗어날 수 없는 부모의 무기력, 무능력, 생활의 무질서 등에서 파생되는 방임과 갈등이 위기 상황을 더욱 악화시키고 있다.

대다수의 위기청소년은 일반 청소년에 비해 부모와의 관계가 부정적이어서, 갈등이 심하고 가정생활 만족도가 낮을 뿐만 아니라 가정폭력의 희생자가 되기도 한다(이상현, 윤명성, 2007). 한 예로 학업중단청소년의 가정적 특성을 살펴보면, 만성적인 가정불화, 부모의 이혼, 일관되지 못한 양육 태도, 문제행동에 대한 허용적 태도, 자녀에 대한 낮은 관여 등 가족의 구조적 · 기능적 결손과 빈곤에 따른 낮은 사회경제적 지위 등을 보여 주고 있다(구본용 외, 2005; 강석영 외, 2009).

그 밖에도 가족가치관의 변화, 자녀양육 태도 변화에 따라 자의반타의반으로 가족보호망에서 이탈하는 청소년이 증가하고 있다. 선행 연구(남미애, 홍봉선, 2007; 백혜정, 방은령, 2009; 윤옥현, 2007)에 따르면, 가출청소년은 해체가족 내지 재구조화된 가정 환경에 처한 사례가 많을 뿐만 아니라, 부모의 학력이 낮을수록 그리고 경제 수준이 낮을수록 가출의 경험이 많은 것으로 나타났다. 가출충동요인과 관련하여 백혜정과 방은령(2009)의 조사에서 '부모님이 나에게 욕을 하거나 때림(52.4%)' '부모님이 지나치게 간섭함(45.4%)' '부모님이 서로 자주 싸움(44.2%)' '가정형편이 어려움(43.2%)'의 순으로 밝혀졌고, 가출 이유에 대해서도 부모와의 갈등, 부모의 불화, 부모의 무관심과 지나친 간섭을 언급함에 따라 가족 기능상의 문제점을 보여 주고 있다. 또한 청소년쉼터에 거주하는 청소년을 대상으로 한 조사(남미애, 홍봉선, 2007)에서 조사 대상자의 1/4 정도가 친부모와 생활, 1/3 이상은 부모 중 한 사람과 생활, 나머지 1/4 가량은 부모가 아닌 다른 사람과 생활하고 있었던 것으로 나타나, 대다수의 쉼터이용청소년이 해체가족 출신으로서 가족해체가 위기청소년을 발생시키고 있음을 보여 준다. 이에 덧붙여 조사 대상자의 1/4 이상이 '기초생활보장수급자'로 밝혀졌는데, 이는 가정에서의 경제적 빈곤이 장기간 이어지면서 부모의 무기력, 생활상의 무질서로 방임, 학대, 갈등이 잦아지고 결국 가출에 이르게 함을 보여 주고 있다.

이처럼 가정 문제 때문에 가출할 경우, 가출 전 가정에서의 갈등이 전혀 해결되지 못하다 보니 이들의 귀가를 방해 내지 거부하도록 만들면서 점점 더 심각한 수준의 위기청소년을 양산하고 있다.

(3) 학교 및 지역사회 특성

학교생활에의 적응은 성인기의 독립과 사회적 성취에 매우 중요한 요소임에도 불구하고 위기 상황과 관련된 주요 요인 중의 하나가 학교생활이다. 대다수의 위기청소년은 학교 내에서 교사의 관심에서 벗어나 있고 교사에게서의 지지도 부족한 편으로, 이러한 부족은 청소년으로 하여금 학업과 학교에 대해 무관심하게 함으로써 학업 동기와 학업성취 의지 또한 낮아지는 결과를 초래한다. 더하여 이러한 낮은 학업성취는 비행 또래집단과 어울릴 가능성을 증대시키고 있다.

최근에 여러 가지 이유로 학업을 중단하는 청소년이 증가하고 있는데, 이들은 학교 밖 체계를 배회하면서 각종 범죄를 유발시킬 뿐 아니라 이러한 범죄로 사회비용을 증가시키고 있어서 그 파급 효과가 심각하다. 강석영 등(2009: 372)이 학생청소년을 대상으로 한 조사에 따르면, 전체 응답자의 15.4%가 최소한 1년에 한두 번은 학업중단을 심각하게 고려한 경험이 있다고 응답하였고, 일주일에 한두 번 이상 지속적으로 학업중단을 고려하고 있다는 응답도 약 3.4%로 나타났다.

이러한 청소년의 학업 중단에 영향을 미치는 요인과 관련하여 선행 연구(구본용 외, 2005; 이상현, 윤명성, 2007)는 낮은 학업성적, 교육에 대한 부정적 태도, 학교에서 받는 낮은 지지, 소외감 등을 언급하고 있다. 위기청소년의 경우 불안정한 가정 환경과 성장 과정에 따른 낮은 자존감, 무기력 및 즉흥적인 행동으로 학교생활에서 일반 청소년에 비해 교사에게 많은 체벌을 받고 교우관계가 좋지 않으며 학교생활에 대한 만족도도 낮은 편으로, 이는 종종 학업중단을 초래하고 특히 사회적 비행과의 연관성도 증대시키고 있다(고기홍, 2003;

조영숙, 2007; 박윤희, 2010; 강석영 외, 2009). 고기홍(2003)에 따르면, 학업을 중단한 비행청소년의 80%는 이미 학업을 중단한 시점에서 비행을 저지르는데, 이들은 의식주와 생활비를 스스로 벌어서 해결해야 하는 어려움 속에서 생존형 범죄를 저지르고 그 결과 사회적 낙인이 찍히면서 2차, 3차 범죄로 이어지곤 한다.

이에 덧붙여 청소년은 가출과 함께 교육 기회의 단절을 겪는 경우가 많다. 전경숙(2006)에 따르면, 가출청소년 중 53.6%가 학업을 중단한 것으로 조사되었는데 이들의 학업중단은 구조적인 악순환의 반복이라는 점에서 문제가 심각하다. 특히 가출이 장기화되면서 학교로 돌아가는 것이 어려워지고 결국 학업중단으로 이어진다. 이에 따라 취업능력이 저하되고 직업 선택에도 영향을 미치게 되어 향후 정상적인 사회인으로 생활하는 데 어려움을 초래하면서, 노숙자의 길로 빠져들 위험이 크다(김지혜, 2005; 김경준 외, 2006). 이들은 교육기회의 상실로 불안정한 수입은 물론 결혼에 실패하거나 결혼 전에 부모가 되거나 약물이나 범죄에 연루되면서, 재정적 안정을 획득하고 만족스러운 가족관계를 형성하는 데 더 길고 더 힘든 시간을 보내고 있다.

그 밖에도 위기 상황과 관련된 지역사회요인으로는 물리적으로 낙후된 환경, 범죄 관련 환경, 낮은 사회적 유대감 등이 있으며, 또래 관련 요인으로 또래의 비행 여부, 또래와의 관계 문제 등이 있는 것으로 나타났다. 한 예로 류진아(2007)는 위기청소년의 사례연구를 통해 부정적 또래관계, 집단따돌림, 지각, 결석, 수업 태도 등의 규율위반을 설명하고 있다. 특히 학교 밖 청소년의 경우 이들에 대한 사회의 편견과 차가운 시선은 물론, '학생이 아닌 청소년'이다 보니 다양한 혜택에서 소외당하고 있다.

이들은 가족 구조 측면에서 가정 밖에서 거주하는 위험에 놓여 있고, 사회 구조 측면에서 법집행기관, 학교, 교회 등 사회 체계와 부정적인 접촉을 하고 있으며, 사회적 병폐 측면에서 약물 남용, 바람직하지 못한 성 관련 행동, 신체적 학대 등의 결과로 직접적으로 부정적인 영향을 받고 있다.

3) 당면 문제의 심각성

(1) 현 황

급속한 사회적 · 경제적 변화 속에서 가족갈등, 학교부적응 등으로 가출 및 학업중단청소년을 포함한 위기청소년이 지속적으로 증가하고 있다. 대검찰청(2010)이 밝힌 전체 범죄 대비 청소년 범죄 비율이 2004년에 3.6%에서 2008년에는 4.9%로 증가 추세를 보이고 있음은 물론, 범죄 및 비행 등 일탈행동을 보이는 청소년이 지속적으로 증가하고 강력범죄 또한 증가 추세를 보이고 있다. 따라서 위기청소년과 관련된 전국 규모의 선행 연구를 통해 위기청소년의 문제행동의 추이를 살펴보고자 한다(국가청소년위원회, 2007; 보건복지가족부, 2009a; 여성가족부, 2010b; 백혜정, 방은령, 2009; 강석영 외, 2009).

먼저 위기청소년과 일반 청소년을 대상으로 전문적이고 특화된 서비스를 체계적 · 종합적으로 제공하여 가정, 학교, 사회로의 복귀를 지원하는 청소년 안전 시스템인 지역청소년통합지원체계(CYS-Net)에서 2008년 1월부터 11월까지 이 체계를 통하여 지속적으로 관리되고 서비스를 제공받은 청소년 수가 75,972명(실 인원)이었다. 이들 중에서 지원 서비스를 받은 청소년의 위기 위험 정도를 분석한 결과, 대상 청소년의 31.1%가 고위험군 청소년이었고, 9.5%가 중위험군 청소년, 59.4%가 저위험군 청소년으로 밝혀졌다(강석영 외, 2009). 즉, 10명 중 3명꼴로 고위험군에 속한 청소년이라는 사실은 매우 심각한 상태임을 보여 주고 있다.

　또한 강석영 등(2009)의 조사에서는 2008년 보건복지가족부가 16개 시·도의 69,754명을 대상으로 조사한 결과를 기초로 청소년이 겪는 실제 위기 상황을 뜻하는 요인으로 가정 문제, 가출 문제, 학업중단, 학교폭력, 약물, 인터넷 중독, 성폭력, 절도 및 자살의 9개 영역을 선정하고 각 요인별 평균과 표준편차에 따른 환산점수를 이용하여 분석하였다. 이 분석 결과 위기 수준의 분포는 보통이라 할 수 있는 1수준은 응답자의 84.5%, 잠재적 위험군이라 할 수 있는 2수준은 13.1%, 그리고 고위험군이라 할 수 있는 3수준은 2.4%로 나타났다. 특히 고위험군에 속하는 청소년의 경우 학업중단율을 약 1%로 보았을 때, 대상 학생 수를 약 5만 명으로 추산하고 있는 관례에 따라 추정한 결과 약 10~15만 명에 해당하는 것으로 추정되었다. 그러나 본 조사의 주된 대상이 학교에 재학 중인 학생이었다는 점을 고려한다면 우리나라 고위험군 청소년의 수가 과소 추정되었다고 할 수 있다. 좀 더 정확히 말하면, 학교 청소년 중 고위험에 해당하는 청소년의 수 추정치라 할 수 있다.

이와 유사하게 양육시설 및 그룹홈, 청소년쉼터, 소년원학교, 대안학교 및 학업중단 청소년 등을 대상으로 조사한 배주미 등(2010)의 조사에서도 취약·위기청소년 집단에서 위기 결과의 발현 수준은 50.4%로 절반 이상의 청소년이 위기에 처해 있었다. 위기 요소를 기준으로 살펴보면 고위험군 청소년 수준은 17.6%로 일반 청소년 2.0%에 비해 매우 높은 고위험군 수준을 보이고 잠재위험군의 경우도 22.3%로 나타났다. 그리고 학업중단청소년은 7만 2000명(2009. 2.) 수준이며, 고등학교 학업중단청소년은 매년 증가 추세를 보이고 있다. 특히 고위기 요소별로 보면 가정적 고위기 상황에 있는 청소년이 4.7%, 또래 요소에서의 고위기 상황에 있는 청소년이 4.5%로 나타났는데 이는 대략 20~25만 명에 달하는 청소년이 가정 또는 또래 요소과 관련하여 고위기 상황에 놓여 있음을 의미한다. 이러한 두 가지 요소가 전체 위험 수준과 밀접한 관련이 있음을 감안하면, 실제 고위험 상황에 근접해 있는 청소년의 수는 10~15만 명보다 훨씬 많을 것으로 추측된다.

이처럼 증가하는 학업중단청소년은 다양한 사회적 문제로 부각되고 있는데, 이는 단순히 학업을 중단하는 것으로 끝나는 것이 아니라 청소년비행이나 가출과 연계된 복합적인 문제로 이어지곤 한다(전경숙, 2006; 여성가족부, 2010b). 여성가족부(2010b)의 조사에 따르면, 고위기청소년 집단의 주요 발현 위기 유형은 인터넷 중독(25.8%), 가출(23.1%), 학업중단(21.3%), 자살충동(12.4%) 순이고, 이들 중 39%는 두 가지 이상의 위기 유형을 보이고 있으며 그중에서도 학업중단을 포함하는 형태가 두드러지게 나타났다.

다음으로 청소년의 음주 경험이 심각한 상태를 보이고 있다. 여성가족부(2010b)의 조사에 따르면, 최근 1년간 일반 청소년의 음주율은 39.1%로 10명 중 4명꼴로 음주를 경험했고, 위기청소년의 음주율은 68.4%로 10명 중 6~7명이 음주를 경험한 것으로 나타나 심각성을 보여 주고 있다. 특히 국가청소년위원회(2007)에 따르면, 최초 음주 시기가 일반 청소년과 위기청소년 모두 중학교 1~2학년 때라는 응답이 많았고, 특히 초등 6학년도 일반 청소년 14.5%, 위기청소년 13.8%로 어린 나이에 이미 음주 경험을 한 것으로 조사되었다. 이에 덧붙여 술 구입 경로로 일반 청소년은 '집, 친구 집 등'(43.3%)이라는 응답이 가장 많았고, 위기청소년은 '편의점, 가게 등'(67.1%)에서 구입했다는 응답이 가장 많은 반면, '식당, 소주방 등 술집'에서 술을 구입했다는 응답은 위기청소년(50.1%)이 일반 청소년(15.1%)에 비해 3배 이상 많았다. 특히 편의점, 슈퍼마켓 등에서 술을 구매 시 '나이를 물어보지 않는다.'라는 응답 비율은 일반 청소년 19.9%, 위기청소년 35.4%이었다. 이에 비해 호프집, 소주방 등의 술집에서 '신분증을 확인하지 않는다.'라고 응답한 비율은 일반 청소년 45.3%, 위기청소년 52.8%로, 술집이 상대적으로 높게 나타남으로써 우리 사회에서 청소년의 술 구입이 매우 용이하여 술에 쉽게 접근할 수 있음을 알 수 있다.

흡연 또한 크게 다르지 않아서 현재 일반 청소년은 '담배를 한 번도 피워 본 적이 없다.'는 응답이 81.3%인 반면, 위기청소년은 '현재 피우고 있다.'의 응답이 55.7%로 절반 이상이 흡연하고 있음을 알 수 있다. 특히 위기청소년의 경우 담배 구입 경로로 '동네 슈퍼'

와 '편의점'이라는 비율이 가장 높게 나타나 담배 구입에 어려움이 없는 것으로 밝혀짐에 따라 술과 담배의 구입에 대한 규제가 미비하여 청소년의 음주와 흡연을 조장하고 있음을 알 수 있다.

다음으로 청소년 가출과 관련하여 가출청소년의 규모를 추정하는데 백혜정과 방은령(2009)의 조사에서 전체 응답자 중 가출 경험이 있다고 응답한 이들의 비율(11.6%)을 초등학교 4학년~고등학교 3학년에 해당하는 전체 청소년 인구에 대입한 결과 약 47만 명이 1회 이상의 가출 경험이 있는 것으로 나타났는데, 이 수치는 선행 연구 결과를 바탕으로 가정한 48만 명의 수치와 크게 다르지 않다. 또한 여성가족부(2010b)의 자료에 따르면, 가출을 시도한 연령과 관련해서 일반 청소년과 위기청소년 간에 큰 차이가 없는 것으로 나타났으나, 가출 경험률에서 일반 청소년 13.7%, 위기청소년 73.0%로 나타나 큰 차이를 보이고 있다. 이 조사에서 가장 두드러진 점은 가장 오래한 가출 기간과 관련하여 일반 청소년 평균 23.5일, 위기청소년 평균 78.4일로 큰 차이를 보여 위기청소년의 가출 장기화를 잘 보여주고 있다. 이에 덧붙여 조사 대상 청소년의 27.2%가 6개월 이상 가출한 것으로 나타났는데, 이처럼 가출 기간이 늘어나면 학업중단의 가능성이 커지고 가정과 학교에서 멀어지게 되며 비행 또래와의 접촉도 증가하면서 폭력, 성매매 등의 비행에 빠져들 가능성이 높아져 우려를 낳고 있다.

한편 성과 관련하여 여성가족부(2010b)의 조사에 따르면, 성적 접촉 시기가 2006년 고등학교 1학년에서 2010년 중학교 2학년으로 낮아졌으며, 일반 청소년의 3.2%, 위기청소년의 44.7%가 성관계 경험이 있는 것으로 밝혀져 위기청소년의 높은 성관계 경험을 알 수 있다. 이러한 결과는 청소년의 성 경험 시기가 지속적으로 낮아지고 있음을 잘 보여 주고, 특히 성관계 대상으로 선배나 어른이 일반 청소년의 경우 18.1%, 위기청소년의 경우 29.0%를 차지하고 있는 것을 볼 때, 여전히 어른에 의한 성범죄가 높은 수준으로 이루어지고 있음을 알 수 있다. 그 밖에도 청소년의 임신 경험은 성 경험자 중에서 일반 청소년이 9.4%, 위기청소년 15.6%로 높은 실정이다.

그 밖에도 유해매체와 관련하여 여성가족부(2010b)의 조사를 살펴보면 전년 대비 온라인 사행성 게임과 성인용 게임의 이용률이 증가하였는데, 성인용 게임의 이용률이 크게 증가한 것은 청소년이 주로 이용하는 게임이 청소년 이용불가 판정을 받는 등 게임 환경의 변화와 관련이 있다. 이에 비해 온라인 사행성 게임과 관련된 환경은 크게 변화가 없음에도 불구하고 전년에 비해 증가한 것은 청소년의 사행성 게임에 관한 관심이 증가했음을 의미한다. 특히 유해매체 접촉과 관련하여 2005년도에는 스포츠 신문, 19세 방송, 음란 사이트가 높은 접촉도를 보였으나, 2010년도에는 온라인 사행성 게임과 성인용 게임, 음란 사이트에 대한 접촉도가 높게 나타남으로써 과거의 오프라인 접촉에서 온라인 접촉으로 이동함과 더불어 청소년을 대상으로 온라인 유해물이 매우 다양하게 발달하고 있음을 시사한다. 특히 인터넷 중독으로 일상생활 장애를 경험하는 청소년의 비율이 매우 높게 나타나는 추세 속에서, 위기청소년의 유해매체에의 무분별한 접촉은 다른 문제행동으로 연결될 수 있는 가능성이 있어서 우려를 낳고 있다.

이렇듯 현재 청소년 문제는 가정요인, 개인요인, 사회요인 등이 복합적으로 작용하면서 다양한 문제를 초래하여 사회 전체의 문제로 확대되고 있다.

(2) 당면 문제

이상의 실태조사에서 보는 바와 같이, 위기청소년의 수는 증가 추세에 있으며 위기청소년이 겪는 문제도 다양화되고 있음을 알 수 있다. 이를 통해 당면 문제를 살펴보고자 한다.

위기접촉의 저연령화

가장 심각한 문제의 하나는 위기접촉의 저연령화 추세다. 여성가족부(2010b)의 조사에 따르면, 음주나 흡연을 접한 최초의 연령이 평균 13~14세로 나타나 대다수가 중학교 때 유해약물을 접하는 것으로 조사되었고, 특히 흡연의 경우 초등학교 4~6학년(36.7%)이 가장 높은 수치를 보이고 있다. 문제는 이러한 흡연이 음주, 약물, 성 경험 등 일탈행위와 밀접한 관련이 있고, 음주나 각종 마약 사용에 대한 관문 약물(gateway drug)의 역할을 한다는 점이다(질병관리본부, 2009). 또한 위기청소년의 성적인 접촉 경험 시기는 초등학교 4~6학년이 24.3%로 가장 높게 나타났고, 최초 성관계 경험 시기의 경우 중학교 1학년 21.4%, 2학년 21.9%로 높게 나타나 어린 나이에 이미 성 접촉 경험이 이루어지고 있음을 알 수 있다.

한편 가출청소년의 경우 2000년대에 들어오면서 특히 초등학교 고학년의 가출이 적지 않은 수치를 보이고 있고, 최초 가출 연령이 평균 14세가 안 되어 어린 나이에 집을 떠나 위험한 환경에 노출되고 있음을 알 수 있다(국가청소년위원회, 2007; 여성가족부, 2010b; 남미애, 홍봉선, 2007). 남미애와 홍봉선(2007)이 전국 청소년쉼터에 입소한 753명의 가출청소년을 대상으로 한 조사에서 최초 가출 나이는 13세 이하가 48%로 절반가량을 차지하였고, 평균 최초 가출 나이는 남자 평균 13.2세, 여자 평균 14.5세로 가출의 저연령화를 짐작케 한다. 이러한 가출의 저연령화와 관련하여 박윤희와 이상균(2010)의 조사에서는 최초 가출 나이가 어릴수록, 최초 가출 기간이 길수록, 가출 횟수가 많을수록 가출이 장기화되는 것으로 나타났다.

이들은 어린 나이에 유해매체를 접하면서 신체적 · 정서적 손상을 입음은 물론, 가정 밖으로 나와 거리를 배회하게 되면서 거리에 산재해 있는 각종 위험에 노출될 기회가 많다. 또한 비행, 유해환경을 접할 기회가 잦다 보니 귀가가 어려워지면서 만성가출자로 전락할 가능성이 크고, 심한 경우에는 성인노숙자와 유사한 위험성을 안은 채 살아가고 있다.

복합적인 청소년 문제 증대

청소년 문제는 단순히 한 가지 문제에서 그치는 것이 아니라 복합적으로 영향을 미치면서 문제의 심각성이 커지고 있다. 또한 청소년의 학업중단은 학교 밖 체계에서 배회하면서 각종 범죄를 유발시킬 뿐만 아니라 더 나아가 이러한 범죄가 사회비용의 증가를 초래하는 등 파급효과가 심각하다. 고기홍(2003)은 학업중단 비행청소년의 80%가 이미 학업중단 시점에서 비행을 저지른다고 하였고, 장석민

(1997)은 비행청소년이 학업중단 후 98% 정도가 비행을 계속하거나 심화되는 경향을 보인다고 보고하여 학업중단과 비행의 연관성을 보여 주고 있다.

한 예로 주동범과 임성택(2009)은, 전국의 중학교 2학년 청소년과 그 부모를 대상으로 6년간 종단 연구를 실시한 결과 문제행동 경험 중에서도 '담배 피우기'와 '술 마시기'가 청소년의 가출 경험에 일관되고 유의미한 영향을 미치고 있음을 실증적으로 보여 주고 있다. 이러한 음주, 흡연 등이 가출 경험에 일관되게 영향을 미친 이유는, 청소년에게 이러한 행동이 가장 많이 경험하는 문제행동으로 볼 수 있고 비행청소년과 접촉할 가능성을 높여 주며 가출을 경험할 가능성을 증대하기 때문이다.

이와 같이 청소년 가출은 학업중단, 불법적인 경제활동은 물론 자살, 약물 남용, 성매매, 임신, 폭력 등 다양한 비행 및 사회적 범죄와 관련되어 있다. 학업중단청소년의 경우 2006년 이후 매년 7만 명이상 발생하고 있는데 이들 중 학교에 복교하는 비율은 14%에 그치고 있다(보건복지가족부, 2009a). 가출하여 학업을 중단하게 되면 교육을 통해 사회적 지위를 획득하는 것이 불가능해짐에 따라 근로기준법상의 최저 임금에도 못 미치는 저임금에 시달리면서 빈곤의 대물림, 낮은 교육 수준의 대물림 등의 하위계층의 구조적 영속화가 발생하게 된다(조성호, 2008).

또한 가출 시기의 저연령화와 가출 기간의 장기화로, 만성가출청소년의 증가는 일탈행동 및 범죄에 놓일 가능성이 커지면서 점차 심각한 비행청소년으로 전락하는 결과를 낳고 있다(김지혜, 2005; 남미애, 홍봉선, 2007; 백혜정, 방은령, 2009; 주동범, 임성택, 2009). 김지혜 (2005)에 따르면, 가출 기간과 가출 빈도가 증가할수록 부정적인 사회 경험의 증가, 사회적 낙인인식의 심화, 비행집단과의 교류 증대 등의 상황적 요인이 증가하면서 결과적으로 비행이 증가하면서 자신을 보호하지 못하고 학업을 지속하지 못하는 경우가 많다. 이러한 사실은 남미애와 홍봉선(2007)의 조사에서 가출청소년의 최종 학력이 중학교 중퇴가 가장 많다는 결과가 뒷받침하고 있다.

이에 덧붙여 청소년이 가출 시 가정이나 학교와 같은 기관에서 보호, 감독받는 기회가 줄어들다 보니 안전의 사각지대에 놓이게 되면서 거리에서 범죄, 비행의 피해자가 될 가능성도 높아진다. 국가청소년위원회(2007)의 조사에 따르면, 가출 후 타인에게서 피해를 입은 경험률이 위기청소년집단의 경우 17.3%로 나타나 청소년이 가출 후 비행을 저지르는 것뿐만 아니라 거리에서 폭행과 같은 피해 경험도 적지 않음을 보여 주고 있다. 특히 만성가출청소년은 가출 후에도 일탈행동이나 청소년 유해업소에서 일한 경험, 가출 후 폭행과 같은 피해 경험도 상대적으로 많았던 것으로 나타났다.

그 외에도 성매매와 관련하여 성윤숙과 박병식(2009)의 조사에서 10대 성매매피해청소년 43명을 직접 인터뷰한 결과, 그중 38명 (88%)은 가출 경험이 있었고 이중 53%인 23명은 가출 후 생활비 마련 등을 위해 성매매를 한 것으로 밝혀짐에 따라 가출이 청소년 성매매로 연결되는 주요 경로임을 알 수 있다. 특히 첫 인터넷 성매매 연령의 경우 16~17세가 56%로 가장 많고, 13~15세도 30%로 나타나 대부분이 저연령인 것이 확인되면서 청소년 성매매의 심각성을 여실히 보여 주고 있다. 또한 청소년 성매매에서 폭행, 성병 감염, 성폭행, 협박 등을 비롯하여 납치, 사기, 갈취 등 인권침해 사례가 빈번하게 발생하고 있다.

문제는, 이들이 가출생활에서 겪는 여러 가지 어려움에도 불구하고 대부분 가정에 복귀할 계획이 없고 청소년쉼터를 비롯한 보호시설의 도움도 숙식을 해결하기 어려운 상황에서만 잠시 활용할 뿐이라는 점이다(백혜정, 방은령, 2009). 따라서 청소년 가출은 개인적 문제가 아닌 광범위한 집단에서 발생하는 사회적 · 국가적 문제로 인식해야 한다.

2. 보호체계청소년

앞에서 위기청소년에 관해 광범위하게 살펴보았는데, 특히 이 장에서는 보호체계에서 퇴소를 앞두거나 퇴소하여 성인기로의 이행과정에 놓여 있는 청소년에 초점을 두고자 한다. 이들은 아동양육시설, 청소년쉼터, 그룹홈, 위탁 가정 등의 보호체계에서 생활하다가 법적으로 보호받을 수 있는 연령 기준인 18세에 달하면 퇴소함으로써 전통적인 아동복지체계에서 더 이상 필요한 서비스를 제공받지 못하게 되는데, 전체 청소년 수에 비해 규모가 크지는 않지만 점차 증가 추세를 보이고 있기에 국가 차원에서 관심이 증대되고 있다.

가정에서 부모의 양육과 보호를 받지 못해 보호체계에서 지내는 청소년의 경우, 18세가 되면 말 그대로 서비스체계에서 떨어져 나가

성인으로 취급받으면서 모든 공식적인 보호 서비스 대상에서 제외
된다. 이에 따라 심리적·사회적·경제적으로 위축되면서 사회에서
의 부적응 문제로 심각한 위기에 처하게 된다. 즉, 성인기로의 이행
과정을 거치는 데 필수적인 자원인 부모의 도움이 결여된 상태에서
보호체계 퇴소 후에 한두 가지 서비스를 제공받기도 하지만, 필수적
인 서비스조차 충족되지 못한 채 성인이 되기 위한 과정을 스스로
헤쳐 나가야 하는 이중의 어려움에 부딪히게 된다. 이러한 갑작스러
운 변화에 적응조차 하지 못한 상황에서 성인 초기 단계의 발달과업
인 독립적인 생활에 적응해야 하는 현실은 스스로 감당하기에 버거
운 과제다.

이들이 보호체계를 떠나 서비스체계의 도움 없이 성인으로 진입
하기까지 자신은 물론 국가적으로도 큰 사회적 손실을 감당해야 함
에도 불구하고, 이러한 성인기로의 이행 과정에서 겪는 어려움에 대
한 연구는 미비한 편이다. 최근에 청소년기가 연장되는 추세 속에서
가정해체로 집 밖에서 생활하는 청소년이 증가함에 따라, 우리나라
에서도 보호체계청소년에 대한 관심이 증대되면서 아동양육시설,
자립지원시설, 그룹홈, 빈곤가정의 청소년을 대상으로 자립 관련 연
구를 진행하여 왔다(강민정, 2000; 신혜령, 2001; 박미양, 2005; 박은
선, 2005). 이들의 자립과 관련하여 대부분의 연구가 아직은 걸음마
단계이지만, 선행 연구를 통해 이들의 특징과 더불어 퇴소 후에 성
인기로 이행해 가면서 겪는 어려움을 자세히 살펴보고자 한다.

1) 특 징

우리나라의 경우 대다수의 청소년이 대학을 졸업할 때까지도 부
모 밑에서 다양한 도움을 받으며 생활하다 보니 성인으로 자립하는
시간이 점점 늦추어지고 있다. 이러한 점은 외국도 마찬가지로, 미
국의 경우 실제로 18~24세의 연령에 해당되는 일반 청소년의 절반
정도는 부모와 함께 가정에서 생활하고 있고, 성인 연령임에도 불구
하고 부모에게서 다양한 도움을 받고 있다(Loman & Siegel, 2000).
이처럼 국내외를 막론하고 실제로 부모 밑에서 정상적인 양육을 통
해 성장한 청소년의 경우에도 성인으로의 이행이 쉽지 않은 과제인
데, 하물며 부모의 양육이 결여되어 보호체계에 거주하고 있는 청소
년은 더더욱 자립을 이루는 데 많은 어려움이 따른다.

여기서 자립생활을 할 준비가 된 청소년이라 함은, 적어도 고등학
교 졸업장을 지녔고 주정부의 친권에 따른 지지가 중지된 후에도 스
스로 가용할 수 있는 직업 경력이 있으며, 적어도 자신의 기본적인
욕구를 충족할 수 있는 충분한 수입을 받는 직업이 있고 최소한의
충분한 건강보호에 접근이 가능하며, 정서적으로 독립적인 생활을
유지하는 것이 가능한 청소년을 의미한다(Allen & Bissell, 2002). 그
러나 실제로 보호체계에서 퇴소하는 18세 청소년은 자립생활을 하
기에는 너무 이르다는 의견이 대두되면서 성인 연령에 따른 보호체
계에서의 퇴소 조치에 대해 회의적인 의견이 적지 않다.

현대사회로 들어오면서 증가하는 가족해체와 이에 따른 복잡하고
만성적인 사회 문제는 가정에서 성장할 수 없는 청소년을 위한 보호

체계 서비스의 필요성을 증대시키고 있다(윤·현영, 강진구, 2005; 홍봉선, 남미애, 2007; 박윤희, 2011; Curtis et al., 1999). 우리나라의 경우 외환위기와 금융위기 등의 경제적 위기를 경험하면서 가족해체, 이혼율의 증가 등으로 가정에서의 보호와 양육이 어려워짐에 따라 가정이 아닌 그룹홈, 아동양육시설, 청소년쉼터 등의 보호체계에서 생활하고 있는 청소년의 수가 증가 추세를 보이고 있다. 남미애와 홍봉선(2007)이 청소년쉼터에 거주하고 있는 가출청소년을 대상으로 조사한 연구에 따르면, 조사 대상자의 1/4 정도는 가정 내 폭력 문제가 상당히 내재하고 있고, 조사 대상자의 약 1/5 미만은 청소년의 의사와 관계없이 부모와 연락이 두절되어 가정에서 더 이상 보호받지 못하는 상태였다. 이에 덧붙여 돌아갈 집이 없는 청소년이 5명 중 1명 꼴(20.3%)로 나타나 이들이 어떠한 지원도 받지 못할 경우 노숙자로 전락할 가능성도 배제할 수 없다.

대다수의 보호체계청소년은 자립적인 성인이 되기에 너무나 많은 장애물에 직면하고 있다. 이들은 이미 안정과 지지가 결여된 가족환경 때문에 신체적·정서적 어려움을 겪으면서 부모에게서 분리되기 전부터 서비스기관을 통해 정신건강 서비스나 기타 사회 서비스를 제공받은 경험이 있다(Sherman, 2004). 즉, 이들은 부모가 정서적·행동적 문제로 과중한 스트레스를 겪으면서 자녀를 학대, 방임하다 보니 신체적 안전에 대한 위협을 경험하곤 한다. 또한 가족에게서 거부당했다는 분노와 잦은 거주지 이동에 따른 불안정과 부담은 이들로 하여금 타인과의 애착관계를 형성하기 어렵게 하여 정상적인 사회생활을 영위하기가 쉽지 않다.

이들은 안정된 가정에서 성장한 일반 청소년과는 달리 모성 상실에 따른 정서적 어려움을 겪으면서 성장 과정에서 부모와 건전한 애착관계를 형성하기 어려운데, 이러한 애착관계의 결여는 훗날 자신이 형성하는 가족생활에도 악영향을 미칠 수 있다. 특히 청소년기를 거리에서 보낸 가출청소년은 아동양육시설, 그룹홈 등의 보호체계에서 생활하는 청소년에 비해 더 힘든 생활을 이어오고 있다(양미진 외, 2006). 장기간 가출을 경험한 청소년의 경우 보호체계에서 나름대로 정상적인 생활을 해 온 청소년과는 달리 누구의 도움도 없이 스스로 생존해 오다 보니, 훨씬 더 불안정한 생활을 지속하면서 비행 경험이 있고 생활 태도와 가치관, 도덕성 등에서도 큰 차이를 보이고 있다. 한 예로 그룹홈의 청소년은 일반 가정과 같은 분위기 속에서 대부분 중·고등학교에 재학 중인 반면, 청소년쉼터에서 생활하는 가출청소년의 경우 대부분 학교생활에 적응하지 못한 채 자의반 타의반으로 학업을 중단하면서 정규교육을 받을 기회를 상실할 가능성이 높고 가출 기간이 장기화될수록 학교로 복귀할 가능성이 낮아지고 있다. 뿐만 아니라 이들 대부분은 오랜 기간 학교체계에서 벗어나 있어서 복학을 하더라고 학업수행에 많은 어려움을 겪고 있다. 따라서 청소년쉼터에 거주하는 가출 청소년의 경우 타 보호체계에서 생활하는 청소년에 비해 자립 과정이 더 힘들 것이라고 예상할 수 있다.

문제는 이들이 청소년기에서 성인기로의 이행 과정에서 이루어야 할 발달과업인 자립 준비를 체계적으로 훈련받지 못한 채, 보호체계에서 퇴소함과 동시에 서비스 제공이 중단되는 갑작스러운 환경적

〈표 2-1〉 자립 필요, 당면 취약 아동 청소년 규모

위기 형태	내 용	인 원	총 계
빈 곤	18세 미만 기초생활수급자	366,318명	468,296명 (자립 필요)
요보호	시설, 가정위탁 아동청소년	34,626명	
가출·비행, 학업중단	청소년쉼터 이용 가출청소년	14,308명	
	학업중단청소년	53,044명	
시설 퇴소	양육시설 퇴소청소년	813명	68,409명 (자립 당면)
	가정위탁(그룹홈) 종결	3,833명	
보호관찰처분	보호관찰처분청소년	23,318명	
가출·비행, 학업중단	17세 이상 쉼터이용청소년	7,502명	
	고등학교 학업중단청소년	32,943명	

출처: 보건복지가족부(2010). 아동청소년사업지침안내.

변화와 정서적·도구적 자원의 결핍을 경험하게 된다. 더불어 사회에 내버려진다는 절망감과 두려움 등의 이중의 위협을 느끼며 생활하다 보니, 또 다른 유형의 고위험청소년 집단으로 전락하고 있다. 〈표 2-1〉에서 보는 바와 같이 취약계층의 청소년 중에서 자립이 필요한 대상은 46만여 명에 달하고 있고, 자립에 어려움을 겪고 있는 자립 당면 대상도 6만 명이 넘는 것으로 추정된다.

　이들의 대다수는 퇴소 이후 혼자 살아가는 데 필요한 기초 지식이 없어 자립생활에 대한 준비가 전혀 안 되었거나 또는 최소한으로 준비된 채 사회로 내보내짐으로써 사회적응에 어려움을 겪고 있다. 한 예로 그룹홈에서 성장한 청소년이 원가족으로 복귀하지 못할 경우 퇴소와 함께 자립생활을 해야 하는 사례가 많은데, 그룹홈의 인력과 재정이 부족하다 보니 대략 10명 중 6~7명 이상의 그룹홈청소년이 자립생활을 위한 적절한 진로지도나 자립교육훈련을 충분히 받지

못하고 있다(정익중, 조순실, 2008). 발달 측면에서 볼 때 이들이 성인 단계로 옮겨갈 준비를 갖추지 못한 채 시기 상조의 이행 과정을 밟는 것은, 환경적 역경을 악화시키고 대처능력을 위협하며 자신의 미래에 대한 장기적 계획 수립을 제한할 수도 있는 상황으로 몰고 갈 우려를 낳고 있다(Keller et al., 2007).

집 밖의 거주지에서 생활하고 있는 청소년은 자의든 타의든 간에 가족에게서의 분리라는 고통을 겪는 것은 물론, 보호체계에서 성장하면서 일반 청소년이 상상할 수 없는 다양한 어려움을 겪는 가운데 성인기로의 이행이 얼마나 힘든 과제인지 실감하고 있다. 미국의 경우 매년 18~21세의 청소년 2만여 명이 법적인 성인이 되어 위탁보호체계를 퇴소해야 한다. 이들 중 많은 수가 어떠한 지지도 받지 못하고 가족과의 연계도 결여되어 있으며 성공적인 자립생활을 위해 필요한 기술조차 습득하지 못한 채 보호체계를 떠나다 보니, 퇴소 후 성인으로 살아가면서 실업자, 노숙자, 정신질환자, 범죄자, 이른 나이에 부모 되기 등의 가능성이 높은 것으로 조사되었다(Heybach & Platt, 2000; Courtney et al., 2001). 실제로 성인 노숙자 중에서 아동기에 보호체계에서 지낸 경험이 있는 노숙자는 빈곤, 가족의 불안정 등의 사회경제적 문제를 더 많이 겪는 것으로 조사되었다.

보호체계에 거주하는 청소년은 가정 및 사회에서 정서적 소외 및 좌절을 겪으면서 낮은 자존감을 보이고 사회적 기술이 부족하며, 부적응에 따른 진학과 취업 포기 등으로 사회에서의 중도탈락을 경험하는 경우가 많다(국가청소년위원회, 2008). 이들 대부분은 가족해체로 가족 네트워크가 붕괴되었고, 가정폭력, 학대 등의 높은 스트레스 상황을 경험하면서 부모, 가정에서의 자립에 필요한 교육, 훈련, 사회화를 배울 기회조차 얻지 못하였으며, 교육체계에서의 이탈로 심각한 학습장애는 물론 약물 남용, 통제되지 못한 행동 등 사법체계에 연루된 경험이 있다. 이에 덧붙여 사회에서도 장기간 배제된 상태로 지역사회에서조차 어떠한 개입이나 도움도 받지 못한 채 보호체계에서 생활하다가, 법적 연령 제한으로 갑자기 퇴소하는 경우가 허다하다.

이처럼 이들은 자신의 의사와는 상관없이 성장 과정에서 가족을 떠나 보호체계에 입소하고 보호체계 내 실무자의 잦은 교체를 경험한다. 또한 준비되지 않은 채 퇴소하여 보호체계에서 사회로 던져짐으로써 이전에 경험했던 체계와의 관계가 또다시 단절되고 국가의 보호와 지원의 내용이 변화하거나 심지어 중단되어 보호의 연속성을 상실하게 되면서, 성인기로의 이행에 따른 적응에 심각한 어려움을 겪게 된다. 심지어 자신의 적성과 능력에 맞는 직업 선택과 취업활동에 필요한 기술습득 등의 자립 준비와 훈련을 충분히 받지 못함에 따라 미래의 복지 수요자로 전락할 가능성이 커지고 있다.

보호체계에서 생활하는 청소년은 오랜 기간 동안 단체생활에 익숙해짐에 따라, 일반 청소년에 비해 성인으로서 개인적 생활을 유지하고 다양한 사람과 관계를 형성하는 등의 새로운 환경에 적응하는 것이 어려울 수 있다. 어린 시절 부모와의 부정적 경험과 장기간 관계 단절은 이후 성장 과정에서 부모와의 관계 회복에 장애가 되고, 타인과의 지지관계형성에도 부정적인 영향을 미칠 수 있다.

그러나 사회에서는 보호체계에서 생활하는 청소년이 또래의 일반 청소년에 비해 훨씬 이른 나이에 독립을 성취하고 성인이 되기를 기대하기도 한다. 하지만 연령 제한으로 퇴소하는 청소년의 경우 시간적으로도 자립 시기가 일반 청소년에 비해 5~10년 정도 일찍 시작되다 보니(김미연, 2009) 자립 준비가 안 된 채 성인기로 진입함으로써 높은 학력과 취업 능력을 갖추고 있는 또래 젊은이에 비해 성인기로 들어가기 전부터 이미 불이익을 당하기 쉽다. 또한 지식산업사회로 진행되면서, 전환기의 연장 추세는 이러한 불공평한 차이를 더욱 악화시키면서 이들을 점점 더 취약한 집단으로 전락시키고 있다.

2) 당면 문제의 심각성

(1) 자아정체감 형성의 어려움

대부분의 보호체계청소년은 불안정한 가정환경과 여러 보호체계를 전전하다 보니 낮은 수준의 성장발달을 보이고 있고 분노, 불안, 부정적인 자아개념, 낮은 자아존중감, 상실에 따른 슬픔 등의 정서적 문제를 겪고 있다. 이들은 어린 나이에 불안정하거나 양육이 상실된 가정환경과 보호체계에서 생활하다 보니 원가족과의 관계의 단절로 고립감이나 정체성의 혼란 등을 경험하면서(정선욱, 2002) 우울하고 위축된 심리적 특성을 보이곤 하는데, 이러한 심리적 특성은 자아발달과 관련되며 적응에도 직접적인 영향을 미친다.

가정이 아닌 보호체계에서 생활하는 청소년의 경우 '아동기의 상실' '보호자에게 거부당한 경험' '가정 밖의 집단적 양육환경 속에서의 생활'로 자아발달이 균형을 잃고 사회성과 통제성 등의 손실을 입기 쉬운데, 여러 연구(이혜연 외, 2007; 김여환, 2000; 손혜옥 외, 2008; 이강훈, 2003; 장경희, 2008)가 이를 뒷받침해 주고 있다. 한 예로 이혜연 등(2007)이 청소년상담지원센터, 청소년쉼터의 고유 서비스가 종료된 청소년 중에서 사회경제적 지원이 필요하나 현재 다른 지원을 받지 못하는 청소년 697명을 대상으로 조사한 결과, 조사대상자의 69.7%가 낮은 자아존중감을 보이고 있었다. 특히 조사 대상자의 59.1%는 우울 또는 불안 증세를 보이고 있는 것으로 나타났다. 김여환(2000)은 주 부양자가 바뀌는 것과 관련하여 시설청소년 91명과 일반 청소년 136명을 대상으로 한 연구에서 부모생존 및 동거 여부, 보호자가 바뀐 경험 등이 자아정체감에 영향을 미치는데, 특히 네 번 이상 보호자가 바뀐 경험이 있는 청소년의 경우 보호자가 바뀐 경험이 없는 청소년에 비해 낮은 자아정체감 점수를 보이고 있다고 설명하였다. 이러한 주 부양자와의 잦은 분리 경험은 심리적·정서적 측면은 물론, 심지어 대인관계와 사회성에까지도 악영향을 미치곤 한다.

또한 이 시기에 필요한 신체적·지적·정서적·사회적 발달욕구를 충족시킬 기회가 부족하다 보니 낮은 자아상과 의존성은 물론, 정서적·행동적 문제 등을 보이곤 한다. 한 예로 서울시의 생활시설 입소아동에 대한 조사(2008)에서 입소아동의 평균 44.7%가 정서적·행동적 어려움이 있는 것으로 나타났으며, 시설을 이용한 경우는 29.1%인 것으로 나타나 아동양육시설에서 정서치료가 필요한 아동의 수는 예상보다 훨씬 많은 것으로 밝혀졌다(신혜령 외, 2009: 10). 이는 아동이 입소 이전과 입소 시에 겪었던 심리적 긴장과 문제가 새로운 양육환경 속에서 완화 내지는 회복하지 못하면서 정서적 · 행동적 문제를 보이고 있음을 암시하고 있다.

이처럼 이들은 일반 가정의 아동과는 달리 '친부모와의 격리' '집단보호에 따른 엄격한 규율과 통제된 집단 상호작용' '실무자의 잦은 교체' '개별 공간의 부족' 등의 특수한 생활 경험을 하게 되면서, 자아정체감 형성이 어렵고 친밀한 인간관계를 맺는 것도 쉽지 않다.

> 시설에 살면서 '나는 어떤 사람인가?' '내가 좋아하는 것은 무엇인가?'를 생각할 필요가 없었다. 주어진 일정을 소화하면 되고 다른 아이와 같이 행동하면 된다. '저도요.'라고도 말할 필요가 없다. 그냥 가만히 있으면 된다. 이처럼 공동체라는 이름 속에 묻혀 지내다 보니 개인적인 성장과 발전은 더디다. '성장을 자극하는 환경 부재'라는 주제에서 드러나듯이 과정은 중요하지 않다. 결과만 보일 뿐이다. 열심히 했는데 어른 눈에 턱없이 부족한 성과, 노력했지만 오르지 않는 성적, 잘하려고 했는데 망친 일 등은 '그럼 그렇지. 네가 무엇을 하겠니?'라는 반응을 불러올 뿐이다. ……다가올 미래(퇴소)는 아직 멀게 느껴지고 가끔씩 생각나지만 금세 일상에 묻힌다(정선욱, 2009: 213-214).

가정이 아닌 낯선 장소에서 위축된 채 생활하면서 형성된 성격은 종종 심리적 의존성을 보이곤 한다. 이들은 청소년기에 부모 혹은 부모 역할을 해 주는 사람과 지속적으로 신뢰받지 못한 경험 때문에 높은 의존성을 보이는 것이 어찌 보면 당연한 결과다. 이에 덧붙여 어떠한 보호막도 없이 세상에 버려졌다는 마음의 상처가 있다 보니 매사에 소극적이고 자립 의지도 낮은 수준에 놓여 있는데, 이러한 어려움은 아동 자신에게서 비롯되었다고 보기보다는 아동이 입소 전에 겪은 열악한 가정환경, 낯선 장소에의 입소 및 집단생활에의 적응 등 보호체계 생활환경에 적응하는 과정에서 나타나는 문제가 해결되지 못한 채 누적되면서 발생한다.

그 밖에도 이들은 학업성취도가 낮아 열등감이 높은 편이고 인지적 과제 수행 시 일반 청소년에 비해 유능하지 못하다고 지각하면서 낮은 학업 수행을 보이는 경우가 많다(권세은, 2002). 즉, 이들이 생활하고 있는 보호체계의 환경이 학업성취에 관한 욕구를 충족해 주기가 쉽지 않을뿐더러 이들이 갖고 있는 부정적 · 소극적 자아개념은 오히려 학업을 방해하여, 그 결과 낮은 학업성취도는 자신을 더욱 부정적으로 보게 하는 악순환을 낳아 열등감에 빠지게 한다.

이에 덧붙여 이들은 일반 가정의 청소년과는 전혀 다른 상실감과 혼란으로 채워진 삶을 살면서 자아정체성 형성을 위한 환경적인 자극과 역할모델마저 결여되어 있다. 사정이 이러하다 보니 자신의 정체성에 대한 목표의식이 부족하여 이들 스스로 앞으로 무엇을 하고 싶은지, 어떻게 살고 싶은지, 어떤 사람이 되고 싶은지에 대한 방향이나 목표 설정을 하는 과정에서 일반 청소년보다 더 많은 시간을 필요로 하고 있다. 반면 사회에서는 자기결정을 통해 자신의 삶을 스스로 통제하고 이끌어 갈 것을 기대하지만, 보호체계에서 생활하면서 자신이 중대한 결정에 직접 참여하고 스스로 의견을 말하는 등의 자기결정을 습득할 기회를 거의 가져 본 적이 없다. 그러다 보니 이들은 대부분 자신의 문제에 대해 자기결정 능력이 부족하여 퇴소 후 스스로 자신의 삶을 통제하는 것이 쉽지 않다.

(2) 가족 지지의 결여

많은 청소년은 성인기로의 이행 시 부모와의 연계를 유지하고 역경에 부딪혔을 때 부모에게 의지할 수 있다는 사실 자체만으로도 사회에서 긍정적으로 적응하는 데 큰 힘이 되고 있다. 실제로 성인기로 이행하는 과정에서 이들의 가족은 대학등록금을 지불해 주는 것은 물론, 시련에 부딪혔을 때 거주지도 제공해 주고 자녀가 젊은 부모인 경우에는 일을 할 수 있도록 대신 자녀 양육을 떠맡기도 하는 등 성공적으로 이행기를 마칠 수 있도록 다양한 지원과 지지를 제공하고 있다. 심지어 중산층 가족의 경우 자녀의 대학교육의 비용을 제공하는 것이 자녀를 전문직을 획득하는 궤도에 올려놓을 수 있는 주된 능력 중 하나로 여기고 있을 정도다(Keller et al., 2007). 이처럼 부모와의 강한 유대감은 청소년의 교육적·직업적 성취는 물론 자립에도 커다란 영향을 미치고 있다.

가족에게서의 지지는 성인으로의 이행 과정에서 꼭 필요한 요소이지만, 보호체계청소년의 가족 대부분은 이들에게 필요한 경제적·정서적 지원과 지지를 제공할 수 있는 능력이 없거나 이러한 지원을 제공하려는 의지조차 없는 경우가 허다하다. 따라서 이러한 가족지원의 결여는 성인기로의 정상적인 이행을 늦추는 중요한 요인이 되고 있다. 한 예로 전국 226곳의 아동양육시설에서 생활하고 있는 초·중·고등학교 아동 10,428명 대상으로 한 조사(신혜령, 박은미, 2011)에서 거의 절반(48.1%)이 부모와 함께 살다가 다른 곳을 거쳐서 시설에 입소한 것으로 나타났다. 즉, 절반에 가까운 아동이 부모의 상실이나 부모와 헤어짐을 경험한 이후에 다시 조부모나 친인척, 그 외의 보호체계에서 생활하다가 이들과 또다시 분리되는 경험을 하였다는 것이다. 이렇게 주 양육자와의 분리를 여러 차례 경험하는 것은 아동의 심리 · 정서적 측면에 심각한 영향을 줄 수 있으며, 특히 대인관계와 사회성에도 악영향을 미치고 있다. 또한 이들은 부모와의 관계가 부정적이고 일반 청소년에 비해 부모에게 폭행을 많이 당하기도 하고 부모와의 갈등도 많다(이상현, 윤명성, 2007).

이에 덧붙여 드월스키와 코트니(Dworsky & Courtney, 2009)는 위탁보호체계에서 생활하면서 가족 구성원 중 성인 구성원과 친밀한 관계를 유지하고 있는 청소년은 이러한 관계를 맺지 못한 청소년과는 다른 모습을 보이고 있다고 설명하고 있다. 즉, 보호체계에서 생활하면서 가족 구성원 중 적어도 성인 한 사람과 친밀한 관계를 형성하는 청소년은 퇴소 후에 노숙자로 전락하는 경우를 방지하는 것으로 나타났는데, 이러한 연구 결과는 퇴소청소년이 부모와 함께 살고 있지는 않더라도 부모와 지속적인 관계를 유지하는 것이 노숙자화를 예방할 수 있는 주요한 요인임을 보여 주고 있다.

(3) 학업지속의 어려움

앞에서 살펴본 바와 같이, 현대사회로 들어오면서 국내외를 막론하고 청년 자녀가 부모에게서 독립하는 시기가 늦추어지면서, 과거와는 달리 부모가 자녀가 독립할 때까지는 지원해 주어야 한다는 인식이 부모나 자녀 모두에게 확산되고 있다. 예를 들어, 여성가족부 (2010a)에서 실시한 제2차 가족실태조사에서 청소년 자녀를 둔 부모에게 '어느 시기까지 자녀를 책임져야 하는가?'에 대해 물었을 때 대학 졸업(57.0%), 결혼할 때까지(14.2%), 취업할 때까지(11.7%)의 순으로 나타났다. 이러한 결과를 1차 가족실태조사와 비교해 보면 '대학 졸업 시까지'라는 응답은 28%에서 57%로 크게 상승한 반면, 취업 및 결혼할 때까지의 비율은 감소하여 지난 5년간 부모가 생각하는 자녀에 대한 경제적 책임 시기가 줄어든 것을 알 수 있다. 이처럼 절반 이상의 부모가 자녀의 고등교육을 위해서 필요한 재정적 지원을 기꺼이 감당하고자 하는 인식이 확산되고 있다.

학업은 퇴소청소년의 미래에 매우 중요한 영향을 미치고 있고, 특히 학업성적은 청소년의 진로준비 및 결정, 자아존중감에도 중대한 영향을 미치고 있다(이경성 외, 2009; 신혜령, 박은미, 2011). 한 예로 아동양육시설의 아동을 대상으로 한 신혜령과 박은미(2011)의 조사에서 학업성적이 좋다고 응답한 아동은 장래에 대한 생각을 많이 하고 직업 관련 준비와 직업기술 교육을 경험하는 비율도 높았으며, 진로결정 수준, 진로결정 자기효능감이 높은 것으로 밝혀졌다. 또한 학업성적이 좋다고 응답한 학생이 자아존중감이 높았으며 학교적응 수준도 높게 나타나, 심리사회적응에서 진로에 이르기까지 다양한 영역에서 긍정적인 성과를 얻기 위해서는 학업성적이 중요함을 보여 주고 있다. 그 밖에도 양육시설 퇴소청소년의 사회적 관계와 심리적 발달 측면에서도 대학에 진학한 집단과 그렇지 못한 집단 간의 격차가 크다는 연구 결과(강현아 외, 2009)는 이들의 안정적인 자립에 학업성취나 교육 수준이 중요한 변인이 되고 있음을 시사한다. 이와 유사하게 그룹홈 거주 청소년의 경우에도 학업성적이 높은 청소년일수록 자립생활 기술 정도가 유의미하게 높게 나타났다(김미연, 2009).

고도화된 산업의 발달로 높은 수준의 기술을 요하는 지식사회에서 교육이 성인으로의 성공적인 이행 과정에 주된 요인임에도 불구하고 보호체계청소년의 경우 학업을 중단하는 경우가 적지 않다. 그러다 보니 직업 선택의 폭이 좁아지면서 결국 직업세계에서 배제되는 결과를 낳곤 한다. 한 예로 가출이 장기화되면서 결국 학업중단으로 이어져 보다 좋은 일자리를 얻을 기회가 원천적으로 봉쇄되면서 생활의 불안정을 초래하게 된다.

그 밖에도 이들은 일반적인 학업성취도 향상요인으로 지적되고 있는 청소년에 대한 교육적 지위(사교육, 인지적 자극, 물리적 학습 환경), 교육적인 기대, 부모-자녀 간 애착 정도, 부모의 생활감독 및 지지 정도 등이 결여되어 있다 보니 낮은 학업성취도 수준을 보이고 있다(김광혁, 2006). 즉, 이들은 보호체계에 들어오기 전부터 교육적 방임 상태에 놓여 있었을 뿐만 아니라 여러 보호체계를 거치면서 학교도 자주 바뀌어 학습부진을 겪고 있고 특수교육 서비스를 제공받기도 하였으며, 같은 학년을 반복하고 있거나 일부는 학교를 중퇴하였고, 위탁보호체계에서 퇴소할 때까지 고등학교 과정을 끝내지 못하는 청소년의 수도 적지 않은 것으로 밝혀졌다(Loman & Siegal, 2000). 이러한 연구 결과를 볼 때 이들의 낮은 학업성취도는 다른 발달 영역에서의 낮은 발달 수준으로 이어질 가능성이 크다.

(4) 사회적 관계망의 결여

가족 구성원은 아니더라도 주변에서 돌봐 주는 의미 있는 성인은 젊은이가 성인기로의 이행 과정에서 중요한 결정을 내릴 때 도움을 제공하는 역할을 담당하고 있는데, 특히 가족에서 분리된 보호체계 청소년에게 이러한 도움을 제공하는 성인과의 지지적 관계를 형성하는 것은 매우 중요하다. 실제로 보호체계의 실무자, 위탁가정의 부모 등은 독립생활을 위한 실제 기술을 습득하는 데 도움을 줄 수 있는 매우 소중한 자원으로 이들과의 장기적인 관계형성은 청소년이 사회에서 대인관계기술을 쌓는 데 매우 중요한 기초가 되고 있다(박은선, 2004; 홍미리, 2006). 페리(Perry, 2006)의 조사에 따르면, 가족, 또래, 위탁보호 등 네트워크가 탄탄한 청소년은 그렇지 못한 청소년에 비해 우울증과 분노를 덜 경험하는 것으로 나타났는데, 이러한 지지적 관계가 이들에게 탄력성을 증진하고 더 나쁜 상황에 빠질 가능성을 줄여 주는 역할을 담당하기 때문이다.

따라서 부모와의 분리에 따른 가족의 불안정성, 거주지의 잦은 이동, 가족 간의 갈등을 경험한 퇴소청소년에게 새로운 환경에의 대처방법과 기술을 정기적·지속적으로 조언해 줄 수 있는 후원자를 지원해 주는 사회적 지지가 필요하다. 그중에서도 보호체계에서의 실무자는 거주청소년에게 커다란 사회적 지지 역할을 수행하는 존재임에도 불구하고 열악한 근무환경에 따른 잦은 교체로, 거주청소년이 타인과 안정적이고 지속적인 관계를 유지하는 것 자체를 어렵게 하고 있다.

너무 많아요. 자꾸 바뀌잖아요. 불안했어요. 공황 상태, 이젠 어떻게
정 주나 싶어요. 밤에 짐싸고 가요. 우리 반 선생님은 한 달에 세 번 바
뀐 적도 있어요. 처음에는 다 믿고 의지하는 거, 마음을 주면 떠나고,
자꾸만 반복해서 떠나고, 어차피 갈 텐데, 마음을 안 열게 되는 거. 새
로운 선생님 오시면 몇 개월짜리구나. 몇 주짜리다. 그만두시더라도 제
가 퇴소할 때까지는 계신다고 했는데……(김대원, 2010: 28).

보호체계청소년은 일반적으로 타인의 보호에서 벗어나 자신의 삶
을 스스로 개척해 가기를 열망하지만, 직접 부딪칠 때까지는 성인기
로의 이행에서 부딪히는 도전이 얼마나 힘든지를 실감하지 못하고
있다. 이들은 일반 청소년에 비해 성인에게서의 지속적인 도움이 당
연히 더 많이 필요함에도 불구하고, 연령 제한 때문에 보호체계에서
퇴소 시 거주지를 포함한 기본적 자원, 교육 기회, 정신건강 상담과
같은 치료 서비스와 지지 서비스를 제공받을 수 있는 진입로가 많이
제한·축소된다(Keller et al., 2007). 또한 보호체계에 거주하는 동
안 활용 가능한 자원의 유용성을 잘 알고 있지만, 일단 성인이 되면
이러한 지원이 더 이상 제공되지 않는다는 사실은 거의 깨닫지 못하
고 있다.

이처럼 새로운 사회적 관계를 형성하는 것이 어렵다 보니 퇴소 후
에도 물리적·심리적으로 보호체계에서 떠나지 못하거나 새로운 환
경에서 자신에게 유용한 도움을 줄 수 있는 사회적 연결망을 형성하
는 것 자체를 힘들어하곤 한다. 이와 관련하여 한 실무자는 다음과
같이 언급하고 있다. "이들이 위탁체계에 들어오기 전과 들어온 이

후의 삶의 경험 속에서 지속적으로 다양한 상실감을 경험하고 있다.
가족을 잃어버리고 위탁가정을 잃곤 한다. 또한 친구, 학교, 이웃을
잃고 자신이 누구인지 어디에 속하는지에 대한 감각(sense)을 잃곤
하며, 이러한 상실의 연속으로 결국 많은 아이가 공허감을 느낀다."
(Geenen & Powers, 2007: 1093)

선행 연구에 따르면, 보호체계청소년을 대상으로 한 연구에서 청
소년이 인식한 보호체계의 지지나 실무자의 지지가 퇴소청소년의
자립 수준을 결정하는 가장 강력한 요인으로 나타났다(신혜령, 2001;
신혜령 외, 2003; 박은선, 2005; 손혜옥 외, 2008; 김미연, 2009). 한 예
로 그룹홈에 거주하는 청소년이 인식한 사회적 지지는 진로결정 수
준에 영향을 미치며(박은미, 장신재, 2009), 사회적 지지를 많이 받고
있다고 지각할수록 퇴소 후 생활만족도가 높았다(정선욱, 2008). 그
밖에도 문손과 맥밀렌(Munson & McMillen, 2009)의 조사에 따르면,
나이가 많은 위탁가정의 청소년 중에서 자연스러운 멘토링 관계를
1년 이상 유지한 청소년이 이러한 멘토링 관계를 맺지 못한 청소년
에 비해 스트레스 수준이 낮고 19세가 될 때까지 구금될 가능성도
낮다고 밝히고 있다. 이러한 연구 결과는 보호체계청소년에게서 보
호체계나 관련 양육자의 지속적인 지지와 조언이 긍정적인 자립생
활 습득에 큰 자원이 되고 있음을 입증하고 있다.

물론 다수의 청소년은 열악한 환경 속에서 가족 내에서의 부정적
경험, 개인적인 힘든 경험을 겪음에도 불구하고 정상적인 발달을 유
지하고 있고, 전환 과정의 항로에서 심각하게 벗어나 있는 행동에
관련되어 있다고 해서 모두가 위기청소년은 아니고 그중에 일부는

성공적이고 생산적인 성인으로 성장한다. 그러나 나머지 청소년은 성인이 되어서도 사회에서 주변인의 역할을 수행하면서 국가의 복지혜택에 의존하여 살아가기도 한다.

결론적으로 보호체계 퇴소청소년의 경우 체계 내에서의 보호가 종결된다는 것은 공식적인 사회지원체계에서 떨어져 나가는 것을 의미한다. 자신의 적성과 능력에 맞는 직업 선택과 취업활동에 필요한 기술습득 등의 자립 준비와 훈련을 충분히 받지 못한 채 서비스 대상에서 제외됨에 따라 개인은 물론 국가에까지도 부정적 결과를 초래하게 되고 다시 성인취약계층을 양산하는 결과를 낳고 있다.

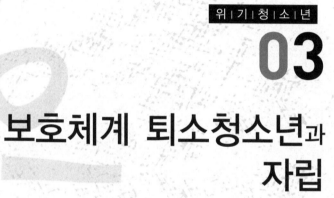

03

보호체계 퇴소청소년과 자립

보호체계 퇴소청소년과 자립

1. 퇴소청소년의 퇴소 후 생활상

앞에서 살펴본 바와 같이, 보호체계에서 생활하는 청소년이 증가하는 추세 속에서 이들이 퇴소함과 동시에 빠른 시간 내에 자립하는데 필요한 자립지원에 대한 사회적 요구가 커지고 있다. 퇴소청소년의 경우 일반 청소년과는 달리 법적 연령 제한에 따른 퇴소와 동시에 스스로 살아가기 위해 자립해야만 한다.

그러나 현재까지도 이들이 보호체계에서 퇴소 후 자립하기까지 겪고 있는 어려움에 대한 파악은 미비한 수준에 그치고 있다. 실제로 보호체계에서 퇴소한 청소년의 자립과 관련하여 실시된 연구는 대부분이 양육시설에 거주하거나 혹은 퇴소한 청소년을 대상으로 하는 연구(박은선, 2005; 이혜연 외, 2007; 신혜령 외, 2008; 홍미리, 2006; 조진영, 2007; 이진선, 2010)이고, 일부 연구가 그룹홈과 중장기쉼터에서 거주하는 청소년을 대상(김성경, 2003; 조순실, 2010; 박윤희, 2011)으로 하고 있을 뿐 이들의 퇴소 이후의 자립 여부와 관련되어 연구된 자료는 매우 부족한 현실이다.

다행히 최근 들어 정부에서는 '출생에서 자립까지' 청소년정책을 체계적이고 일관되게 추진함으로써 청소년의 문제를 전 생애적인 장기적 관점으로 접근하고 있다. 이에 청소년이 건전한 성인으로 이행하도록 지원하는 '자립지원'에 대한 관심이 높아지면서 위기청소년 내지는 퇴소청소년이 겪는 어려움에 대해 인식하기 시작하였다. 따라서 국내외의 자립지원 관련 실태 조사를 통해 이들의 퇴소 이후 생활상에 대해 살펴보고자 한다.

1) 자립의 정의

보호체계청소년에게 자립(self-reliance)은 18세에 보호기간이 종료되면서 의존에서 벗어나 점차적인 독립 및 자신의 삶에 대한 책임이 요구되는 과업으로 변화하는 중요한 발달과제다. 이러한 자립에 관심을 갖는 이유는 이 시기의 사회적응이 인생 전체에 큰 영향을 미치기 때문으로, 이러한 자립은 이들이 보호체계에 입소하면서 체계적으로 준비해야 하는 주요 요인이다.

우리는 흔히 경제적으로 독립하면 자립한 것으로 여기는 경향이 있는데, 이러한 경제적 독립도 중요하지만 정서적 독립도 그에 못지 않게 중요하다. 그런 면에서 보호체계청소년의 자립은 더더욱 힘든 과정임이 분명하다.

이러한 자립은 남에게 의지하지 않고 스스로의 힘으로 독립하여 정당한 지위에 서는 것을 의미한다. 이를 좀 더 구체적으로 말하면, 자립은 자신의 삶을 주체적으로 통제하며 영향력을 행사할 수 있는 능력과 상태, 즉 경제적 · 사회적 · 정치적 · 문화적으로 자신을 통제하여 자신과 타인에게 긍정적인 영향력을 발휘함으로써 자유롭게 생활을 영위할 수 있는 능력과 생활방식을 의미한다(노혁, 2004). 특히 보호체계청소년과 관련하여 신혜령(2001)은 자립에 대해, 친부모를 떠나 대리보호를 받고 있는 위탁가정, 공동생활가정, 혹은 아동양육시설에서 18세가 되어 떠나는 시설청소년이 성공적인 상호의존의 성취로, 개별적 '독립'이라는 의미보다 다른 사람과의 대인관계와 지역사회 자원을 잘 활용하며 스스로를 지켜 나갈 수 있는 심리적 · 사회적 · 경제적 독립 상태로의 전환을 의미한다고 정의하고 있다(pp. 22-23). 또한 보호체계청소년의 자립은 자신의 삶을 주체적으로 통제할 수 있고, 타인과 지역사회와의 긍정적인 상호작용을 할 수 있는 정신적 · 사회적 · 경제적으로 독립적이고 자유로운 상태에 이르는 것이다(장경희, 2008: 9).

이것은 사회적 차원에서 사회생활에 필요한 금전관리와 가사 등의 기본적인 생활능력뿐 아니라 인간관계를 형성하고 대화능력을 발전시키는 것을 의미하고, 심리적 차원에서 자신을 긍정적으로 받아들이고 사회에서 주체적으로 살아가려는 자립심, 자기결정 등을 할 수 있는 능력 등을 의미하며, 경제적 차원에서 적절한 직업을 통

해 생활에 필요한 수입을 얻는 능력을 의미한다(조순실, 2010). 즉,
보호체계청소년의 자립은 자신의 삶을 주체적으로 통제할 수 있음
은 물론, 정당한 지위를 차지하는 사회의 구성원으로서 타인 및 지
역사회와 긍정적인 상호작용을 통해 사회 속에서 책임 있는 행동을
하며 살아가는 정신적 · 사회적 · 경제적으로 독립적이고 자유로운
상태를 의미한다.

이에 덧붙여 조성호(2008)는 위기청소년을 대상으로 한 기존의
청소년 자립 개념이 직업적 또는 경제적인 자립만을 강조하는 너무
협의적인 성격을 지닌다고 비판하면서, 경제적 자립 못지않게 사회
적 자립과 심리적 · 정서적 자립 및 교육적 자립의 중요성을 강조하
였다. 따라서 이를 자세히 살펴보면 다음과 같다(pp. 119-120).

(1) 심리적 · 정서적 자립

위기청소년은 불우한 가정 환경에서 자라났거나 기본적인 양육이
결핍되어 있는 경우가 많아 심리적 · 정서적으로 매우 취약하다. 따
라서 이들의 심리적 · 정서적 취약성을 제대로 치유하지 않는다면,
다른 형태의 자립(예, 경제적 자립)은 무의미해질 수 있다. 그러므로
위기청소년 자립지원에 심리적 · 정서적 자립을 이룰 수 있는 효과
적인 처치 프로그램의 도입이 매우 중요하다.

(2) 사회적 자립

위기청소년의 경우, 경제적 자립을 위해 일자리를 얻게 되어도 막
상 사회적인 관계, 즉 대인관계를 맺는 능력이 현저히 부족하여 많

은 어려움을 호소한다고 한다. 이러한 사회적 상호작용에서의 어려움은 청소년의 경제적 자립을 위협하는 가장 큰 요인 중 하나다. 청소년의 사회적 자립은 직장에서의 자신의 역할과 의무 및 책임에 대한 이해, 사회적 관습, 질서, 규칙의 수용, 갈등 상황을 상호 의사소통을 통해 원활하게 해결하는 능력 등을 제대로 발휘하여 결과적으로 자립 현장에서 사회적 구성원의 일원으로서 기능할 수 있게 되는 것을 말한다. 위기청소년은 힘든 직무수행에 대한 인내심, 일터 조직의 전반적 이해도, 지속성 면에서 어려움을 많이 호소하므로 사회로 진입하는 과정을 단계적으로 익히고 연습할 수 있는 사회적 자립 지원이 필요하다.

(3) 교육적 자립

학교와 같은 정상적인 교육환경에서 이탈하거나 학교를 다니더라도 적응하지 못하는 청소년도 취업을 하기 위해서는 최소한의 기본적 교육과정 이수가 필수적이다. 위기청소년이 학교나 가정으로 복귀하지 않고 스스로의 힘으로 자립을 성취하기 위해서는 '교육'이 반드시 수반되어야 한다. 왜냐하면 이들이 일하고자 하는 취업 현장에서 최소한의 교육 수준(예, 고졸 이상의 학력)이나 자격증을 요구하는 경우가 많기 때문이다. 따라서 위기청소년이 비록 정규 교육과정에서 이탈해 있기는 하지만, 이들의 성공적인 자립을 지원하기 위해서는 학교 교육, 검정고시, 자격증 취득 등과 같은 교육적 자립지원이 반드시 필요하다.

이처럼 종합적인 자립을 획득하기 위해서는 보호체계청소년이 퇴

소 이전부터 성인의 발달과업을 수행하기 위한 준비를 갖추어야 한
다. 이와 관련하여 메크(Mech, 1994)는 성인기로의 이행에 대한 지
원이 최소한 거주지 알선, 직업 구하기, 직장유지, 건강보호의 접근
성, 예산 및 돈 관리 등의 영역에서 실제적인 도움이 되어야 한다고
설명하고 있다. 또한 성인 초기로의 전환을 위해서는 자기지향, 자
기표현, 개인적 솔선성, 결정에 대한 책임감 등과 관련된 행동을 격
려하고 지지해야 한다고 강조하였다(손혜옥 외, 2008에서 재인용).

이에 덧붙여 자립 준비를 자기관리기술과 자원관리기술로 설명하
고 있다. 즉, 자기관리기술은 기본적으로 일상생활에 필요한 기술로
서 개인 위생 용모와 의복 관리, 음식 준비 등의 일상생활능력과 심
리적·정서적 자립을 위한 대인관계, 책임감, 계획성, 자신감 등이
포함된다. 한편 자원관리기술은 자원의 습득과 이용 그리고 자원의
할당을 위해 필요한 기술로(Cook, 1986; 신혜령, 2001에서 재인용) 성
인기를 준비 시 지역사회 내에서 더불어 살아가면서 지역사회자원
을 동원하고 활용한다는 면에서, 그리고 청소년기에 필요한 사회화
의 과정이라는 면에서 의미가 있다. 이 기술은 사회적·경제적 자립
을 위한 것으로 주택관리, 금전관리, 소비기술, 직업, 건강관리 영역
을 포함한다(김남욱, 2008).

이처럼 자립이란 청소년 자신의 건강, 심리는 물론 또래·가족·
학교·지역사회와의 사회적 관계를 형성하고 진로·자립생활에 필
요한 기술을 습득하는 것을 의미하는 것으로, 기술과 지식의 범주를
모두 포함하고 있다.

2) 퇴소 후 생활상

대다수의 보호체계청소년은 자신의 의지와는 상관없이 법적 연령에 도달하여 보호체계를 퇴소하는 것으로 나타났다. 이혜연 등(2007)은 조사 대상자 대부분(92.3%)이 법적으로 명시된 아동양육시설에서 거주할 수 있는 연령이 지나서 퇴소하였고, 취업하거나(3.2%), 위탁부모 혹은 친부모와 함께 생활할 수 있게 되어서(2.3%) 퇴소한 것으로 밝혀 이러한 내용을 뒷받침하고 있다.

특히 대부분의 연구에서 퇴소 후 겪는 어려움으로 경제적 문제, 주거 문제, 취업 문제 등을 언급하고 있는데(보건복지가족부, 중앙아동자립지원센터, 2008; 이경성 외, 2009; 이혜연 외, 2007; 이동욱 외, 2011), 퇴소 후 머물 거처 마련과 구직, 생활에서의 빈곤 등은 퇴소청소년이 혼자서 스스로 해결하기에는 결코 쉽지 않은 문제다. 따라서 이들이 퇴소 후 겪는 어려움을 자세히 살펴보고자 한다.

(1) 정서적 어려움

보호체계청소년이 열악한 가정환경과 부모의 양육 태도 등 퇴소하기 전부터 겪고 있는 정서적 어려움은 퇴소 후에도 지속 내지 악화되면서 사회생활, 심지어 결혼생활에까지 영향을 미치는 것으로 밝혀졌다.

청소년상담지원센터, 청소년쉼터의 고유 서비스가 만료된 청소년 중 사회경제적 지원이 필요하나 현재 다른 지원을 받지 못하는 청소년 697명을 대상으로 한 조사(이혜연 외, 2007)에서 조사 대상자의 69.7%가 낮은 자아존중감을 갖고 있고, 특히 59.1%는 우울 또는 불안 증세를 보이는 것으로 나타났으며, 30.5%가 범죄 경험이 있는 것으로 나타났다. 이러한 정서적 어려움은 정서적 지지를 제공해 줄 부모와의 연계가 이루어지지 않아 가중되고 있는데, 보건복지가족부와 중앙아동자립지원센터(2008)의 조사에서 퇴소청소년의 경우 가족과 연락하지 않는다는 응답이 41.8%로 나타나 가족과 연락하는 빈도가 더 높기는 했으나 많은 퇴소청소년이 가족과 연락하지 않는 것으로 나타났다. 이러한 결과는 성인기로의 이행 과정에서 가장 많은 도움을 제공하는 부모와의 관계가 거의 단절 상태임을 보여 주는 것으로 정서적 지지를 제공받을 기회가 적음을 예상할 수 있다.

이에 덧붙여 사회적 편견을 우려하여 대인관계는 물론 심지어 결혼관도 위축되고 있다. 보건복지가족부와 중앙아동자립지원센터(2008)의 조사에서 보호체계 퇴소자가 이성교제를 할 경우 퇴소청소년의 33.6%, 연장청소년의 32.5%가 시설에 대한 편견 때문에 신상을 밝히기 어렵다고 응답하여, 여전히 보호체계에서 성장했다는 사실이 이성교제에 부정적인 영향을 준다고 느끼는 청소년이 적지 않음을 알 수 있다. 심지어 결혼에 대한 인식에서도 퇴소청소년의 36.7%, 연장청소년의 36.6% 정도는 결혼에 대한 자신감이 부족하거나 결혼에 대한 관심이 없는 것으로 나타나 이들의 바람직한 결혼관 형성을 위한 개입의 필요성을 시사하고 있다. 특히 앤더슨(Anderson, 2003)에 따르면, 성인 연령이 되어 위탁보호체계를 퇴소한 청소년을 대상으로 퇴소한 지 4년 후의 생활을 조사한 결과, 조사 대상자의 42%는 이른 나이에 이미 부모가 되어 생활하는 것으로 나타나 퇴소 후 결혼생활의 심각성을 잘 보여 주고 있다.

그 밖에도 대인관계 기술이 부족하여 사회생활을 하는 데 어려움을 호소하고 있다. 이혜연 등(2007)이 퇴소청소년이 현재 함께 살고 있는 사람을 조사한 결과 공동생활(43.1%)이 가장 많았고 혼자(26.6%), 동성친구와 함께(9.7%), 형제 혹은 자매와 함께(6.9%), 부모님과 함께(6.5%), 퇴소한 친구와 함께(2.0%), 아동보호시설(1.6%)의 순으로 나타났다. 이처럼 퇴소청소년은 가족이 아닌 공동생활이나 혼자서 생활하고 있다 보니 대인관계기술을 습득할 기회가 적고, 보호체계 실무자와의 관계도 거의 단절되거나 가끔 연결하는 정도로 심리·정서적으로 많은 어려움을 느끼면서 살아가고 있다. 특히 사회생활을 영위하는 데 효과적인 대인관계기술을 갖추지 못한 응답자가 30.6%에 이르고 있고 직장 동료나 친구와의 갈등을 다루는 방법을 알지 못하는 응답자도 24.5%로 나타나, 이들의 대인관계 기술 부족이 타인과의 관계형성에 장애가 될 뿐만 아니라 궁극적으로 학교 및 직장생활에도 어려움을 초래할 수 있음을 짐작케 한다.

(2) 학업지속의 어려움

앞에서 살펴본 바와 같이 학업이 자립에 중요한 요인이다 보니 퇴소청소년이 고등교육기관으로의 진학에 대한 욕구가 높아지고 있다. 이동욱 등(2011)의 조사에서도 이들의 진학상담이 2009년 11.5%에서 2011년 24.55%로 꾸준히 증가 추세를 보이고 있어서 이를 뒷받침하고 있다. 특히 대학을 졸업한 집단과 퇴소한 지 2년 이상된 고등학교 졸업자 집단 사이에 취업, 자립, 사회적 관계, 심리행

동적 어려움 등 거의 모든 영역에서 큰 격차를 보이고 있고 이러한
두 집단 간의 현격한 차이는 대학졸업 집단의 긍정적인 결과를 더욱
두드러지게 하였으며, 반대로 고등학교 졸업 집단에 대해 우려를 낳
고 있다(강현아 외, 2009). 실제로 월소득 같은 객관적 지표에서 대학
졸업 집단은 퇴소 2년 이상의 고등학교 졸업 집단과 통계적으로 유
의미한 차이가 없었음에도 불구하고 주관적 만족도나 자아존중감
같은 정신건강 측면에서 탁월하게 긍정적 결과를 보였는데, 이는 대
학 진학이 취업, 임금 등에서 유리한 위치를 얻게 도와줄 수 있다는
것 외에도 사회적 관계에서도 더 풍부한 자원을 제공하기 때문으로
이해된다.

그럼에도 불구하고 2004~2008년 전국의 양육시설을 퇴소한 청소
년 대상의 조사에서 퇴소청소년 중 대학 진학자는 40%에 불과하였
는데, 이러한 사실은 우리나라 대학 진학의 전체 평균 비율이 2006년
의 경우 82.1%(교육인적자원부, 2006)임을 고려해 보면 그리 높은 비
율이라고 하기 어렵다(강현아, 2010). 이러한 결과는 이들의 낮은 학
업능력뿐 아니라 학비, 생활비 등의 비용 부담 등 여러 요인 때문에
대학 진학을 선택하기가 쉽지 않은 현실을 보여 주고 있다. 특히 대
학에 재학 중인 경우 학비를 장학재단, 시설 후원, 아르바이트의 순
으로 마련하고 있고 학교에 다니는 동안 생활비 마련은 아르바이트,
시설의 후원, 부모나 형제의 도움의 순으로 나타나(보건복지가족부,
중앙아동자립지원센터, 2008), 이들이 대학에 재학 중이더라도 안정적
으로 학업에 전념하기가 쉽지 않음을 알 수 있다.

뿐만 아니라 퇴소청소년과 보호체계에 남아 있는 연장청소년 간

의 학력 차이도 확대되고 있다(이동욱 외, 2011; 보건복지가족부, 중앙
아동자립지원센터, 2008). 즉, 퇴소청소년의 최종 학력은 고졸이
46.4%, 대학재학 혹은 졸업이 27.8%로 나타난 반면, 연장청소년은
고졸이 16.1%, 대학 재학 혹은 졸업이 41.0%로 나타나(이동욱 외,
2011) 퇴소청소년과 연장청소년 간의 학력 차이가 높게 나타났다.
이러한 현상은 연도별 진학률의 차이에 따른 변화에서도 두드러지
게 나타난다. 5년간 대학에 진학한 퇴소청소년 586명 중 30.7%가
2004년도에 진학하였고 11.9%가 2008년도에 진학한 반면, 연장청
소년은 응답자 296명 중 4%가 2004년도에 진학하였고 39.7%가
2008년에 진학하여 대학 진학의 증가에 따른 시설보호 연장이 점점
확대되고 있다(보건복지가족부, 중앙아동자립지원센터, 2008: 261). 따
라서 이들이 보호체계에서 일단 퇴소하면 대학 진학을 시도하기가
점점 어려워지고 있음을 예측케 한다. 또한 4년제 대학 진학률과 관
련하여 이 조사에서 연장청소년이 4년제 대학 진학률이 45.8%인데
비해 퇴소청소년은 39.6% 정도로 차이가 나 두 집단 간의 학력 차가
점점 심화되고 있음을 알 수 있다.

   그 밖에도 재학 형태를 살펴보면 연장청소년과 퇴소청소년 간에
큰 차이를 보이고 있다. 대학에 재학 중인 퇴소청소년 가운데 50%
정도만이 재학 중이었고 45.7%가 휴학 및 중퇴(휴학 24.2%, 중퇴
21.5%)를 보여 거의 과반수가 대학 진학 이후에 휴학이나 중퇴를 한
것으로 나타났다. 반면 연장청소년의 경우 91.5%가 재학 중이었으
며 휴학, 중퇴율은 7.9%(휴학 6.1%, 중퇴 1.8%)로 낮은 비율을 보이
고 있다(보건복지가족부, 중앙아동자립지원센터, 2008). 이러한 연구

결과는 학비, 생활비, 주거비 등 재정적 지원이 없이 대학을 다니는 것 자체가 힘들다는 것을 보여 주는 것으로, 이러한 어려움 때문에 퇴소청소년의 경우 대학 생활에 대한 만족도도 연장청소년에 비해 낮은 수준을 보이고 있다.

(3) 경제적 어려움

국내외 퇴소청소년에 관한 연구 결과에 따르면, 보호시설에서 퇴소하는 청소년은 주거와 취업 측면에서 매우 불안정한 상태에 놓여 있고 경제적 어려움도 커서 자립적인 성인기로 이행하는 데 많은 어려움을 겪고 있는 것으로 보고되고 있다(강현아, 2010; 강현아 외, 2009; 이동욱 외, 2011; 이혜은, 최재성, 2008; 원지영, 2008; 보건복지가족부, 중앙아동자립지원센터, 2008; 이혜연 외, 2007; 신혜령 외, 2003).

청소년이 보호체계에서 퇴소하게 되면 가장 시급한 과제가 당장 머물 수 있는 안전한 거주지를 확보하여 앞으로의 삶에 대한 계획을 실천해 나가는 것이다(Dworsky & Courtney, 2009; 보건복지가족부, 중앙아동자립지원센터, 2008; 이경성 외, 2009; 이혜연 외, 2007; 이동욱 외, 2011). 그러나 이들에게는 안전한 거주지 자체를 확보하는 것이 어려운데, 이러한 거주지의 불안정은 단순히 거주할 곳이 없다는 것에 그치는 것이 아니라 생활의 불안정을 야기할 수 있는 기초생활과 관련된 다양한 문제를 초래하고 있다.

이들의 심각한 주거 상황과 관련하여 보건복지가족부와 중앙아동자립지원센터(2008)가 보호체계에서 퇴소 내지 거주를 연장한 청소년을 대상으로 한 조사에서, 퇴소청소년의 31.3%가 월세로 살고 있

고 그 밖에 회사나 학교기숙사(17.6%), 전세(16.4%), 자립생활관
(9.9%)의 순으로 나타났다. 특히 소수의 비율(6.7%)이지만 친구 집
이나 고시원, 쪽방 등 극히 불안정한 주거 상황을 포함하여 대략
12.0%의 조사 대상자가 주거지가 일시적이거나 불안정한 상태에
있는 것으로 밝혀짐에 따라, 매월 생활비에서의 주거비 지출이 경제
적으로 상당한 부담을 초래하고 있다. 이와 유사하게 이동욱 등
(2011)의 조사에서도 개인지원의 경우 기숙사 생활 20.3%, 월세
12.5%로 나타났고, 정부지원의 경우 전세주택 7.3%, 공동생활가정
(매입임대주택) 0.6%, 영구임대주택 0.5%로 나타나 주거환경이 불
안정함을 보여 주고 있다. 이러한 주거지의 불안정은 심지어 노숙생
활을 초래하기도 한다. 보건복지가족부와 중앙아동자립지원센터
(2008)의 조사에서 소수이기는 하지만 7.9%의 퇴소청소년이 퇴소
5년 이내에 한 번 이상, 많게는 한 달 이상의 노숙 경험이 있다고 응
답하였는데, 조사 대상자가 보호체계를 퇴소한 지 5년 이내임을 고
려하면 우려할 만한 비율이다. 그 밖에도 퇴소 후에 구치소나 요양
시설, 미혼모시설 등 타 시설에 입소한 적이 있다고 응답한 청소년
도 7.5%나 됨에 따라 단순히 주거의 문제뿐만 아니라 적응상의 문
제도 초래할 것을 예상케 한다.

　외국의 경우도 보호체계를 퇴소한 청소년이 노숙자 경험을 한 것
으로 조사되었다(Anderson, 2003; Courtney et al., 2001, 2005). 레일
리(Reilly, 2003)는 위탁체계에 거주했다가 18세가 되면서 퇴소한 후
적어도 6개월 이상 3년 미만이 지난 청소년 100명을 대상으로 조사
한 결과, 조사 대상자의 36%가 퇴소 이후 거주지가 없어서 길거리

혹은 노숙자쉼터에서 지낸 적이 있었고, 35%는 퇴소 이후 지금까지 적어도 5번 이상 거주지를 옮겼다고 보고하였다. 실제로 조사 대상자의 거의 1/3가량은 거주할 장소가 마련되지 못한 채 보호체계에서 퇴소한 것으로 나타났다. 이러한 연구를 통해서 볼 때 적지 않은 퇴소청소년이 퇴소 이후에 불안정한 거주지 때문에 많은 어려움을 겪고 있음을 알 수 있다.

특히 퇴소청소년은 퇴소 후 거주지 마련 이외에도 취업의 어려움으로 생활고에 부딪히면서 빈곤계층으로 진입하는 경우도 적지 않다. 물론 퇴소 후 자립 초기에는 자립정착금이나 시설지원금을 통해 어느 정도 생활비를 마련하여 생활이 가능한 편이다. 보건복지가족부와 중앙아동자립지원센터(2008)의 조사에 따르면, 자립정착금을 거주지 마련(13.8%), 생활비(12.8%), 저축(11.2%) 등의 순으로 사용하였고, 등록금(4.1%)으로도 활용하여 퇴소 후의 생활여건을 갖추고 미래를 준비하는 용도로 적절하게 쓰이고 있었다. 이동욱 등(2011)의 조사에서도 자신의 주요 생활비 조달처와 관련하여 아르바이트(37.6%)가 가장 많았고, 시설 후원(17%), 친인척지원(12.9%), 자립정착금(11.2%), 지정후원금(5.3%) 등이 그 뒤를 이었다. 그러나 시간이 지날수록 생활비를 마련하기 위해 많은 퇴소 및 연장청소년이 학업과 아르바이트를 병행함으로써 어려움을 겪고 있음을 알 수 있다.

선행 연구(강현아, 2010; 보건복지가족부, 중앙아동자립지원센터, 2008)에 따르면, 이들 중 일부는 국가의 보조금에 의존한 경험이 있는 것으로 조사되었다. 강현아(2010)에 따르면, 퇴소 이후 국민기초생활수급을 현재 받고 있거나 과거에 받은 경험이 있는지에 대한 조사에서 '현재 받고 있다.'고 응답한 비율은 평균 11.5%로 나타났고 집단별로는 대학 재학 중인 집단에서 30%로 가장 높게 나타났다. 이들의 경우 월수입이 가장 낮은 것으로 나타난 점을 감안하면 대학 재학으로 경제적 어려움을 많이 겪고 있는 것으로 보인다. 이와 유사하게 보건복지가족부와 중앙아동자립지원센터(2008)의 조사에서도 퇴소 후 동사무소에서 생계비나 의료비를 신청하는 등 「국민기초생활보장법」에 의한 급여를 받은 적이 있거나 현재 받고 있는 청소년이 응답자의 19.1%로 나타나, 거의 5명 중 1명 정도가 보호체계를 퇴소한 후에 다시 국가의 도움을 받고 있는 것으로 밝혀졌다. 이에 덧붙여 조사 대상자 중에서 현재 급여를 받고 있는 청소년이 10.1%, 과거에 받은 적이 있는 청소년이 9.0%로 18세 퇴소 후 5년 이내에 이들이 겪는 의식주와 관련된 생계의 어려움이 매우 심각함을 보여 주고 있다.

이러한 연구 결과는 퇴소 후 자립이 어려운 청소년에 대해서 사회 적응 기간 동안 이들을 지원하는 서비스 체계가 갖추어지지 않다 보니, 적지 않은 인원이 보호체계 퇴소 후에도 다시 국가의 급여를 받는 빈곤계층으로 진입하는 것으로 분석된다. 이와 유사하게 드월스키(Dworsky, 2005)는 보호시설이나 위탁가정에서 보호받은 청소년의 퇴소 후 8년까지의 자립 정도를 조사한 결과 퇴소청소년의 연소득 평균이 빈곤선 이하인 것으로 밝혀졌다. 아울러 퇴소 이후 시간이 지날수록 청소년의 소득이 점점 오르기는 했지만 소폭에 그쳤고, 퇴소한 지 2년 이내에 식료품지원(food stamp) 같은 공적 지원 서비스를 받은 비율이 30%가 넘는 것으로 나타나 성인이 되어서도 국가의 보조금에 의존하고 있음을 보여 준다.

이에 덧붙여 건강보호 문제에 따른 건강보험 가입 여부와 관련하여 건강보험에 가입한 비율은 응답자 중 80.0%이고 건강보험에 가입하지 못한 청소년이 20.0%로 나타나, 5명 중 1명은 건강보험에 가입조차 못하고 있는 것으로 밝혀졌다(보건복지가족부, 중앙아동자립지원센터, 2008). 특히 건강보험에 가입되어 있지 않은 청소년 중에는 15~20% 정도가 그냥 견디거나 시설, 친구에게 연락한다고 응답하여 의료 사각지대에 있는 청소년의 건강보호에 대한 심각성을 추측케 한다.

(4) 취업의 어려움

청소년은 보호체계에서 퇴소한 이후에 취업하기가 쉽지 않고 취업을 하더라도 낮은 임금과 비정규직에 따른 불안정한 경제적 여건 등으로 스스로 생활을 영위하기가 어려운 현실에 놓여 있다. 즉, 퇴소청소년의 취업 현황을 살펴보면 취업률, 취업 직종, 취업 신분 등에서 열악함을 보여 주고 있다(이동욱 외, 2011; 이혜연 외, 2007; 보건복지가족부, 중앙아동자립지원센터, 2008). 이혜연 등(2007)의 퇴소청소년의 적응에 관한 연구에 따르면, 조사 대상자 중에서 18~23세의 청소년 중 46.5%, 24~29세의 청년 중 25.9%가 조사 당시에 무직으로 나타나 퇴소청소년의 사회경제적 취약함을 여실히 보여 주고 있다. 특히 고용 형태와 관련하여 정규직 46.6%, 임시계약직 44.1%, 일용직 9.3%로 나타나 안정적인 직장을 얻는 데 어려움을 겪고 있었다. 또한 이동욱 등(2011)에 따르면, 정규직 56.2%, 비정규직 30.0%, 기타 13.8%로 나타났는데, 특히 정규직 비중은 2010년 68.3%에 비해 큰 폭으로 줄어들었다. 이러한 수치는 퇴소청소년의 취업 신분 자체가 안정적이지 못함을 보여 주고 있다. 이에 덧붙여 취업 중인 퇴소청소년 가운데 월평균 소득이 100만 원 이하인 경우가 22.2%이고 월 소득이 101만 원~150만 원인 경우는 61.1%, 151만 원 이상은 16.4%로 나타나 주거비를 지출하고 나머지 액수로 생활하기가 어려운 수준이다.

한편 취업 중인 퇴소청소년이 현재 근무하는 직장에 대한 조사에서 영업이나 판매직과 같은 서비스 업종에 근무(45.5%), 단순 조립이나 공장 생산직과 같은 업종에 근무(26.2%), 교사, 간호사, 사회복지사 등 휴먼 서비스 직종에 근무(13.7%), 일반 사무직에 근무(8%)의 순으로 나타났다(보건복지가족부, 중앙아동자립지원센터, 2008). 또한 취업 분야를 보면 기능직(19.9%)과 단순 노무직(19.4%) 비중이 가장 컸고, 서비스직(17.3%), 기계 조작 및 조립(14.0%), 전문직(11.7%), 사무직(6.3%) 순이었다. 특히 단순 노무직에서 여성(23.2%)의 비중이 남성(16.0%)에 비해 높은 것으로 나타났다(이동욱 외, 2011). 이러한 결과는 이들이 근무하는 직종에서도 영업이나 판매와 같은 서비스 업종과 단순 조립이나 공장생산직과 같은 업종의 비율이 상대적으로 높은 것으로 나타나 직종에서의 취약성을 잘 보여 주고 있다.

구직 단계에서도 체계적 지원이 미흡한 것으로 나타났다(보건복지가족부, 중앙아동자립지원센터, 2008; 이동욱 외, 2011). 청소년이 첫 직장을 구하게 된 경로를 조사해 보면 응답자 중 '혼자의 힘으로 취업'(32.4%)이 가장 높았고, '학교 추천'(23.4%), '시설 원장님이나 선생님의 도움으로 취업'(18.5%)의 순인 반면, '직업훈련을 통해서'(6.5%), '가족 또는 친척의 도움을 받아 취업한 경우'(4.2%)는 낮은 비율을 보이고 있다(보건복지가족부, 중앙아동자립지원센터, 2008). 반면 이동욱 등(2011)의 조사에서는 취업경로로 학교 추천이 40.6%로 가장 큰 비중을 차지했고, 본인이 스스로 취업한 경우가 26.6%, 시설을 통한 취업이 10.6%로 나타난 반면, 자립센터를 통한 취업은 0.0%이고 고용지원센터나 훈련기관을 통한 취업도 소수로 나타나 구직을 돕는 자립센터, 고용지원센터의 역할이 전무함을 보여 주고 있다. 이러한 결과를 통해서 볼 때 혼자서 구직한 것은 긍정적인 측면으로 해석할 수는 있으나, 현재 취업신분의 불안정성이나 직종을 고려해 보면 보다 안정적인 직장을 확보하는 데 필요한 개입 프로그램을 갖추고 있는 보호체계의 비율이 상당히 낮음을 알 수 있다.

그 밖에도 퇴소청소년의 취업과 관련된 문제 중 하나인 빈번한 이직 또한 이들의 사회적응을 저해하는 요인으로 작용하고 있다. 최근 일 년 동안 이직 횟수와 관련하여 이혜연 등(2007)에 따르면, 18세에서 23세의 퇴소청소년 중 3번 이상인 경우가 33%에 달하고, 보건복지가족부와 중앙아동자립지원센터(2008) 조사에서도 이직 경험이 있다고 응답한 청소년이 37.0%를 차지하고 있으며, 2회 이상 실직 경험도 23.2%나 되어서 상당수가 불안정한 취업 상황에 놓여 있음은 물론 잦은 이직에 따른 경제적 불안정을 예상할 수 있다. 특히 실직 경험이 있는 퇴소청소년의 경우 실직 이유로 회사정리(폐업)가 39.9%로 가장 많았고, 해고도 36.8%로 높은 비율을 보였다.

이러한 연구 결과를 통해서 볼 때, 이들은 안정적인 직장을 찾지 못한 것과 관련된 구직의 문제 및 구직 이후 직장 내 적응상의 문제를 겪고 있음을 보여 주고 있다.

(5) 기타

청소년은 보호체계에서 퇴소한 후에 폭력에의 연루, 혼전 임신, 투옥의 위험 등 다양한 문제를 겪고 있다(Casey Young Adult survey, 2008; Courtney et al., 2005). 이와 관련하여 코트니 등(Courtney et al., 2005)은 19세로 위탁보호체계를 퇴소하였거나 아직 보호체계에서 보호를 받고 있는 청소년을 대상으로 한 조사를 전국 규모의 일반 청소년 대상의 조사와 비교한 결과, 일반 청소년의 경우 조사 대상자의 20% 정도가 임신 경험이 있는 반면, 보호체계를 떠난 후 1년 내에 여자 청소년 조사 대상자 중 50% 정도가 임신 경험이 있는 것으로 밝혀져 이들의 임신의 심각성을 보여 주고 있다. 또한 일반 청소년에 비해 퇴소청소년은 적어도 자녀가 한 명 이상인 경우가 두 배나 되었고 한부모가 되어 있는 경우도 훨씬 더 많았다.

한편 케이시 조사(Casey Young Adult survey, 2008)에서 조사 대상자의 21.4%는 정신질환 진단을 받았고, 38.9%가 의료보호 서비스를 제공받았으며, 이들 중 32.25%는 퇴소 이후 체포된 적이 있었고, 26.35%는 적어도 하룻밤 동안 구속된 적이 있었으며, 20.3%는 유죄판결을 받은 것으로 밝혀졌다. 이와 유사하게 코트니 등(Courtney et al., 2005)의 조사에서도 19세의 조사 대상자 중 25.0%가 지난 12개월 동안 적어도 한번 정신건강 진단을 받았던 것으로 밝혀졌고, 조사 대상자의 30~40%는 퇴소 이후 체포된 적이 있었으며, 25%가량은 하룻밤을 구치소에서 지냈고, 15% 이상은 유죄판결을 받았던 경험이 있는 것으로 나타났다.

이처럼 보호체계청소년이 퇴소하면서 많은 어려움에 처하게 되므로 이들은 퇴소 후에 자립하기 위해 여러 가지 자립지원 서비스를 희망하고 있다. 시설보호아동청소년의 경우 현 시설에서 퇴소 후 자립 시 주택마련 비용지원(40.0%), 대학학비지원(20.9%), 직업훈련 참여기회 확대(11.0%)의 순으로 지원방안을 원하였다(이경성 외, 2009). 이와 관련하여 보호체계 실무자는 주택마련 비용지원(39.9%), 퇴소 전 취업알선지원(15.1%), 직업훈련 프로그램의 다양화, 전문화(12.4%), 직업훈련 참여기회 확대(10.1%), 시설관계자의 지속적인 관심과 애정(8.2%), 취업상담지원(6.4%), 시설과 대학학비지원(4.7%), 대학특례입학제 도입(1.8%)의 순으로 지원 방안을 희망하였다.

한편 보호체계청소년의 경제적 빈곤과 빈약한 지지체계를 감안할 때 퇴소 후 이들의 자립을 위해서는 해당 보호체계의 관심과 노력뿐 아니라 정부와 사회의 관심 및 별도의 재정지원이 필요하다. 그러나 이러한 체계 내의 실무자는 이들을 위한 지원 과정에서 가장 어려운 점으로 정부의 관심이나 지원의 부족(29.6%), 필요한 재정의 부족(23.5%), 사회적 관심이나 지원의 부족(21.5%), 업무 과다로 전담인력 배치의 어려움(19.4%) 순으로 지적하였다(이경성 외, 2009). 이에 덧붙여 보호체계 내 실무자의 과중한 업무량은 이들의 소진 및 이직을 초래하고 있고, 이에 따라 청소년의 보호체계에 대한 불만을 증대시키고 있다. 실제로 2003년도 미국의 일반회계국의 보고에 따르면, 청소년의 안전, 영구성 및 복지를 성취하기 위한 서비스 전달에서 직원 수의 부족, 과중한 업무량, 높은 실무자 이직률, 낮은 임금 등이 장애요인으로 나타났다(National Fact Sheet, 2006). 이와 관련하여 코트니 등(Courtney et al., 2001)에 따르면, 18세가 되어서 위탁보호체계를 떠난 청소년을 대상으로 한 조사에서 절반에 이르는 청소년이 위탁보호체계에서 자신에게 제공된 서비스에 대해 불만이 있음을 보여 주고 있다.

이러한 연구 결과를 종합해 볼 때, 대다수의 보호체계청소년은 자립에 대한 준비가 안 된 채 비자발적으로 퇴소하다 보니 열악한 주거환경 및 빈약한 지지체계는 물론 저학력, 저임금 및 잦은 이직으로 생활의 어려움을 겪으면서 또다시 빈곤의 악순환이 반복될 가능성이 커지고 있다.

2. 보호체계 퇴소청소년의 성인되기

보호체계를 퇴소하는 청소년은 부모의 보호를 받으면서 성장하는 일반 청소년과는 달리, 자신의 가족과의 관계에서, 그리고 보호체계에서 분리 · 상실 · 단절 등에 따른 정신적 · 정서적 건강 문제로 더 많은 위험에 노출되어 있다. 따라서 이들의 성인되기는 훨씬 더 많은 시간이 걸리고 엄청난 노력이 필요하다.

1) 특 징

이들은 부모와 가정에서 자립에 필요한 교육, 훈련, 사회화를 배울 기회조차 얻지 못했을 뿐만 아니라 사회에서도 장기간 배제된 상태로, 국가 심지어는 지역사회에서조차 어떠한 개입이나 도움도 제공받지 못한 채 보호체계에서 생활하다가 법적 연령 제한으로 갑자기 퇴소하는 경우가 허다하다. 「아동복지법」에 따르면, 아동양육시설의 시설장은 보호 중인 아동이 18세에 달했거나 보호의 목적을 달성했다고 인정된 경우 퇴소조치를 취할 수 있다. 그러나 대다수의 퇴소청소년은 성장 과정에서 새로운 보호체계에 거주하면서 자신을 돌봐 주는 실무자의 잦은 교체를 경험하다 보니 이들과 안정적이고 지속적인 관계를 유지한다는 것 자체가 또 다른 어려움으로 다가온다.

> 진짜 좋은 선생님이셨거든요. 그만두시더라도 제가 퇴소할 때까지는 계신다고 하셨는데……. 처음에는 다 믿고 의지하는 거죠. 그런데 제가 마음을 주면 떠나고 또 마음을 주면 떠나고 그러니까 점점 크면서는 그냥 사는 거예요. 어차피 조금 있으면 갈 텐데, 마음을 안 열게 되는 거죠(김대원, 2010: 46).

뿐만 아니라 보호체계 입소를 통해 원가정에서 보호체계로의 전환을 경험하면서 원가정과의 관계가 중단되었듯이, 퇴소를 통해 보호체계에서 지역사회로 전환하면서 이전에 경험했던 보호체계 및 서비스와의 관계가 또다시 중단되면서 새로운 환경에의 적응 문제

에 직면하게 된다. 따라서 부모의 보호를 받으며 성장하는 일반 청
소년과는 달리 자신의 정체성에 대한 목표의식이 부족하고 가족이
나 친밀한 사람에게서 충분한 관심과 지원을 받지 못하다 보니 퇴소
후 자립 과정에 더 큰 혼란의 시기가 닥쳐오곤 한다.

　보호체계 퇴소청소년의 경우 체계 내에서의 보호가 종결된다는
것은 공식적인 사회지원체계에서 떨어져 나가는 것을 의미한다. 즉,
이들이 성인기로 이행하는 과정을 보면 보호체계에서 퇴소 후 국가
의 보호와 지원의 내용이 변화되거나 심지어 중단됨으로써 뜻하지
않은 적응이 요구되기도 하고, 자신의 적성과 능력에 맞는 직업 선
택과 취업활동에 필요한 기술습득 등의 자립 준비와 훈련을 충분히
받지 못함에 따라 미래의 복지 수요자로 전락할 가능성이 커지고 있
다(김범구, 2009). 이러한 사실은 결국 청년 개인은 물론 국가에까지
도 부정적 결과를 초래하게 되고 다시 성인취약계층을 양산하는 결
과를 낳게 한다. 이러한 현실 속에서 이들은 공공정책의 주요 대상
이 되어야 함에도 불구하고 18세가 되면서 독립된 삶을 살아가도록
강요당하면서 국가정책 대상에서도 제외되고 있다.

　물론 다수의 청소년은 열악한 환경 속에서 가족 내에서의 부정적
경험과 개인적으로 힘든 경험을 함에도 불구하고, 정상적인 발달을
유지하고 있고 이행 과정의 항로에서 심각하게 벗어나 있는 행동에
관련되어 있다고 해서 모두가 위기청소년은 아니며, 그중 일부는 성
공적이고 생산적인 성인으로 성장한다. 그러나 나머지 청소년은 성
인이 되어서도 사회에서 주변인의 역할을 수행하면서 국가의 복지혜
택에 의존하여 살아가기도 한다. 한 예로 노숙청소년의 경우 높은 수

준의 건강 문제, 심리적 · 정서적 · 행동적 문제, 약물 남용의 문제를 보인다. 노숙은 그 자체만으로도 청소년의 건강을 위협하며 이들이 독립적으로 살아가야 하는 미래의 능력개발에도 영향을 미쳐 정상적인 사회화와 교육을 방해하면서 이들로 하여금 노숙인으로 살아가게도 한다(Robertson & Toro, 1998; 임밝네, 2008)

이들에게 노출된 다양한 위험 상황은 성인기에 도달하면서 해결되기는커녕 오히려 부모지원의 결여, 교육 부족, 자립기술 부족 등으로 상황이 악화되면서 성인기로의 이행이 일반 청소년에 비해 시간이 더 많이 걸리고 일부는 이 과정에서 이탈하는 모습까지도 보이고 있다. 또한 보호체계에서 퇴소 시 따뜻한 가족, 적절한 주거, 괜찮은 직장, 도움을 줄 수 있는 사회관계망 등이 필요하지만 이에 대한 국가의 지원은 사실상 거의 전무한 실정이다. 따라서 또래에 비해 발달과제 수행이 뒤처지게 되고 학교, 가정, 이웃, 직장, 건강 서비스 등의 전통적인 조직과의 연계를 통한 서비스 제공이 중단되면서, 사회에서 하찮고 불이익을 당하는 존재로 전락하고 있다. 따라서 먼 훗날처럼 여겨지는 성인이 될 때를 대비해서 자립 준비를 해야 한다는 사회적 요구는 이들에게는 어쩌면 아주 생소한 현실이고 부모의 양육하에서 생활하는 또래에 비해 몇 배나 힘든 과정을 겪어야 하는 것조차 낯설 수밖에 없다.

2) 성인으로의 전환 과정

김대원(2010)은 아동양육시설에서 퇴소한 11명의 청소년(20~24세)

을 대상으로 심층면접을 통해 이들의 전환 과정을 설명하고 있다. 즉, 자신의 친가족에게서의 잘못된 시작임에도 불구하고 이를 인정하고 스스로가 더 나은 삶으로 재정비하여 새로운 삶을 살아가려고 애쓰는 모습을 4단계로 구분하고 있다(pp. 26-36).

> 집이라고 생각하고 줄곧 살아왔지만 시설은 처음부터 떠나기로 약속된 집이었고, 18세가 되면 아직 어른이 되지는 않았지만 비자발적으로 홀로서기를 해야 한다. 원가족이 있고 잠시 동안은 가족이라고도 생각했던 시설도 있지만 이제부턴 말 그대로 '진짜 고아'가 되어 광야 속에 내몰림당하여 고군분투해야 한다. 너무 무섭고 두려워 주저앉고 싶지만 다시 밟고 솟아오를 비빌 언덕이 없어 잠시 주저앉을 것은 생각도 못 한다. 모든 것이 차갑고 어둡고 걱정스럽지만 용기를 내어 살아 보아도 여전히 막막하고 흐린 안개 속에 갇힌 것 같은 불안함뿐이다. 그래도 살지 않으면 죽으니 이를 악물고 살아 보면 어느새 사회 속에 스며들어 더불어 살고 있는 자신을 발견한다. 이때 누군가가 아주 조금만 도와준다면 홀로서기가 조금은 나을 것도 같지만 세상은 그리 만만하지 않다. 아무런 대가 없이 돕는 이들은 존재하지 않고 이들에게 좌우를 바라보지 않고 앞만 볼 것을 요구받으며, 힘겨워도 또다시 용기를 내어 한 걸음 한 걸음 내딛으며, 비록 내게 많은 것을 빼앗아 갔지만 내가 더 많은 것을 줄 세상에 당당히 맞서려 한다(김대원, 2010: 23-24).

위기의 구렁텅이

일반 청소년이 친부모에게 버려짐에 대해 부정하는 시기다. 달라지는 환경을 선택한 것은 이들이 아니지만 버려지고, 파괴되고, 어려워진 인생은 이들을 버린 가족의 몫이 아니라 자신의 몫이다. 물론 급격한 경제적 어려움, 부모의 성격 차이로 발생한 이혼, 기타 성에 대한 잘못된 인식 등이 이러한 결과를 초래한 부분도 있다.

이들은 종종 하늘에서 뚝 떨어진 이상한 존재의 취급을 받는다. 사람들은 그들이 원한 상황이 아님에도 불구하고 시설에 살고 있다는 이유, 가족에게 버림받았다는 이유, 약자라는 이유만으로 '시설 아이'라는 옷을 입히곤 남과는 다른 큰 차이가 있는 외계인 같은 취급을 한다. 그리고 정부는 이들에게 시설이라는 울타리를 만들어 가둬 놓곤 다양한 혜택(?)을 제공하면서, 그 대신 넌 '시설 아이'이니 튀지 말고 생각 없이 정부의 정책을 실시하는 양육자의 지시에 따르길 요구한다. 시설은 이들에게 주체적인 인격과 책임 있는 인간으로 사는 것이 아닌, 만들어 놓은 채로 프로그램에 의해 움직이는 로봇처럼 살아야 잘 사는 것이라고 무언의 말을 한다.

또한 이것저것 생각할 필요가 없고 대부분 다 알아서 해 주고 정해진 시간표대로 움직이면 되다 보니, 스스로 생각하고 뭔가를 하면 너무 튀어 눈총받고 그러다가 서서히 생각 자체를 하지 않게 된다.

> 솔직히 여기(시설)에 있다 보면 다 해 주잖아요. 심지어 학교에서 가정통신문 주신 것 집에 안 갖다 줘도 수학여행은 갈 수 있는 거죠. 왜냐하면 선생님이 알아서 다 납부하고 신청하고 그러니까요. 그런 거 하나부터 시작해서 우리가 가스 쓰는 걸 보겠어요, 아니면 기름 넣는 걸 보겠어요. 그냥 선생님이 알아서 다 하잖아요. 겨울에는 따스하게 여름에

는 시원하게…… 그런데 혼자 살면 모든 것을 혼자 해야 하는데 어떻게 하는 것인지 잘 몰라요. 보지도 못해서요. ……보험금 고지서 날아오는 것, 집 얻는 거는 말도 못하죠. 여기 있을 때 내가 한 번도 안 해 보았던 거 막상 나가면 내가 혼자 다 해야 하잖아요. 솔직히 그런 거 너무 어려워요. 힘들어요(p. 47).

친구들이 제일 부러울 때는 집에서 그냥 가만히 있는 거예요. 가정집에는 프로그램 그런 거 없잖아요. 놀러 가면 그냥 집에서 같이 뒹굴면서 텔레비전 보고 간식 먹고 싶을 때 먹고, 공부하고 낮잠 자고 그런 거, 우린 아니잖아요. 식사시간에만 먹어야 하고, 텔레비전 보는 시간, 그런 거 있잖아요. 늘 짜인 시간에서 그대로 간섭받으면서 사는 거, 그거 숨막혔었어요. 그냥 '집이니까 편하게 지낼 수 있으면 좋겠다.' 그런 생각 맨날 했었어요(p. 49).

주홍글씨

시설에서 생활하는 청소년은 시설에 입소하면서 정부의 보호와 자원봉사, 후원자 등을 통해 다양한 지원이나 혜택을 받게 된다. 그러나 이러한 혜택의 대가는 성장하는 동안 '시설 아이'로, 성장한 후에는 '시설 출신'이라는 꼬리표가 늘 따라다닌다. 이는 떼려고 해도 떼어지지 않으며 언제라도 퇴소청소년의 주홍글씨가 되곤 한다. 이러한 낙인과 편견은 이들 스스로 선택한 것이 아님에도 불구하고 수치스러운 상황을 곧잘 겪는 것이 가장 슬픈 현실이다. 시설에서 자랐다는 것을 알게 되면서 사람들은 눈빛이 달라지고 표정이 달라진다. 아무리 벗어나려 몸부림 쳐도 '시설 출신'이라는 주홍글씨는 늘 이들의 발목을 잡아당기고 사회는 이들을 주홍글씨란 풀리지도 끊어지지도 않는 단단한 밧줄로 꽁꽁 묶어서 가둬 둔다.

> "저 시설에서 자랐어요."라고 말하면 사람들의 태도가 달라져요. 사람들 의식 자체가 그래서……. 어렸을 적부터 제가 "시설에서 살아요." 하면 그 사람이 저한테 대하는 태도가 달라지니까. 한두 번 경험하다 보니 이상한 반응 때문에 아~ 이거 그냥 말하면 안 되는 거구나~ 어렸을 적부터 그냥 그게 머릿속에 박혔어요. 직접 경험을 하니까요. 점점 커 가면서 반복되니까 그렇게 머릿속에 확립이 되는 것 같아요. 저 스스로가 수치스럽게 느껴야 하는 것처럼요. 사람들은 눈빛을 통해서 저 스스로를 창피하게 해요. 물론 그 사람들은 모를 수도 있어요(p. 53).

18세 그런데 어른

청소년헌장에서는 "가정, 학교, 사회, 국가는 청소년의 인간다운 삶을 보장하고 청소년 스스로 행복을 가꾸며 살아갈 수 있도록 여건과 환경을 조성해야 한다."라고 규정하고 있지만 시설 퇴소청소년은 본인의 의지와는 상관없이 법으로 정해 놓은 나이에 맞춰 18세가 되면 어른이 되어야 한다. 아이이지만 어른인 퇴소청소년은 가족이 있음에도 불구하고, 제2의 가족이 된 시설이 있음에도 불구하고 18세부터는 '진짜 고아'가 된다. CDA나 적은 후원금 등은 이들을 기본적인 고민에서 구해내지 못한다. 또한 더욱더 소원해진 가족과의 관계나 시설과의 현저히 적어진 상호작용은 아이어른인 퇴소청소년에게 철저히 외로움과 두려움 속에서 홀로 설 것을 강요한다.

다른 사람들보다 더 많이 노력하고 또 노력해도 원래 없는 상태에서 시작하기에 '밑 빠진 독에 물 붓기' 꼴이 되고 여전히 막막하다.

> 나오자마자 그때 당시는 어떻게든 살아가는데 시간이 지날수록 점점 더 힘들어지는 것 같아요. 처음엔 딱 뭔가를 준비해서 나온 게 있잖아요. 그걸 유지하고 더 많아지도록 하는 것이 너무 힘든 거죠. 그걸 못하게 돼요. 살다 보면 그런 게 점점 힘들어지고(p. 55).

> 지금 직장을 그만둔 상태예요. 집도 없고요. 그래서 여기(시설)에 와 있는 거죠. 다행히 제가 2개월 정도 놀면서 있는데도 눈치 안 주시고 고맙죠. 만약 나가라고 하면 정말 암담해요. (허탈한 웃음) 만약 그렇다면 오늘 당장 어디든 가야 되고. 슬프죠. 뭔가 너무 슬프죠. 저희 같은 경우는 여기서 나가면 갈 데가 없잖아요. 그런데 알아서 살라고 하잖아요(p. 57).

나비로 변하고 있는 번데기

퇴소청소년은 워낙 가진 것이 없는 상태에서 뭔가를 시작하다 보니 남들만큼 사는 것조차도 어려운 일이라 열심히 노력하고 또 노력하는 수밖에 없다. 계속해서 무언가를 하지 않으면 불안하고 초조하기에 이러한 마음이 비집고 나올 틈을 주지 않기 위해서라도 무조건 열심히 달리고 돌아가는 세상에 뒤처지지 않고 발맞춰 세상 속에 묻혀 살아가기 위해 부단히 노력한다. 날개를 꺾는 많은 장애물이 앞

을 가로막고 있고 너무 힘겨워 잠시만 쉬려 해도 다시 박차오를 지
침대가 없다 보니 더 많이 애써야 한다. 누군가가 조금만 도와줘도
홀로 서기가 조금은 쉬울 텐데 그런 건 애초에 생각조차 할 수 없다.

그러면서 항상 번데기만으로 있진 않으리라 생각하며 조금씩 미
래를 바라보면서 사회 속에 스며들고 돌려주고 또 당당하게 맞선다.
많은 것을 빼앗아 간 세상이지만 더 많은 것을 줄 세상이기도 하기
때문이다.

> 전 휴학하거나 학교를 그만두고 싶지 않아요. 꼭 대학교 졸업해서
> 떳떳하게 멋진 건축가가 될 거예요. 그러니까 정부에서도 조금 더 지원
> 을 해 준다면 좋겠어요. 열심히 공부해서 나라에서 받은 것보다 더 많
> 이 기여할 수 있는 훌륭한 사람이 될 수 있을 것 같아요(p. 57).

> 직장생활에서 살아남는 법, 선배 대하는 법, 사람들과 관계하는 법
> 그런 거 얘기해 주고 싶어요. 사회생활이 만만치 않잖아요. 여기는 우
> 물 안 개구리 생활이라서 마음의 준비 없이 나가면 다른 애들 꼴 나요.
> 제가 고등학교 1학년때부터 준비했던 거 그런 거 얘기해 줘서 동생들
> 도 저처럼 직장생활 잘하게 해 주고 싶어요(p. 63).

그렇게 한 걸음 한 걸음 묵묵히 걷다 보면 어렵고 힘겨워 견딜 수
있을까 싶다. 하지만 어느새 번데기 껍질이 조금씩 벗겨지면서 희망
을 찾아 끊임없이 움직이는 순간 조금씩 나비 모양으로 변화하기 시
작하는 것처럼, 세상 속에 스며들어 내게 많은 것을 빼앗아 간 세상

이지만 더 많은 것으로 돌려주며 살아가려는 모습을 발견한다.

　　월세 살고 있거든요. 보증금 500만 원에 월 25만 원인데 전보다 훨씬
　　좁고, 좀 위험한 동네에 있어요. 할 수 없어요. 이젠 대학교 졸업하니
　　수급자도 끊어지고, 보조금도 안 나오니까 더 아껴 써야죠. 지금 취직
　　한 곳은 월 80만 원이에요. 저는 대학교 나와도 월급이 이렇게 적은 줄
　　몰랐거든요. 그래도 쉬는 날엔 대학교 때부터 다녔던 지역아동센터에
　　가서 애들 공부 가르치는 건 안 빼먹어요(p. 62).

　이처럼 퇴소해서 사회에 적응하기까지 견디기 힘든 환경 속에서
자신의 삶을 개척해 가는 모습을 보면서 이들의 자립을 체계적으로
돕는 제도와 프로그램 개발이 시급하다.

3. 성인기로 이행의 어려움

　국가에서는 다양한 어려움을 겪고 있는 보호체계청소년이 「아동
복지법」에 명시된바와 같이 18세가 되면 보호체계에서 퇴소하여 자
립생활을 꾸려가도록 강요하고 있다. 그러나 이들은 어린 나이에 성
인으로 살아가는 데 필수적인 요소인 자립에 대한 준비가 안 된 채
보호체계에서 퇴소하면서 주거지 및 생활비 마련, 취업의 어려움 등
에 따른 경제적 어려움은 물론 정서적·행동적 어려움을 겪으면서
갑작스러운 변화에 적응하기가 쉽지 않다. 잦은 거주지의 이동에 따

른 교육기회의 결여 및 학업부진에 따른 학교중퇴, 취업훈련의 부족 등은 불확실한 미래, 불안정 및 경제적 기회의 결여를 초래하면서 청소년의 자립에 커다란 장애가 되고 있다.

따라서 대부분의 보호체계청소년은 18세가 되면 보호체계를 퇴소해야 한다는 사실과, 퇴소할 때까지도 성인으로 살아가기 위해 필요한 기술과 교육 등 자립생활에 대한 준비를 전혀 갖추지 못한 상태에서 사회에 내버려진다는 점 때문에 이중의 어려움을 겪으며 살아가고 있다.

1) 특 징

보호체계를 퇴소하는 청소년은 '빈곤' '형편없는 양육 태도' '부모, 학교, 지역사회와의 열악한 관계형성' 등 다양한 요인과 결합된 불안정한 가정환경에서 성장한 생활사가 있는 경우가 많다(정선욱, 2010). 즉, 이들은 청소년 시기에 이미 일관성 없는 부모의 양육 태도, 잦은 학교 전학, 불안정한 거주지 등의 어려움을 겪었을 뿐 아니라 보호체계에 입소 후에도 거주지의 잦은 이동을 경험하면서 일반 청소년이 겪지 못한 다양한 어려움에 직면하다 보니, 또래에 비해 발달과제 수행에서 뒤처지는 것은 당연하다.

이처럼 일반 청소년이 상상할 수 없는 각종 어려움을 겪는 가운데, 이들은 특히 18세가 되어 퇴소하도록 강요받으면서 지속적인 지원에 대한 보장조차 마련되지 못한 상태에서 성인기로의 이행을 급작스럽게 맞이해야 한다. 이처럼 이들은 성인 대상 서비스로의 전환이 전혀 준비되지 못한 채 18세가 되면 말 그대로 서비스 체계에서 그냥 떨어져 나가 보호체계에서 성인으로 취급받게 된다.

> 퇴소함과 동시에 '넌 어른이야.' 그런 느낌. 정부가 퇴소하는 사람들에게 '넌 혼자 살아야 돼.' 그렇게 내모는 것 같아요. 그건 너무 잔인한 것 같아요. 아직 학생인데. 그리고 법으로 24세까지는 청소년이란 말예요. 정부는 우리를 돌봐야 할 의무가 있어요. 그렇지만 어른 취급하는 것. 이 상황이 당황스럽고, 뭘 어떻게 해야 하는지 모르겠고, 당장 나가는 날 어디서 어떻게 살라고요. 우린 아직 청소년인데……(김대원, 2010: 57).

이들은 성인으로의 전환 과정을 거치면서 환경적 변화, 생활 부적응, 정서적 지원의 부족 때문에 불안정한 성인으로 성장할 가능성이 크다. 특히 보호자가 자주 바뀌는 경험을 한 퇴소청소년 중 자립 의지가 약한 일부 청소년은 사회에서의 냉혹함을 견디지 못하여 사회적응에 실패하면서 위기청년으로 전락하는 경우도 적지 않다.

대다수의 퇴소청소년은 18세에 보호체계에서 퇴소하는 데 대한 두려움이 있는데, 많은 경우 퇴소는 교육, 정신건강, 기타 서비스의 갑작스러운 단절을 의미한다. 이들은 퇴소와 동시에 학교, 가정, 이웃, 직장, 건강 서비스 등의 전통적인 조직과의 연계를 통한 서비스 제공의 중단으로 사회에서 하찮고 불이익을 당하는 존재로 전락함으로써, 서비스 제공의 중단에 따른 차이를 크게 느끼면서도 성인 대상의 서비스에 접근하는 것은 불편해한다. 예를 들어, 건강서비스센터 실무자와의 개인적 연계가 이미 끊어진 상태로 사회에서 고립된 느낌을 받곤 하고 정신건강서비스센터 이용 시 낙인찍히거나 환영받지 못한다고 느낀다. 또한 정신건강 관련 문제가 있는 성인 속에서 불편함을 느끼고 사회에서 소외당한다고 느끼고 있다(Child & Youth Health Research Network, 2008).

이와 관련하여 스미스(Smith, 2008)는 학대, 차별, 폭력 등의 경험이 있고 위탁체계, 그룹홈, 쉼터, 길거리 등에서 생활한 경험이 있는 14~28세의 청소년 75명을 대상으로 한 조사에서, 이들에게 성인이 된다는 것은 실제적인 연령 자체로 인식하기보다는 점차적으로 진행되는 과정으로 여기고 있다고 설명하고 있다. 또한 이들에게 이 과정은 교육, 훈련, 취업능력개발 등 기회의 시간으로 여기는 것이 아니라 기본적 욕구를 충족해야 하는 힘든 시간이고 그동안 받아 온 우호적인 서비스, 지지, 연계 등을 잃게 되는 염려의 시간으로 여기고 있다고 언급하였다.

이처럼 보호체계에서의 보호가 갑자기 종결되면서 이들은 보호체계 퇴소 후에 종종 자신감이 부족한 상태로 열등감을 느끼고 있고, 작은 충고나 주의에도 공격적인 태도를 보이며, 대인관계에서의 소극적인 행동으로 사회에 적응하는 데 어려움을 겪고 있다(손혜옥 외, 2008). 따라서 이들 중 상당수가 일반 청소년에 비해 비행과 문제행동, 취업 경험의 부족, 의료 서비스의 결여, 보호체계 출신에 대한 사회적 편견 등 다양한 어려움에 노출되어 있다. 더욱 심각한 점은 이러한 퇴소청소년의 자립생활을 보호, 지원할 수 있는 법적 근거가 없다 보니 이들의 사후 관리가 전혀 이루어지지 못하고 있다는 사실로, 보호가 종결될 경우 정부와 지역사회 내의 공식적·비공식적 지원이 단절되거나 멀어지게 되어 자립생활에 위기를 겪게 된다.

이러한 현실 속에서 보호체계에서 퇴소를 앞두고 있는 경제적·사회적 자원이 부족한 청소년은 자신의 미래에 부딪힐 문제에 대해 큰 위기의식을 갖고 있다. 실제로 청소년기 후반에서 성인기 초반에는 성인의 지도와 지지하에 책임감을 점차적으로 기르면서 독립을 실천하는 시기임에도 불구하고 이들에게는 집 밖에서 스스로 생활하면서 살아가는 자체가 힘든 삶으로 당장의 의식주 해결에 급급하다 보니 자신의 미래에 대한 계획을 수립한다는 것은 생각조차 할 수 없는 실정이다.

2) 당면 문제

이들은 일반적으로 보호에서 벗어나 자신의 삶을 스스로 헤쳐 가기를 열망하지만 개인적 어려움과 경제적 어려움을 겪으면서 힘겹게 성인기로 이행하고 있다. 또한 보호체계 거주 시 자립준비의 부족으로 퇴소 후의 삶이 더 열악해지고 있다.

(1) 개인적 어려움

앞에서 살펴본 바와 같이, 보호체계청소년은 가족에게 거부당했다는 분노와 잦은 거주지의 이동에 따른 심리적 부담으로 타인 및 지역사회에서 애착관계를 형성하기 어려워지면서 자아정체성을 확립하기가 어렵다. 이혜연 등(2007)의 조사에서 효과적인 대인관계

기술을 습득하지 못한 응답자가 30.6%에 이르렀고, 24.5%는 직장 동료나 친구와의 갈등을 다루는 방법을 알지 못한다는 연구 결과를 통해서 볼 때, 타인과의 지지적인 관계형성은 물론 학교 및 직장생활에도 어려움을 초래하리라 예상케 한다.

이를 자세히 살펴보면, 이들은 열악한 가정환경과 보호체계에서의 보호 속에서 형성된 성격요인 외에도 퇴소에 대비한 사전 준비를 갖추지 못한 채 또는 적절한 지원체계와의 연결도 없는 상태에서, 보호체계에서 분리되어야 하는 상황적 요인 때문에 자신의 미래에 대한 계획과 뚜렷한 목표의식을 세우기란 쉽지 않다. 즉, 세상에 나가는 것에 대한 두려움이 커지고 하고 싶은 일도 별로 없어서 목표의식이 결여되어 있으며, 하고 싶은 일이 있어도 준비가 안 된 상태이다 보니 이를 성취하기가 쉽지 않아 실망도 많이 하면서 심리적 의존성을 보이곤 한다. 또한 설사 일자리를 구하더라도 열등감을 느끼거나 자기조절 능력이 부족하여 쉽게 그만두게 된다. 특히 보호체계에서 여럿이 어울려 살다가 홀로 떨어져 살아야 하는 심리·정서적 분리와 고통을 겪으면서 신체적인 질병은 물론 극도의 외로움을 겪거나 고독의 경험을 반복하면서 우울증 증세를 보이고, 심한 경우 자살충동을 느끼고 자살시도를 하기도 한다.

　　퇴소와 동시에 관심이 끊겨요. 의사소통 등이 현저히 줄고. 혼자라는 생각이 들어요. 정작 힘들 때는 아무도 없어요. 없는 건 아닌데 없다고 느껴져요. 왜냐하면 연락하면 왠지 안 될 것 같고. 선생님은 정말 너무 바쁘고 정말 모든 것을 혼자 해야 한다는 것이 너무 힘들어요(김대원, 2010: 55).

이러한 어려움과 관련하여 무엇보다도 가족적 지지의 결여가 큰 어려움으로 나타났다. 보호체계에서 퇴소하는 청소년은 경제적 어려움에 처한 가족 출신인 경우가 많고 가족과의 관계는 형편없거나 관계 자체가 전혀 존재하지 않는 경우도 있다. 이혜연 등(2007)의 연구에 따르면, 퇴소청소년 10명 중 6명이 친부모 중 한 분 이상이 계신 것으로 나타났지만 퇴소 후 부모와 함께 거주하는 경우는 거의 없었으며, 부모와 지속적인 연락을 하는 경우도 매우 드물었다. 이들은 부모의 보호를 받으며 성장하는 일반 청소년과는 달리 퇴소 후 어려움을 겪을 경우 주로 보호체계의 실무자, 보호체계에서 만난 친구, 선후배와 상의하고 가족이나 친밀한 사람에게서 충분한 관심과 지원을 받지 못한다. 그러다 보니 자신의 정체성에 대한 목표의식이 부족하고 퇴소 후 자립 과정에서 더 큰 혼란의 시기에 놓이곤 한다.

특히 교육이 성인으로의 성공적인 전환을 위한 주요한 요인임에도 불구하고 퇴소청소년의 경우 학업을 중단하는 경우가 적지 않다 보니, 고도화된 산업의 발달로 높은 수준의 기술을 요하는 사회에서 직업 선택의 폭이 좁아지고 결국 취업시장에서 배제되는 결과를 낳곤 한다. 따라서 대다수가 비정규직에 종사하게 되면서 불안정한 경제 상태를 유지하게 되고, 그 결과 주거환경 마련에 큰 부담이 되면서 생활의 불안정을 초래하게 된다. 뿐만 아니라 현재 사회구조에서 학교−직업의 궤도가 원활하게 연계되어 있지 않다 보니 낮은 학력의 청년은 취업에 필요한 훈련과정조차 이수하지 못한 채 성인기로의 위험한 진입을 강요당하다시피하면서, 생활하는 데 필수 요소인 주거비용과 의료보험료조차 스스로 감당하지 못하는 상황에 처해 있다. 이에 덧붙여 학업중단은 보다 좋은 일자리를 얻을 기회를 원천적으로 봉쇄할 수 있고, 사회적 취약계층의 대물림 현상을 초래하여 장기적으로 크나 큰 사회적 부담을 초래한다는 점에서 문제가 매우 심각하다.

　대부분의 퇴소청소년의 경우 부모가 고등교육에 필요한 재정적 지원을 제공할 능력이 없고 스스로 학비를 마련하는 것도 어렵다 보니 학업을 지속한다는 생각조차 힘든 상황에 놓여 있다. 한 예로 보건복지부와 중앙아동자립지원센터(2008)의 조사에 따르면, 취업에 절대적으로 중요한 대학교육의 기회를 얻었던 퇴소청소년 가운데 과반수 정도만이 재학 중이라는 것은 대학교육을 마칠 수 없는 퇴소청소년의 힘겨운 현실을 보여 주고 있다. 또한 이러한 결과는 특히 지식산업사회에서 고등교육을 요구하는 현실과는 괴리가 있음을 알 수 있다.

　　사실 조금 있으면 중간고사인데 벌써부터 걱정 돼요. 지금도 생활비 같은 거 버느라 일주일에 아르바이트를 세 개나 하는데 그래서 공부할 시간도 맨날 부족한데 그러다가 장학금 못 받으면 어떡하나. 방법은 알아요. 열심히 공부해서 장학금 받으면 되는 거. 그런데 열심히 공부만 하면 뭐 먹고 살아요. 차비는 뭘로 하고 준비물이나 책은 무슨 돈으로 사요. 요즈음 들어 생각하는 건데 왜 언니가 대학을 어렵게 들어갔으면서 휴학을 했었는지 그땐 정말 이해 못했었는데 이젠 이해가 돼요. 그게 남 일이 아녜요. 저도 다음 학기 장학금 못 받으면……(김 대원, 2010: 60).

 그 밖에도 퇴소청소년 중에는 학습동기와 능력이 부족하여 공부할 필요를 못 느끼는 청소년이 적지 않고, 학습의 중단으로 학교에서 공부를 따라가기가 힘들어지면서 학교에 대한 흥미를 잃게 되는 경우가 적지 않다. 보호체계라는 공동생활 속에서 청소년 스스로 공부하도록 환경을 마련하는 것이 쉽지 않고 학업을 지도해 줄 선생님과 도움을 받을 수 있는 학원에 대한 정보 부족 등 보호체계 역시 학습을 지원해 줄 자원이 부족한 실정이다 보니, 학업에 전념하기가 쉽지 않다.

 사회적 지원 역시 보호체계를 퇴소하면서 단절되는 경우가 허다하다. 청소년이 보호체계에 거주하는 동안 스스로 사회적 관계망을 형성하는 어려움을 극복할 수 있도록 후원자와의 연결을 추진하지만, 퇴소 후까지도 이들에게 후원자가 있는 경우는 32.8%에 불과한 것으로 조사되었다(이혜연 외, 2007). 이러한 사실은 보호체계에 거주하는 기간 동안 유지되던 후원관계가 퇴소 후 대부분 단절되고 있음을 보여 주는 것으로, 이들이 퇴소 후 사회적 관계망을 지속적으로 유지하기 어려운 현실을 보여 주고 있다.

 이들은 어린 나이에 이미 열악한 가정환경에 처함에 따라 성인으에게서의 지속적인 도움이 일반 청소년보다 당연히 더 많이 필요함에도 불구하고, 연령 제한으로 보호체계에서 퇴소 시 그들의 거주지를 포함한 기본적 자원, 교육 기회, 정신건강 상담과 같은 치료 서비스와 지지 서비스를 제공받는 진입로는 상당히 많이 제한, 축소된다 (Osgood et al., 2010; Keller et al., 2007). 그러나 이전과는 매우 다른 새로운 사회적 관계를 형성하는 것 또한 어렵다 보니 퇴소 후에도 물리적·심리적으로 보호체계에서 떠나지 못한 채 새로운 환경에서 자신에게 도움을 줄 수 있는 사회적 연결망을 형성하는 것 자체를 힘들어하곤 한다.

이처럼 퇴소청소년은 자의든 타의든 간에 자립생활을 위한 심리·정서적 지지가 결여된 환경 속에서 성인으로의 힘든 이행 과정을 거치고 있다.

(2) 경제적 어려움

취업은 사회구성원으로서 성취감을 느끼고 안정적인 수입을 확보하는 것으로 성인기에 이루어야 할 중요한 과업의 하나임에도 불구하고 최근 청년 실업의 증가 추세와 취업의 어려운 환경 속에서 일반 청소년의 '직업'에 관한 고민은 2002년 6~9%에서 2006년 29.6%로 증가하여(국가청소년위원회, 2006) 취업의 불확실성에 따른 어려움을 실감케 하고 있다. 하물며 취업 준비를 갖추지 못한 채 퇴소한 청소년의 경우 더 큰 어려움에 직면하고 있다. 이용환(2003)은 퇴소 후 3개월 이내에 취업한 청소년은 12.2%에 그친 반면 1년 이내에 취업하지 못한 청소년은 26.7%에 달한다고 밝히고 있다.

이에 덧붙여 이들에게는 취업 자체가 어렵고 서비스, 판매, 제조업 등 기능직에 국한된 채 취업이 가능한 업종도 많지 않은 것이 현실이다. 설사 직장을 구하더라도 적성이나 대우 등의 문제로 직장

적응에 따른 어려움을 겪으면서 얼마 안 되어 직장을 그만두는 경우
도 허다하다. 이와 관련하여 과거에 보호체계에 거주했던 청소년의
취업, 교육과 경제적 상태를 조사한 기존의 연구는, 이들이 빈곤선
상의 생활 수준과 유사한 삶을 살고 있다고 밝히고 있다(이혜연 외,
2007; Anderson, 2003; Charles & Nelson, 2000; Casey Family
Organization, 2005). 이혜연 등(2007)의 조사에서 18~23세 퇴소청
소년의 46.5%, 24~29세 퇴소 청년의 25.9%가 현재 무직이라고 응
답하였고, 고용 형태에서도 절반 이상이 임시 계약직 내지는 일용직
이었으며, 18~23세의 퇴소청소년 가운데 3명 중 1명이 최근 일 년
동안 이직 횟수가 3번 이상인 것으로 밝혀져 사회적응을 저해하는
요소가 되고 있다.

이와 같이 대다수의 퇴소청소년은 자립생활에 대한 준비를 전혀
못하거나 최소한으로 한 채 사회로 내보내짐으로써 당장 경제적 어
려움을 겪고 있는데, 퇴소와 동시에 의식주 해결을 위해 학업 욕구
가 있어도 구직활동이 우선이고, 학업을 지속하고 있더라도 공부와
아르바이트를 병행하는 것이 힘들다 보니 교육을 중단하는 경우가
많다. 이와 관련하여 웨츠스타인(Wetzstein, 2005)이 퇴소청소년과
연장청소년을 비교한 결과 퇴소청소년의 1/3가량이 더 높은 수준의
교육을 추구하는 반면, 연장청소년의 경우 감독된 주거환경 속에서
2/3에 해당되는 청소년이 더 높은 수준의 교육을 추구하고 있는 것
으로 나타나 무조건 퇴소시키는 경우 심각한 사회문제를 초래할 것
을 지적하고 있다.

이러한 경제적 어려움 중에서도 퇴소함과 동시에 무엇보다도 먼

저 부딪히는 문제는 거주지를 마련하는 것이다(이용환, 2003; 이혜연 외, 2007; 신혜령 외, 2008). 이러한 점은 이혜연 등(2007)의 조사에서 퇴소청소년의 수입 중 많은 부분을 주거비로 소진하고 있다고 밝혀, 취업 문제와 더불어 거주지 마련 문제가 이들의 경제 문제 해결에 중요한 요인이 될 수 있음을 보여 준다.

이들이 안정된 주거지를 확보하지 못하면서 퇴소 후 생활이 매우 불안정한 상태를 보이고 있음에 따라 국가 차원에서 자립정착금지원 제도를 마련하고 있지만, 국가와 지방자치단체가 퇴소청소년에게 지급하는 자립정착금은 지방자치단체마다 100~500만 원 정도로 차이를 보이고 있고 월세 보증금 정도 수준의 금액에 불과하여 자립의 기초가 전혀 되지 못하고 있다. 따라서 많은 퇴소청소년은 시설 선배와 친구의 집을 전전하며 지내거나 수년간 얹혀살면서 주거지를 해결하고 있다(권지성, 2007). 또한 주거의 불안정으로 친구나 선배와 동거하는 가능성이 커지면서, 이러한 거주지가 경제력을 상실한 퇴소청소년의 모임장소로 전락하기 쉽고 범죄에 노출될 가능성이 높다는 점에서 우려를 낳고 있다(이혜연 외, 2007).

> 자립정착금 300만 원이랑 후원금 70만 원 정도요. 월세보증금도 안 돼서 그냥 적금으로 묶어 놓고 기숙사가 있는 회사를 찾았죠. 퇴소해서 처음 잔 곳은 회사기숙사였어요. 퇴소할 적에 주신 돈은 고맙지만 큰 도움이 되지 않았어요. 아마 그 돈으로 월세 방도 못 얻어서 그랬는지도 몰라요. 집만 있었어도 그 때 더 좋은 곳에 취직할 수 있었을 텐데⋯⋯. 공장 같은 데 말고 제 전공 살려서요(김대원, 2010: 55).

이에 덧붙여 갑작스레 치솟는 생활비를 감당하기 어렵다. 이들은 보호체계에서 지낼 때 국가와 지방자치단체에서 생계급여, 의료급여, 교육급여 등을 지원받았으나, 퇴소와 함께 보호체계에서 받았던 모든 국민기초생활보장 급여를 받지 못하고 갑작스레 늘어난 생계비, 주거비, 의료비 등을 감당하기 어렵다 보니 생활의 고통을 겪곤 한다.

(3) 자립 준비의 부족

흔히 일반 청소년에게 주어지는 다양하고 가능한 기회가 퇴소청소년에게는 기술의 한계와 교육의 부족으로 불가능한 기회로 여겨지고, 심지어 성인기로의 이행 시 대다수의 청년이 직면하지 않아도 되는 추가적인 과제를 자신의 힘으로 성취해야 한다. 이들은 퇴소와 동시에 의식주를 스스로 해결해야 하고, 취업과 새로운 가족을 형성하는 등의 발달과업을 타인의 도움 없이 혼자의 힘으로 짧은 시간에 이루어 내야 한다. 한 예로 중장기쉼터에서 거주하는 청소년의 경우 거주가 허락되는 2년 내에 지금까지 겪어 온 개인적인 문제를 해결하고 진로 문제까지 해결한다는 것은 무리다. 따라서 취업을 하더라도 저소득 3D 업종이 대부분이고 소득이 평균 이상이더라도 아르바이트나 비정규직과 같이 불안정한 고용 상태에 놓이는 경우가 많으며(이혜연 외, 2007) 자립하기 위해 기술을 습득했더라도 취업하여 안정적인 기반을 잡기가 쉽지 않다.

실제로 이들은 자립 자체가 생소한 청년기에 가족이라는 가장 기본적인 사회지원체계가 결여된 환경 속에서 정신적·경제적으로 커다란 충격을 겪고 사회적 위기를 경험하게 된다. 그 결과 퇴소청소년 중 자립 의지가 약한 일부 청년은 사회의 냉혹함을 견디지 못하여 사회적응에 실패하면서 위기청년으로 전락하는 경우도 적지 않다. 또한 이들은 성공적인 결혼생활을 유지하기가 쉽지 않고 경제적 안정과 만족스러운 가족관계를 유지하는 데 어려움을 겪곤 한다 (Osgood et al., 2005; Mendes & Moslehuddin, 2006).

이에 덧붙여 퇴소청소년의 자립지원 서비스에는 심리적·정서적 자활, 경제적 자활, 교육적 자활, 사회적 자활 등을 모두 포함해야 하는데(조규필, 2005), 실제로 대다수의 보호체계에서 제공하는 자립지원 서비스는 일부 자립에 치중하는 편이다. 한 예로 가출청소년의 자립을 돕는 중장기쉼터의 경우 대부분의 프로그램이 취업에 많이 치우친 반면, 나머지는 상대적으로 소홀하게 다루어지고 있다. 이처럼 자립을 돕는 실용적인 직업교육 프로그램이 대상자인 청소년의 흥미와 적성을 고려하지 않은 채 실용적인 직업체험을 어려운 훈련 프로그램으로 실시함으로써 효율성에 이의가 제기되고 있다.

이에 덧붙여 자립 준비와 관련하여 이들에게 제공되는 프로그램을 살펴보면 충분치 못한 재원 및 자원 때문에 낮은 수준의 프로그램이 실행되고 있다. 즉, 보호체계에서 보호 중인 청소년에게 다양한 서비스를 제공하고 있음에도 불구하고 보호 프로그램은 이들의 정서적·실제적 욕구를 충족시키지 못하고 있고, 이들을 돌보는 실무자 또한 보호자로서의 역할에 대해 충분히 훈련되지 못한 채 업무를 수행하다 보니 청소년이 보호체계에서 제공하는 프로그램에 대해 낮은 만족감을 보이고 있다. 이와 관련하여 그린넨과 파워스

(Greenen & Powers, 2007)는 보호체계에 있는 청소년이 자신의 삶을 통제하고 이끌어 가는 데 필요한 기회가 결여되어 있고, 이들에게 제공되는 서비스는 의미 있는 관계를 대신하지 못한다는 우려를 나타내고 있다. "나는 내일을 위한 삶을 살지 않는다. 내일은 또 다른 문제이고 그저 오늘을 살아갈 뿐이다."(p. 1099)

그 밖에도 현재까지도 국가와 지방자치단체는 퇴소청소년의 사후관리를 사실상 방치하고 있다. 현행 「아동복지법」 시행령 제8조는 "시·도지사 또는 시장·군수·구청장은 아동복지지도원 또는 관계 공무원으로 하여금 제5조 또는 제8조의 규정에 의하여 대리양육·위탁보호를 받거나 귀가조치한 아동의 가정을 방문하여 당해 아동의 복지증진을 위하여 필요한 사후 지도를 하게 하여야 한다."라고 규정하고 있다. 이 규정에 따르면, 국가와 지방자치단체가 보호 중인 아동이나 귀가조치한 아동의 '사후 지도'를 할 의무가 있음에도 불구하고 아동복지시설을 퇴소한 아동의 사후 관리에 대해 명확하게 명시하지 않고 있고, 이들을 보호했던 아동복지시설 역시 퇴소 이후에는 사후 지도에 대한 법적 책임이 전혀 없기에 이들의 자립은 방임되어 있는 셈이다.

지금까지 살펴본 바와 같이 퇴소청소년은 개인적·경제적 어려움으로 자립하기가 쉽지 않다. 특히 자립하기 위한 준비의 부족은 성인기로의 이행을 지연시키고 궁극적으로 사회에서의 구성원의 역할 수행을 가로막으면서 빈곤의 악순환을 초래하고 있다. 이들이 겪는 어려움은 단순히 퇴소 전후의 시점에서 등장하는 문제가 아니라 누적적이다. 즉, 보호체계에 들어오기 전부터 받은 상처, 어려움을 겪는 가족과 취약한 가족에 따른 부적절하거나 불충분한 양육, 보호체계에서의 퇴소로 급속한 성인기로의 이행, 퇴소 후 지원의 부재 등으로 불이익을 경험한 청년이 나락으로 떨어지지 않도록 국가 차원에서 다양한 서비스를 제공하여, 이들이 건강하고 생산적인 성인의 삶을 살아가도록 도와야 한다.

4. 퇴소청소년의 자립지원 관련 서비스

청소년에게서 진정한 자립이란 성인 초기에 안정적으로 사회에 적응하고 상호협조관계를 통해 사회적 · 경제적 독립을 획득하면서 심리적으로 안정이 되는 것이다. 그러나 보호체계에서 생활하는 청소년은 만 18세가 되면 보호체계를 떠나도록 법에 명시되어 있어서 자립의 준비가 안 된 채 퇴소하는 경우가 허다하다. 이러한 미비한 자립 준비는 또다시 빈곤의 악순환을 초래하면서 사회적 부담을 증가시키고 있다. 이러다 보니 보호체계에서의 퇴소 후 사회적응과 관련된 문제가 지속적으로 제기되어 왔고 자립과 관련된 지원 서비스가 주요 이슈로 거론되어 왔다.

우리나라의 경우 퇴소 시 자립정착금 지급, 12개 자립지원 시설(자립생활관) 운영, 16개 중앙 및 시 · 도의 자립지원센터 운영 외에는 이들을 위한 서비스나 정책이 미비한 실정이고 그나마 기존의 지원 및 서비스조차도 퇴소청소년의 자립에 부족한 수준이다. 또한 보호체계에서의 사후 관리도 법적으로 지원되지 않다 보니 보호체계 청소년이 퇴소 후 자립하는 데 체계적이고 지속적인 사회의 지원이 턱없이 부족한 실정이다.

그나마 최근에 보호체계청소년의 보호에 치중하던 서비스에서 벗어나 이들의 퇴소 이후 자립을 지원하는 방향으로 지원 서비스가 강화되고 있다. 즉, 보호체계청소년의 자립을 지원하고자 「아동복지법」 「청소년기본법」 「청소년복지지원법」 등에 이들을 위한 자립지원을 명시하고 있고, 이를 통해 디딤씨앗통장 등의 경제지원, 자립지원 시설을 통한 주거지원, 그리고 최근에는 노동부의 '청년층 뉴스타트 프로젝트' 서비스 등을 통한 직업훈련과 취업지원 등도 실시하고 있다. 또한 자립지원 준비를 위한 '자립지원 프로그램'과 '두드림존 프로그램'의 실시도 효과적으로 평가되고 있다.

그러나 이러한 자립지원은 아직까지는 보호체계에서 임의로 지원되고 있고 그조차도 매우 제한적이고 턱없이 부족한 형편이다 보니, 퇴소청소년의 일부만이 제공되는 서비스를 활용하고 있을 뿐이다. 따라서 이 장에서는 지금까지 보호체계 퇴소청소년을 대상으로 제공하고 있는 자립 관련 서비스의 내용과 문제점에 관해 자세히 살펴보고자 한다.

1) 배 경

(1) 특 징

「아동복지법」 제10조 제4항에서는 친가정 복귀, 보호자·연고자

가정 보호양육, 아동보호 희망자에게 가정위탁이 적합하지 아니한 자에 대하여 시설입소 보호조치를 할 수 있도록 명시하고 있는데, 이러한 보호체계를 필요로 하는 보호아동 발생 시 업무처리는 [그림 3-1]과 같다.

　이러한 보호체계에서 최근에 외국과 마찬가지로 우리나라에서도 대규모의 집단시설 위주의 보호에서 소규모 가정 형태 보호로의 전환을 강조하고 있다. 아동청소년사업지침안내(2010)에 따르면, 시설아동 보호의 기본 방향을 아동복지시설의 특성과 여건에 따라 보호아동 보호·양육기능에서 지역사회 아동을 위한 종합 서비스 시설로 운영·추진하고 시설 내에서 소숙사제도(cottage system) 등 소규모 가정 단위의 보호 방식으로 전환하여 가정적인 분위기에서의 성장을 유도하는 것을 제시하고 있다. 한 예로 공동생활가정(그룹홈)의 경우 단독주택이나 공동주택에서 보호아동의 기준을 5인 기준으로 7인 이내로 규정하고 있다.

　앞에서 살펴본 바와 같이, 보호체계에서 생활하는 청소년은 일반 가정에서 생활하는 청소년과는 달리 일찍부터 자립에 대한 준비를 갖추어야 하는데, 이와 관련하여 우리나라에서는 1989년 서울, 부산, 전북, 경남의 4개 지역에 자립생활관을 건립하면서 공식적으로 자립 프로그램이 시작되었고 1993년에 한국아동복지시설연합회에 아동자립센터 운영이 위탁되면서 본격화되었다. 그러나 이러한 자립지원과 관련하여 2005년까지도 퇴소청소년의 자립지원에 대한 국가 차원의 정책은 거의 마련되지 못하였다.

　2006년 시설 퇴소청소년의 비행 사건이 언론을 통해 알려지면서

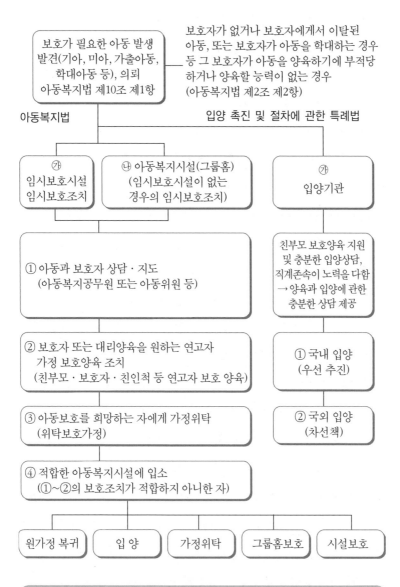

[그림 3-1] 보호아동 발생 시 업무처리 흐름도

출처: 보건복지부(2010). 아동청소년사업안내.

더 이상 시설이 양육이나 보호의 기능뿐 아니라 퇴소청소년이 사회에 적응할 수 있도록 도움을 제공해야 한다는 지적과 더불어, 퇴소청소년에 대한 체계적인 자립지원 프로그램 및 정책의 필요성에 대한 인식이 확대되었다. 따라서 정부와 관계 부처가 이들의 자립을 위한 맞춤형 자립지원 서비스를 제공하는 종합대책을 마련하면서 이들의 자립 문제를 본격적으로 논의하기 시작하였고, 2006년부터 보호체계에서 청소년을 보호하고 있는 동안에 장기적이고 체계적으로 자립생활을 준비할 수 있는 프로그램을 개발하기 시작하였다. 그럼에도 불구하고 실제로는 보호 과정에서 제공하는 자립 준비 및 지원에 대한 규정이 법적 근거를 가지지 못한 채 아동복지 안내를 통해 지침으로 자립지원 프로그램을 추진하여 왔다.

그 후 2007년에는 저학년 때부터 경제 교육 및 적성·진로 상담을 통해 안정적인 자립의 물꼬를 터준다는 취지하에 「아동복지법」 시행령 개정을 통해 아동복지 시설 내 자립지원 업무를 전담하는 자립지도전담요원을 배치하기로 결정하였다. 2008년부터는 아동복지 시설에 자립지도전담요원이 배치되기 시작하면서 자립지원 프로그램이 활성화되고 퇴소준비를 위한 주거지원과 자립정착금, 대학 입학금, 아동발달계좌 등의 제도적 지원이 아동별로 이루어질 수 있는 최소한의 인력을 확보하게 되었다. 2009년 11월부터는 양육시설을 비롯한 보호치료시설, 직업훈련시설 등 전국 254개의 대상 시설 중 117개소에서 전담요원이 활동하고 있다.

또한 관계부처 간에 합동으로 주거지원이나 학자금지원 등 맞춤형 자립지원 서비스를 제공하고자 종합대책을 마련하여 추진하기 시작하였고, 2008년 「아동복지법」과 「청소년복지법」을 통합하면서 자립지원을 위한 법적 근거를 마련하였다. 이에 덧붙여 2011년 6월 「아동복지법」의 전면 개정에 따른 자립지원을 위한 법적 근거의 마련으로 자립전담기관의 설치·운영이 법적 근거를 갖게 되었으며, 아동복지시설 및 가정위탁지원센터 등 아동양육기관에서 수행할 자립지원 내용이 구체적으로 명시되고 각 부처 간 협의를 이끌어 갈 자립추진협의회를 운영할 수 있게 됨으로써 지속적이고 체계적인 자립지원제도가 운영되기 시작하였다.

이러한 제도적 장치가 마련되면서, 최근 들어 기존의 아동양육시설의 양육 위주의 성격에 아동상담, 보호 및 치료, 일시보호, 가정위탁, 입양, 급식, 프로그램 제공 등을 추가하는 등 아동복지시설 기능의 다양화를 추진하고 있다. 또한 아동에 대한 시설보호보다 가정보호를 지향하는 정책에 따라 2003년 12월에 개정된 「아동복지법」에 따라 공동생활가정(아동청소년 그룹홈)을 아동복지시설의 종류로 명시하고 2010년 12월 말 전국에 416여 개소를 운영하고 있다. 이러한 그룹홈은 아동양육시설에 비해 가정친화적인 성장환경 조성, 사회적응능력 제고, 심리적·정서적 치료 및 재활의 장점이 있어서 아동양육시설의 아동에 비해 학교생활에의 적응에 더 나은 개별교육을 통해 성적 향상을 기대할 수 있다. 입소 후에는 주 양육자의 변동이 적고 관심을 많이 받으면서 안정된 삶을 더 빨리 찾곤 한다. 또한 퇴소 후에도 실무자가 지속적인 상담자가 되면서 지속적인 관리가 가능하다는 장점이 있다.

이 밖에도 1992년 가출청소년을 위한 청소년쉼터가 문을 연 이래 현재까지 국가 차원에서 가출청소년을 사회적 돌봄이 필요한 위기 청소년으로 정의하고, 이들을 대상으로 가정복귀, 사회복귀, 자립을 목적으로 이용기간에 따라 일시쉼터(드롭인 센터), 단기쉼터, 중장기쉼터로 전문화하여 서비스를 제공하고 있다. 특히 가정으로 돌아갈 수 없는 가출청소년은 쉼터를 퇴소한 후에 또다시 길거리를 배회하는 사례가 많아지면서 단기쉼터 서비스의 한계를 인식하고 중장기쉼터를 마련하였는데, 최근 들어 가정해체, 세대 간 갈등, 가정빈곤 등으로 가출 후 가정복귀가 어려운 청소년이 증가하면서 중장기쉼터의 확대를 더욱 강조하고 있다.

현재 퇴소청소년에 대한 지원정책을 살펴보면 아동복지시설 내 자립지원 서비스, 주거지원, 자립지원센터 자립 업무 및 기타 자립지원사업 등이 있다. 먼저 아동복지시설 내 자립지도전담요원을 배치하여 자립지원 서비스를 제공하고 있고, 주거지원과 관련하여 2006년부터 영구임대아파트 입주자격 부여, 공동생활가정 입주지원, 전세주택지원, 자립생활관 등의 자립지원시설을 제공하고 있다. 또한 아동발달계좌 사업을 비롯해 자립정착금지원, 대학 입학금지원, 직업훈련, 무상 장학금, 근로장학금, 학자금 대출 등의 자립지원 서비스는 물론 취업 정보의 제공, 정서함양을 위한 상담, 지속적인 사례관리를 해 주는 자립지원센터도 운영하고 있다.

특히 최근 들어 사례관리에 대한 중요성이 부각되어 보호체계 퇴소청소년 자립지원 구축을 위한 데이터베이스를 개발 중이다. 이 밖에도 자립지원 프로그램 개발 및 전담요원 교육, 진로탐색 프로그램, 취업설계 프로그램, 청소년 경제교육, 청년층 직업지도, 지역사회

자원개발을 위한 서비스망을 구축하고 있으며, 외부지원 사업으로
SK, LG-CNS, MBC 등과 연계한 교육 프로그램을 운영하고 있다.

(2) 지원체계

「아동복지법」에서 규정한 아동복지시설은 양육시설 이외에 일시
보호시설, 직업훈련시설, 보호치료시설, 자립지원시설, 단기보호시
설, 아동상담소, 전용시설, 아동복지관 등으로 각 유형에 따른 목적
이 있다. 이러한 시설 중에서 대리양육 또는 가정위탁보호는 가정에
서 보호·육성 및 자립지원이 이루어지도록 하는 반면, 시설에서는
아동 각각에 적합한 보호·관리계획을 세워 보호·육성은 물론 자
립으로 이어지도록 입소 시부터 계획을 세워 보호조치하고 있다.

이러한 보호체계 중에서 현재 이들을 지원하고 있는 자립지원시
설, 자립지원센터, 청소년 그룹홈, 중장기청소년쉼터 등을 중심으
로 이들에 대한 자립지원 현황을 살펴보도록 하겠다. 이러한 자립지
원 운영체계는 [그림 3-2]와 같다.

먼저 보건복지부에서는 행정관청인 시·도 및 시·군·구로 지원
하고 있을 뿐 아니라 중앙아동자립지원센터에도 지원하고 있다. 다
음으로 중앙아동자립지원센터에서는 유관단체인 고용안정센터, 지
역사회복지관, 취업알선센터, 주택공사 등과 협력하고 있고 대학 및
직업훈련을 위하여 대학생 장학지원 사업, 대학생기숙사의 우선 배
정, 폴리텍 대학 입교를 지원하고 있으며, 자격증 취득 기회를 확대
하여 자활할 수 있는 체계를 만들어 주고 있다. 그 밖에도 각 기업체
등을 통한 산업체 직장체험, 지역단위 산업체 현장학습, 취업알선을

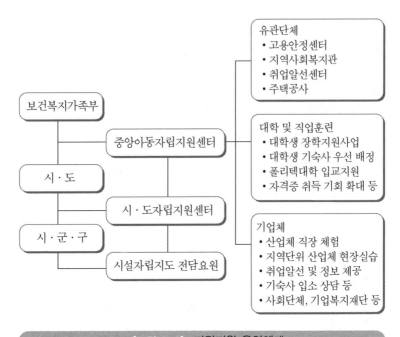

[그림 3-2] 자립지원 운영체계

출처: 보건복지부(2010). 아동청소년사업안내.

위한 정보 제공과 기숙사 입소 및 상담 등을 통해 도와주고 있으며,
사회단체나 기업복지재단 등과의 후원을 연계하고 있다. 한편 각
시 · 도에는 시 · 도 자립지원센터가 운영되고 있고, 시 · 군 · 구에는
시설 자립지도전담요원이 활동하고 있다. 이러한 운영체계에서 각
기관별 역할을 살펴보면 다음과 같다.

　보건복지부는 사업의 총괄 및 조정 역할을 총지휘하고 있으며 사
업의 기본계획 수립 및 지침을 시 · 도 및 시 · 군 · 구에 시달하고 있
다. 또한 국고보조금을 지원함으로써 각 지방에서 자립지원을 운영
할 수 있도록 돕고 있다.

〈표 3-1〉 **기관별 역할**

기 관	역 할
복지부	사업총괄 조정 사업 기본계획 수립, 지침 시달 국고보조금지원
시 · 도 및 시 · 군 · 구	예산 · 시설 · 인력 · 프로그램 등 자립지원에 대한 예산지원 아동복지시설 자립지도전담요원 배치 및 운영
중앙자립지원센터	아동복지시설 퇴소아동 자립지원 총괄 자립지원 프로그램 및 매뉴얼 개발 자립지원 IDB 구축을 통한 자립지원체계 구축 및 관리 자립지원에 관한 조사 · 연구사업 시 · 도자립지원센터 업무지도 및 평가 전문상담원 자립지도전담요원 교육 및 홍보
시 · 도 자립지원센터	취업, 진학, 교육 등에 대한 서비스 지원 사업 대상자의 상담기록 및 관리를 통한 사례관리 퇴소아동 및 퇴소 예정자에 대한 욕구 및 만족도 조사 자립지원 관련 각종 프로그램 운영 자립지원 실적관리 및 보고 후원자 개발 및 유관기관 네트워크 구축
시설 자립지도전담요원	15세 이상 아동에 대한 자립지원 사정 및 계획 수립 자립지원 프로그램 운영(초 · 중 · 고) 보호아동에 대한 진로 상담 보호아동에 대한 욕구 및 만족도 조사 취업, 진학, 주거, 생활 등에 관한 정보 제공 및 현황 관리 지역사회 후원자 개발 및 유관단체 네트워크 구축 시 · 도자립지원센터 전문상담원과 업무체계 구축

출처: 보건복지가족부(2010). 아동청소년사업안내.

다음으로 중앙자립지원센터는 보건복지부에서 예산을 받아 '아
동복지시설 퇴소아동자립지원'을 총괄하고 있으며 자립지원 프로그

램 및 매뉴얼을 개발하고 있다. 또한 자립지원에 대한 DB 구축을 통해 자립지원체계를 구축 및 관리하고 있으며 자립지원에 관한 조사·연구사업을 중점적으로 실시하고 있다. 이에 덧붙여 시·도자립지원센터의 업무를 지도하고 자립지원센터의 운영 향상을 위해 지속적인 평가를 실시하고 있으며, 전문상담원·자립지도전담요원에 대한 교육 제공 및 적극적인 홍보활동을 전개하고 있다.

한편 시·도자립지원센터는 중앙아동자립지원센터에서 예산을 지원받아 아동의 취학·진학·주거·교육 등에 대한 서비스를 지원하고 있으며, 사업 대상자별 상담기록 및 관리를 통한 개인별 사례관리를 실시하여 아동의 문제점을 발견하고, 퇴소아동 및 퇴소예정자에 대한 욕구 및 만족도를 조사하여 아동의 욕구에 대한 계획을 수립하고 있다. 또한 자립지원 관련 각종 프로그램을 운영하여 향후 퇴소 후에도 자립에 도움이 될 수 있도록 하고 있고 자립지원 이후의 실적을 관리하고 있으며, 중앙아동자립지원센터에 각각의 실적을 보고하고 있다. 그 밖에도 후원자 개발 및 유관기관 등 네트워크를 구축하여 아동이 퇴소 전후에 후원이 이루어질 수 있도록 함으로써, 퇴소 후에도 적극적인 지지망이 구축되어 안정적인 생활을 해나갈 수 있도록 도와주고 있다.

이에 덧붙여 신설된 시설 퇴소아동 자립지원 사업은 '아동복지시설' '시설 퇴소아동의 취업, 주거, 진학지원' '의료, 생활상담' 등 전문적인 복지 서비스를 지원하는 것으로, 시설 내 청소년의 자립 준비 계획을 비롯해 퇴소아동의 초기 안정적인 사회적응과 자립을 지원함으로써 건전한 사회구성원 양성을 도모하는 것을 목적으로 하고 있다. 1993년부터 보건복지부에서 위탁받아 '자립지원센터 위탁사업'을 운영하기 시작하여 1998년 전국 16개 시·도로 자립지원센터를 확대·운영하고 있으며, 2007년에 「아동복지법」 시행령 개정에 따라 아동복지시설 자립지도전담요원을 배치하고 있다.

정부는 아동청소년사업지침에 근거하여 자립 준비 프로그램 운영을 확대·실시하여 시설입소 단계부터 아동발달 단계에 따른 (미취학·초·중·고·대학)자립 준비 프로그램을 운영하도록 권장하고 있다. 이를 위해 아동양육시설은 입소부터 아동자립지원을 위한 아동의 개인별 특성을 파악하여 적합한 프로그램을 운영하도록 권장하고 있고, 자립지원센터를 운영하여 15세 이상 보호아동 및 퇴소아동, 시설보호 연장아동, 퇴소아동 중 일반 관리 대상자를 중심으로 사례관리 프로그램을 수행하고 있다. 이를 위해 시설 내 자립지원 대상자의 자립지원계획을 수립한 후, 데이터베이스 시스템에 정보를 입력하여 자립지원의 기초 자료로 활용하고 있다. 그 밖에도 시설 내 보호아동에 대해서는 일상생활 기술 훈련을 지원하고, 적성검사를 실시하여 적합한 진로탐색을 도와주고 있으며, 개인별·영역별 지원계획에 따른 심리·상담, 학습, 직업·취업 등 대상자별 사례 회의를 통해 지원이 필요한 서비스를 제공하고 있다(이혜연 외, 2010).

2) 자립지원 서비스의 내용

자립지원 서비스의 내용으로 경제적 지원, 주거지원은 물론 자립준비지원이 있는데 이를 자세히 살펴보면 다음과 같다.

(1) 경제적 지원

자립정착금 및 아동발달지원계좌(CDA) 지원을 통해 퇴소 후 생활비지원을 하고 있다.

자립정착금지원

자립정착금지원은 지방자치단체에 이양된 사업으로, 지원의 목적은 아동복지시설에서 퇴소하는 만 18세 이상의 자에게 사회에서 자립하는 데 필요한 생활용품 구입비를 지원함으로써 자립 활성화에 기여하는 것이다(보건복지부, 2008). 지원금은 시 · 도별로 차이가 있다.

이러한 지원금의 지원 시기는 보호체계 퇴소와 동시에 지급하는 것을 원칙으로 하고 있는데, 다만 퇴소청소년의 특성과 자립 여건에 따라 퇴소 시 일시 지급하거나 일정 기간 내 단계별 지원 등의 방법으로 퇴소청소년에게 이익이 되도록 지급하고 있다. 참고로 단계별 지원 시에는 월별 또는 분기별로 지원하되 전체 기간은 청소년 및 시설원장과 협의하여 상담청소년의 특성과 여건에 따라 정하도록 하고 있다. 그 밖에도 지자체(시설) 자립정착금의 지급 시에는 청소년에 대한 자기관리, 경제적 개념 등에 대한 상담(교육 등)을 실시하여 자립정착금을 자립에 유용하게 활용하도록 지도하고 있다.

아동발달지원계좌 · 디딤씨앗통장

기존의 자립정착금이 보호체계에서 퇴소한 청소년에게는 실질적인 자립생활을 영위하는 데 충분하지 못하다는 문제가 지속적으로

지적되어 오면서, 2007년부터 저소득층 아동이 사회에 진출 시 학
자금, 취업, 창업, 주거마련 등에 소요되는 초기비용을 마련하기 위
한 자산형성을 적극적이고 장기적으로 지원해야 할 필요성이 인식
되었다. 따라서 미래 성장동력인 아동에 대한 사회투자를 통해 빈곤
의 대물림을 방지하고 건전한 사회인으로의 육성을 위해 아동발달
지원계좌(Child Development Account: CDA)를 도입하여 시행하였
다. 이후 동 사업의 취지를 국민에게 널리 알리고 친근감을 높이고
자 대국민사업 명칭으로 2009년 '디딤씨앗통장'으로 변경하였는데
이 통장은 아동의 새 희망과 큰 꿈을 실현하는데 디딤이 되는 종잣
돈(seed money)이 됨을 의미한다.

　디딤씨앗통장은 사회 진출에 필요한 초기비용 마련을 위한 자산
형성을 목적으로 하고, 지원 대상은 만 18세 미만 아동으로서 아동복
지시설에서 생활하고 있는 아동을 포함하여 가정위탁아동, 소년소녀
가정, 공동생활가정 및 장애인시설 생활아동 등이고 지원 나이는
0~17세다. 운영방식을 살펴보면, 아동이 저축하는 만큼 국가가 추
가로 적립해 주는 방식으로 보호아동의 보호자나 후원자 등이 월 3만
원 내에서 적립하고 국가(지자체)가 일대일 매칭 펀드로 월 3만 원
내에서 지원하는 것이며, 기본매칭 최고한도 3만 원을 적립한 경우
월 5만 원(연간 60만 원) 내에서 추가 적립이 가능하다. 단, 추가 적
립에 대해서는 국가의 매칭은 없다. 이와 관련하여 대부분의 대상
아동이 보호자의 도움 없이 국가의 지원으로 생활하고 있기 때문에
아동 저축액을 후원해 줄 기업이나 개인의 도움이 반드시 필요하다.
이렇게 장기간 적립한 기금은 만 18세 이후 학자금, 기술자격 및 취

업훈련비용, 창업지원금, 주거마련지원, 의료비지원, 결혼지원 등의 용도로만 사용할 수 있다. 이에 덧붙여 만기 적립금 사용 시 사용용도별 전문상담 서비스를 제공하고 자금지원을 통해 아동의 자립능력 향상 및 자립 달성을 도모하고 있다.

그동안의 진행 상황을 살펴보면, 2007년 4월부터 4년간 운영되어 현재 적립금은 총 730억 원(2011 3월 말 기준)이며, 이중 아동저축·민간후원 등이 402억 원, 정부지원이 328억 원에 달하고 있다. 디딤씨앗통장이 출범한 이후 현재까지 보호체계에서 독립하여 사회에 진출한 청소년은 2,847명으로, 이들은 1인당 평균 121만 원의 적립금을 수령하여 전세자금 등 주거비, 대학등록금, 취업훈련비용 등 자립을 위한 초기비용으로 사용하였다(보건복지부 보도자료, 2011. 4. 7.).

교육지원

보호체계 퇴소청소년에게 대학 진학은 안정적인 자립생활을 위한 기반이 되고 있어서 점차 확대되고 있는 추세다. 이경상 등(2009)의 조사에 따르면, 시설 아동청소년의 경우 현재 진로 계획에 대한 질문에서 상급학교로 진학(43.1%), 취업(20.9%), 진로를 결정하지 못함(18.0%)의 순으로 상급학교 진학이 가장 높은 비율을 차지하고 있는 것으로 나타나, 이들에 대한 학업지원이 매우 중요한 사항임을 알 수 있다.

이러한 교육지원을 살펴보면 대학 입학 시 장학금지원의 혜택이 있다. 즉, 대학 입학 후에 지자체에서 지원하는 대학등록금 및 입학금 등을 지원하는 장학금지원이 있고 삼성고른기회 장학재단, 포스

코 청암재단 등 민간기업 장학재단과의 연계를 통한 장학사업을 지원하고 있다(배주미 외, 2010).

(2) 주거지원

주거 문제는 자립지원과 관련하여 청소년이 보호체계 퇴소 후 겪는 가장 큰 어려움이자 지속적으로 지적되어 온 문제(강철희, 2001; 이혜연 외, 2007; 보건복지가족부, 중앙아동자립지원센터, 2008)로, 국가 차원에서 주거지원정책으로 자립생활관 마련, 전세자금지원, 전세주택지원, 영구임대아파트나 공동생활가정 입주지원, 대학기숙사 배정지원 등을 마련하고 있다.

자립지원 시설

「아동복지법」 제16조 제5항에 자립지원시설은 "아동복지시설에서 퇴소한 자에게 취업 준비기간 또는 취업 후 일정 기간 보호함으로써 자립을 지원하는 것을 목적으로 하는 시설"로 규정하고 있다. 이 법령을 근거로 퇴소 후 자립지원 시설에 입소한 청소년을 대상으로 취업 정보를 제공하거나 직업알선 및 상담 서비스를 지원할 수 있도록 하고 있고, 특히 퇴소 후 취업 준비 및 자립생활을 돕도록 주거를 지원함으로써 퇴소 전 아동이 가장 큰 문제로 지적하는 주거 불안을 해소해 주는 역할을 하고 있다.

이와 관련하여 자립생활관이 서울과 대구에 각각 3개소와 그 외 7개 시·도에 1개소씩 설치되었고 입소 대상은 아동양육시설에서 퇴소한 청소년 중 취업한 자가 우선적으로 입소할 수 있다. 취업 준

비 중인 만 18세 이상 만 25세 미만인 자를 비롯하여 국민기초생활
보장수급자로서 25세 미만인 자도 가능하고, 기본 이용 기간은 3년
으로 1년씩 2회 연장 가능하여 최대 5년(25세까지 이용 가능)을 이용
할 수 있다. 예를 들어, 아동양육시설 등에 거주하다가 퇴소한 후 직
장기숙사에서 생활하다가 중간에 직장을 잃어 거처가 없는 25세 미
만인 자의 경우 자립지원 시설에 입소가 가능하다. 하지만 전국에
자립지원 시설이 12개소에 불과해 대다수의 퇴소청소년이 그 혜택
을 받는 데에는 한계가 있다.

　자립생활관에서는 자립이나 취업에 관한 상담이 주로 이루어지는
데, 이러한 상담은 사무국장이나 사회복지사가 담당하고 있고, 대부
분의 거주청소년은 취업을 했거나 대학생이며 대학에 다니더라도
등록금, 교재비, 교통비, 생활비 마련을 위해 아르바이트를 하고 있
어서 귀가가 늦다 보니 주로 저녁이나 주말에 상담을 진행하고 있
다. 뿐만 아니라 자립생활관 내에 근무하고 있는 사회복지사 인력과
재정이 부족하다 보니 운영에 어려움을 겪고 있는 실정이다.

　다음으로 자립지원 시설에서의 자립교육은 주로 생활지도에 중점
을 두고 있으며, 저축, 적금, 지출, 예금 종류 등 돈 관리에 관한 교
육, 주택마련방법, 임대차 계약, 공과금 납부 등의 교육이 실시되기
도 한다. 또한 취업 및 재취업을 위한 자기소개서와 이력서 작성법,
면접방법 등을 지도하고 이를 위한 정보를 제공하고 있다. 이외에
청소 및 위생관리, 이성교제, 예절교육, 진로지도, 성교육, 요리, 컴
퓨터교육, 적성검사 등을 실시하고 있으나 사회적 인식 부족, 정부
의 자립지원 시설에 대한 예산지원 부족으로 질 높은 교육을 제공하

는 데 어려움을 겪고 있다(배주미 외, 2010).

그럼에도 불구하고 자립지원 시설의 적극적인 이용을 위하여 2006년에 이용 연령을 24세에서 25세로 확대하고 퇴소청소년을 대상으로 적극적으로 홍보하는 등의 노력을 해 왔다. 최근에는 취업 및 상담, 생활지도 프로그램을 강화하고자 상담지도원을 시설당 1명에서 2~3명으로 증원하고자 노력하고 있다. 그 밖에도 시설환경을 살펴보면, 1인 1실 또는 2인 1실로 세탁기, 냉장고, 조리대, 식기, 수납장 등 기본적인 생활물품을 갖추고 있으며, 취사와 세탁은 본인이 해결하고 공공요금은 정부가 지원하지만 초과분은 본인이 부담하도록 규정하고 있다.

자립지원센터

자립지원센터는 아동복지시설 고등학교 3학년 재학생, 퇴소청소년(만 18세 이상) 중 당해 연도 기준 3년 이내 퇴소자 및 만 18세 이상으로 시설보호 기간이 연장된 청소년을 대상으로 자립능력을 배양하는 것이 목적이다. 2007년에 1개소당 1명씩 인력이 확충되어 현재 중앙아동복지자립지원센터를 비롯하여 전국 15개 시·도자립지원센터가 설치·운영 중으로 16개 센터에서 32명이 종사하고 있다. 자립지원센터의 운영 방향은 다음과 같다.

- 퇴소를 앞둔 청소년에게 취업 알선, 대학 진학 상담, 자격증 취득, 주거환경 개선지원 등을 통한 사회적 자립 유도
- 상담기능 강화로 청소년의 욕구와 문제점을 파악하여 비행청소

년으로의 탈선 예방
- 직업훈련, 기능교육, 사설학원 등의 교육을 통해 자립에 필요한 자격증 취득지원으로 자립능력 배양
- 자립에 필요한 상담 및 지역사회 자원개발과 지원체계를 확립

또한 다음과 같은 구체적인 자립지원 내용을 제공하고 있다.

- 취업 알선, 진학상담, 후원, 지역사회 자원 개발 등에 관한 지원 및 정보 제공
- 시설퇴소청소년에 대한 종합적이고 체계적인 서비스 제공을 위한 지역사회 관련 기관과의 연계와 협력체계 구축·운영(지방노동사무소, 취업알선센터, 사회복지기관, 직업훈련원, 아동직업훈련시설, 종교단체, 기업체, 각종 사회단체 등과 연계)
- 자격증 취득지원, 인성교육, 적성 검사, 성숙도 검사, 만족도 조사, 사회적응 프로그램(직장체험활동) 실시
- 자립지원 프로그램 개발 및 교육
- 자립에 필요한 조사·연구사업, 자료 전산화, 체계적 관리
- 퇴소(예정)청소년에 대한 1인 1기술 갖기 운동 전개 및 1:1 지역사회 인사 등의 결연을 통한 상담·정서지원 및 후원
- 퇴소(예정)청소년에 대한 주거, 취업, 대학 진학 등에 대한 수요 및 실태조사 실시

그 밖에도 시·도자립지원센터의 사업 내용을 살펴보면, 자립지

원 서비스 제공과 관련하여 진로상담, 취업상담, 진학상담, 주거상담 등에 대한 서비스 지원과 퇴소아동 전세자금지원 등이 있다.

한편 정부가 2007년 「아동복지법」 시행령 개정을 통해 보호체계에서 보호하고 있는 아동에게 장기적인 자립지원 서비스를 제공하는 것과 더불어 자립지원 및 사후 관리업무를 수행하고자 마련한 자립지도전담요원은, 아동의 시설 입소와 함께 개인별 자립지도계획을 세우고 연령별로 생활기술을 지원하는 프로그램과 고등학교 시기부터 체계적인 진로 및 취업지도를 제공하여 아동이 퇴소 이후 성공적으로 사회에 적응하고 자립생활을 유지하도록 지원하는 역할을 담당하고 있다. 그러나 아직까지는 일부 보호체계에만 배치되어 있을 뿐, 일부 지자체에서는 예산 문제로 배치가 미루어지고 있거나 자립생활지원에 관한 업무가 아닌 다른 업무를 보조하는 등의 사례가 나타나 자립지도전담요원 제도의 정착이 시급하다.

청소년 공동생활가정(그룹홈)

대규모 집단 중심으로 운영하는 시설 위주의 보호에서 소규모 가정 형태 보호로의 전환을 강조하고 지역사회 중심의 아동보호의 필요성을 인식하면서, 유엔아동권리위원회에서는 요보호아동에 대한 양육과 관련하여 2003년에 그룹홈과 같은 소규모시설의 활성화방안을 강조하였다. 우리나라의 「아동복지사업법」(2007)에서도 그룹홈은 보호를 필요로 하는 아동에게 가정과 같은 주거여건과 보호를 제공하는 것을 목적으로 한다고 밝히고 있고, 1996년에 시범사업을 시작으로 2004년 아동복지시설 중 공동생활가정으로 자리매김하였다. 이는 기존의 집단수용의 시설보호에서 벗어나 가정보호 형태의 강조 및 지역사회 중심의 아동보호가 사회 재적응 및 낙인 방지, 자존감 향상 등에 긍정적인 영향을 미치는 보호체계로 인식한 결과다.

청소년 그룹홈은 보호를 필요로 하는 청소년에게 단독주택이나 공동주택 등 가정과 유사한 주거여건과 보호를 제공하여 건전한 사회인으로 성장하도록 지원하는 보호체계로, 전국에 236개소를 운영하고 있다. 특히 장기보호의 경우 시설보호와 동일하게 18세 미만(출생일 기준)까지 보호가 가능하나, 「아동복지법」 시행령 제11조(시설보호 기간의 연장)에 해당하는 경우에는 연장이 가능하다. 현재 국고로 지원하는 운영비는 시설 운영에 소요되는 제세공과금, 시설관리운영비 등의 목적으로 사용하고 있고, 이 가정에서 생활하고 있는 아동을 기초생활보장수급자로 선정하여 주·부식비, 피복비 등의 생계비를 지원하고 있다.

대체양육체계로서의 그룹홈의 장점은 원부모와의 관계를 차단하지 않고 가정위탁에 비해 아동의 성장 시기에 맞는 전문적이고 적절한 대응을 하고 있으며, 기타 보호체계에 비해 분위기가 소규모이고 가정적이기에 실무자와의 친밀감 및 유대감의 형성이 가능하다는 점이다. 또한 건강한 성인의 모델링이 가능하고 학대나 방임을 예방하는 안전한 환경 속에서 여러 실무자에게서 긍정적 지지와 양육을 제공받을 수 있으며, 거주청소년의 개별적인 잠재능력과 특성을 최대한으로 고려한 개별적인 자립지원 대책을 수립하여 보호·양육하는 장점이 있다. 이에 따라 청소년의 학령에 맞는 개별적인 연차적 자립계획을 수립하고 매년 청소년의 욕구를 점검하여 이를 수정·

보완하고 있다. 이에 덧붙여 퇴소하는 청소년은 시설 퇴소아동과 같은 금액의 자립정착금을 지원받고 있고 지급 시기는 퇴소아동의 특성과 자립여건에 따라 퇴소 시 일시 지급 또는 일정 기간 내 단계별 지원 등의 방법으로 지급하고 있는데, 참고로 단계별 지원 시에는 월 또는 분기별 지원하되 전체 기간을 아동의 특성과 여건에 따라 아동에게 이익이 되도록 지원하고 있다(여성가족부, 2010a). 그 밖에도 지급방법 등 기타 사항은 시설퇴소아동의 자립정착금지원 기준과 동일하다.

중장기청소년쉼터

대다수의 가출청소년은 일반 청소년과는 달리 부모에게서 지지나 지원을 기대할 수 없을 뿐만 아니라 타 보호체계에서 생활하는 청소년과는 달리 규칙적인 생활지도와 관리가 거의 이루어지지 못한 채 스스로 생활을 꾸려가고 있는 경우가 대부분이다. 남미애와 홍봉선(2007)의 조사에 따르면, 조사 대상자의 약 1/5 미만은 청소년의 의사와 관계없이 부모와 연락이 두절되어 가정에서 더 이상 보호받지 못하는 상태다. 특히 중장기쉼터에 거주하는 청소년의 경우 집에 돌아가기를 원치 않는 이유가 '갈 집이 없다.' '돌아가도 가족이 싫어한다.'는 응답이 일시, 단기쉼터 거주자에 비해 상대적으로 높았고, 향후 희망하는 가족과의 관계에서도 '절대로 가족을 만나지 않겠다.'는 응답이 상대적으로 높아 쉼터거주청소년 중에서도 가장 심각한 가족 문제에 당면하고 있음을 알 수 있다. 이러한 연구 결과를 통해서 볼 때, 중장기쉼터에서 보호받는 청소년은 가족해체라는 지지망의 붕괴와 가정폭력 등의 심각한 위기 상황을 경험하면서 가족이라는 건강한 지지망을 상실한 채, 스스로 성인으로의 이행 과정을 거치면서 많은 어려움을 겪고 있다.

특히 아동기나 청소년기를 거리에서 보낸 가출청소년은 그룹홈 등의 보호체계에서 생활하는 청소년에 비해 더 힘든 생활을 이어오고 있다. 그룹홈의 청소년이 안정적인 가정의 분위기 속에서 대부분 중·고등학교에 재학 중인 데 비해 청소년쉼터에서 생활하는 가출청소년의 대다수는 학교생활에 적응하지 못하고 자의반 타의반으로 학업을 중단하면서 정규교육의 기회를 상실하고 있고, 특히 가출 기간이 장기화되면서 학교로 복귀할 가능성이 희박해지고 있다. 또한 장기간 가출상태에 있는 청소년의 경우 대부분 비행 경험이 있어 생활 태도와 가치관, 도덕성 등에서 큰 차이를 보이고 있다(양미진 외, 2006). 즉, 이들은 보호체계의 도움 없이 스스로 생존해 오면서 타보호체계청소년에 비해 훨씬 불안정한 생활을 지속해 왔기 때문에 타 보호체계에서 생활하는 청소년에 비해 자립 과정이 더 힘들 것이라고 예상할 수 있다.

이처럼 가정과 부모에게서 지지를 받지 못하는 가출청소년을 보호하고자 마련한 중장기청소년쉼터는 이들이 사회적 위험에 노출되지 않도록 보호하는 대리가정으로서의 기능은 물론, 체계적·전문적인 노력을 통해 건강한 독립을 준비하도록 도와주는 역할을 수행하고 있다. 따라서 가정이 없거나 가정으로 돌아갈 수 없는 가출청소년 중에서 자립 의지와 동기가 있는 청소년을 대상으로 2년 내외의 중장기 보호를 통해 사회복귀를 위한 자립을 준비시키며, 상당한 이유가 있는 경우 1회 1년에 한하여 연장이 가능하다(보건복지부, 2009b).
2005년에 문을 연 이래로 2011년 현재 전국적으로 25개소에서 건강
한 사회구성원으로 사회에 적응하는 것을 목적으로 의식주 생활관
리, 경제생활관리, 건강관리, 문화체험활동 등의 지원은 물론 청소
년의 자립지원을 돕고자 학업지원과 직업 지원 등 자립을 위한 다양
한 서비스를 제공하고 있다. 이러한 지원 서비스는 ① 안정된 의식
주를 제공하여 신체적·정신적 안정감을 갖게 하고, ② 자신의 일상
생활에 대한 관리능력을 갖추게 하며, ③ 스스로의 힘으로 생활하려
는 자립심과 자립생활능력을 향상하고, ④ 건강한 사회구성원으로
사회에 적응토록 하는 것이 주 목적이다.

중장기쉼터는 두 가지 기능이 있는데, 하나는 입소청소년에게 안
정된 의식주를 제공하여 신체적·정서적 안정감을 느끼게 하고 자
신의 일상생활에 대한 관리능력을 키우도록 도와주며, 스스로의 힘
으로 생활하려는 자립심과 자립생활능력을 키워 자립할 수 있도록
지원하는 것이다. 또 하나는 자신의 원가족에 대한 부정적인 경험을
극복하고 긍정적으로 내면화하여 건강한 가정을 이룰 수 있도록 준
비시키는 것이다. 이러한 기능을 통해 궁극적으로 입소청소년이 성
인이 되어 보호체계에서 벗어날 연령이 되었을 때, 성인으로서 더
이상 국가의 도움 없이 스스로 건강하게 생활할 수 있도록 준비시키
고 있다.

기 타

퇴소청소년의 주거 문제를 해결하는 방안의 하나로 서울 등 일부

지자체에서는 퇴소청소년에게 전세자금을 지원하고 있는데 대략 1세대 1명 기준으로 2500만 원 정도를 지원하고 있고, 2007년 8월 기준 실적은 지자체에서 3세대 3명, 민간은행에서 1세대 1명이 지원받은 것으로 보고되었다. 이러한 전세자금의 지원은 가장 실질적인 지원이 될 수 있어서 바람직하다.

전세주택 지원의 경우 2007년부터 건설교통부와 부산 등 일부 지자체 등에서 전세자금을 지원하거나 약 2000만 원 정도의 전세주택을 지원하기 시작하였다. 건설교통부에서는 소년소녀가정 등 기존 지원 대상에 시설퇴소청소년도 포함시킨 것이며, 2007년 7월 현재 12세대 16명에게 전세주택을 공급하였다. 이러한 전세주택 지원은 퇴소청소년에게 전세 비용의 지원을 통해 25세까지 주거지원을 하며, 영구임대주택 및 다가구매입 임대주택의 주거지원을 추진할 예정이다.

영구임대아파트의 경우 2006년 주택공급에 관한 규칙을 개정하여 시설퇴소청소년 중 시설장이 추천하는 자에 대해서 입주자 선정 우선순위를 부여함으로써 영구임대아파트에 입주 자격을 부여하고자 하였다. 선행 연구(보건복지부, 중앙아동자립지원센터, 2008; 배주미 외, 2010)에서 영구임대아파트 입주는 퇴소청소년이 선호하는 주거 형태의 하나로 나타났으나, 실제로 경기·인천 등 일부 지역은 평균적으로 입주까지 42~45개월이 소요되고 다른 지역의 경우도 평균적으로는 18개월 정도가 소요되는 등 입주 대기자가 많아 정책을 발표한 이래로 입주 사례가 없다.

한편 기존에는 장애인이나 미혼모 등을 대상으로 실시하던 그룹홈 시범사업에 시설퇴소청소년도 입주 대상에 포함시켜서, 2007년 8월 현재 주택공사에서 지원하는 그룹홈에 3세대 6명, 민간에서 지원하는 그룹홈에 4세대 18명이 입주하였다.

그 밖에도 시설퇴소청소년 중 대학에 진학한 경우에 일정 비율로 기숙사에 우선 배정하도록 하는 것인데, 대학의 협조와 비용 문제로 지속적으로 확대하기가 쉽지 않다.

(3) 자립 준비지원

자립 준비를 위한 프로그램을 살펴보면, 아동양육시설의 '자립 준비 프로그램' 및 청소년상담지원센터의 '두드림존 프로그램'이 있다.

자립 준비프로그램은 아동양육시설에서 초·중·고 학급 대상별로 자립 시 필요한 일상생활기술, 자기보호기술, 지역사회 자원활용기술 등 8개의 소 영역 및 20개의 세부 영역으로 나누어 자립 준비를 지원하는 프로그램이다. 한 예로 인천시 아동복지시설은 아동의 안정된 각 시설별 자체적인 다양한 프로그램을 추진하고 있고, 인천 아동자립지원센터와 연계하여 자립지원 매뉴얼 지도, 사례관리 및 상담, 교육, 훈련, 자립지원에 필요한 욕구해결 등이 이루어지고 있다. 주요 사업으로, 첫째 경제교육을 실시하여 용돈관리방법, 퇴소 후 급여 및 적립방법, 신용카드 사용법 등 경제적 개념과 인식 및 청소년의 의식변화와 경제적 안정을 위해 지원하고 있다. 둘째, 청소년 스스로 하고 싶은 일을 찾아 새로운 경험과 멘토를 정하고 자신의 계획을 수립해 보는 체험적 프로그램을 진행하고 있다. 셋째, 자립 준비를 위한 매뉴얼 보급과 지도를 통해 청소년 스스로 구체적이고 계획적인 준비와 훈련을 할 수 있도록 지도하고 있다. 마지막으로, 청소년기 적성에 맞는 진로선택을 할 수 있도록 지원하여 청소년 스스로 능동적인 자립 준비와 진로발달에 도움을 주고 있다(하성도, 2009).

두드림존 프로그램은 최근 경제상황 악화로 가출, 학업중단, 요보호, 빈곤 등 위기 상황에 직면한 청소년의 수가 증가하는 추세에 있고, 이들의 자립 문제가 심각함을 인식하면서 이들을 위한 총괄적인 자립지원 서비스 제공 체계를 구축하여 취약계층에서 탈피할 수 있는 기회를 제공할 목적으로 시작하였다. 즉, 만 15~24세에 속한 심각한 학교부적응청소년뿐만 아니라 정규 교육과정에서 이탈하여 제대로 자립 준비를 못하고 있는 학교 밖 청소년을 주요 대상으로 참여자의 자립 준비 수준에 따라 3단계에 걸쳐 이루어진다. 이는 자립동기화 교육 프로그램, 직업체험·경제체험 등의 체험 프로그램, 복교·검정고시·취업 등 사회진출을 위한 사회진출 지원 단계로 구성되어 있고 지속적인 사후 관리가 이루어진다. 이 프로그램은 '꿈을 가지고, 미래의 문을 두드린다.'는 의미로서 한국청소년상담원과 전국의 청소년상담지원센터를 중심으로 지역사회통합지원체계(CYS-Net) 속에서 자립지원 유관기관과의 연계를 통해 추진하고 있다.

2007년에 12개소로 시작한 두드림존은 2011년 전국적으로 36개소(상설 두드림존 16개소, 시범 두드림존 20개소)를 운영하고 있으며, 2010년까지 전국의 26,900여 명의 청소년에게 두드림존 프로그램을 제공하였고, 2,300여 명의 청소년이 사회진출(자립)과정 단계로

접어들 수 있도록 지원하였다(여성가족부, 2011). 또한 복지시설, 청
소년쉼터, 자립생활관 등 자립지원 기관과의 연계 활성화, 직업 체
험·학습 지원·문화 체험 등의 자립지원 자원 연계로, 자립 준비에
필요한 다양한 지원을 제공하고 있다. 이를 통해 취약계층 청소년의
자립지원을 종합적·효율적으로 지원할 수 있는 토대가 마련되고,
청소년통합지원체계의 최종 단계인 자립지원을 통해 취약계층 청소
년의 역량강화와 복지 수준 향상에 기여하고 있다.

3) 자립지원 서비스의 문제점

「아동복지법」에 따르면, 아동복지시설에서 생활하고 있는 아동
은 18세가 되면 퇴소해야 하지만, '대학(교) 재학 중인 자' '직업훈
련시설 등에서 교육훈련 중인 자와 학원에서 교육 중인 자(20세 미
만)' '장애·질병 등의 이유로 연장을 요청한 자' 등은 보호 목적이
달성될 때까지는 연장보호를 받을 수 있다. 또한 퇴소연장아동에게
는 취업 준비 또는 취업 후 일정 기간 보호를 위한 자립지원 시설(자
립생활관)을 통해 주거를 제공하고 있으나, 이용률이 낮아서 시설환
경개선 및 자립생활관 이용 기간을 24세에서 25세까지로 확대하고,
최장 5년까지 이용할 수 있도록 하였다. 그 밖에도 시설퇴소 시에는
침구나 취사도구를 구입할 수 있도록 일정액의 시설아동 자립정착
금을 지원하고 있으며, 전국 16개 아동자립지원센터에서는 퇴소하
게 되는 연장아를 대상으로 취업지도, 직업교육, 사회생활에 대한
상담 등의 서비스를 제공하고 있다(국가청소년위원회, 2008).

그러나 퇴소 시 자립정착금의 지급, 13개 자립지원 시설(자립생활관)의 운영, 그리고 16개 시·도의 자립지원센터를 운영하는 것 외에는 이들을 위한 서비스나 정책은 거의 전무한 실정이며, 기존의 지원 및 서비스조차도 퇴소청소년의 자립에 턱없이 부족한 실정이다. 실제로 2006년까지 우리나라 퇴소청소년을 위한 복지정책은 아동복지시설에서 아동을 어떻게 보호할 것인지에 초점을 맞추고 있을 뿐 퇴소한 청소년의 자립을 어떻게 준비시킬 것인지에 대한 인식은 미미하였다. 뿐만 아니라 퇴소한 청소년에게 당장 따뜻한 가족, 적절한 주거, 괜찮은 직장, 도움을 줄 수 있는 사회관계망 등이 필요함에도 불구하고 실제로 이에 대한 국가의 지원은 전무한 상태로, 아동복지시설의 운영에 부수적인 일로 취급하고 있다고 해도 과언이 아니다.

이러한 국가 차원의 무관심은 물론 퇴소청소년의 자립에 대한 낮은 인식과 체계적인 준비가 부족한 상태에서 이들의 보호체계에서의 퇴소는 '자립'이 아닌 '의존'을 초래하기 쉽다. 또한 퇴소청소년에게 불안정한 주거지와 취업의 어려움 등은 자립을 더 힘들게 하고 설사 자립지원 시설에 입소하거나 보호시설 연장이라는 대안을 선택하더라도 단순히 보호 기간의 연장에 그치고 있다. 특히 자립을 위한 체계적이고 지속적인 사회지원의 부족으로 실제적인 지원이 거의 없다 보니, 자립에 따른 문제는 고스란히 개인의 몫으로 남게 되면서 현실적으로 홀로서기가 유일한 생존수단으로 간주되고 있다.

이에 덧붙여 자립지원 서비스는 다양한 위기청소년을 대상으로 한 체계적인 표준조차 마련하지 못한 채 각 보호체계별로 임의로 지원하고 있는데, 이러한 지원조차 매우 제한적이고 턱없이 부족한 형편이다. 또한 이들의 구체적인 서비스 욕구에 관한 자료조차 거의 전무하다 보니 이와 관련된 통합적인 정책 및 지원체계가 미비하여, 실제로 자립지원 혜택을 제공받는 청소년은 극소수에 불과하다.

(1) 재정지원의 부족

퇴소청소년의 자립 준비와 관련된 예산지원이 매우 부족하여 학업, 직업, 주거와 관련된 체계적이고 실질적인 지원을 제공하지 못하고 있다.

첫째, 자립정착금은 자립을 하기에 턱없이 부족한 액수다. 퇴소청소년을 위해 국가와 지방자치단체가 지급하고 있는 자립정착금은 평균 300만 원 수준으로 지급하고 있으나, 시 · 도별로 큰 차이가 있고 지원액이 낮은 지역이 많아서 현실적으로 어려움이 많다. 2007년을 기준으로 서울 · 인천 · 전북이 1인당 500만 원으로 가장 많이 지원하고 있고 대전 · 울산 · 강원은 100만 원씩 지원하고 있는데, 이러한 자립정착금은 월세를 구한다고 가정할 때 보증금, 집세, 가구 및 가전제품 구입비, 생활비, 관리비 등을 감당하기 어려워 실질적인 정착금의 역할을 하지 못하고 있다(김미연, 2009).

특히 자립지원 사업이 16개 지방자치단체에 따라 천차만별로 나타났다. 〈표 3-2〉에서 보는 바와 같이 대학등록금의 경우 부산은 1학기 대학등록금 및 입학금 전액을 지원하고 있으나 광주 · 경북 · 경남의 경우 전혀 지원하지 않는 것으로 나타났다. 그 밖에도 정부에서 제공하는 전세자금은 전국 16개 시 · 도 중 4곳에서만 지원하

〈표 3-2〉 16개 지방자치단체별 아동복지시설 자립지원 내용

시·도	자립지원정착금*	대학등록금**	기타 지원 내용
서 울	500만 원	300만 원 한도	-전세자금지원(1250만 원, 무이자 대출) -직업훈련비 등 지급(77만 원/연)
부 산	150~200만 원	1학기 등록금, 입학금 전부	-
대 구	250~400만 원	50만 원/대학 재학 중 연간, ~200만 원 지급	-
인 천	500만 원(그룹홈 400만 원)	300만 원 한도	-정서함양비 등 지급(123만 원/연)
광 주	400만 원(그룹홈 100만 원)	-	-
대 전	200만 원	1학기 등록금	-전세자금지원(1250만 원, 무이자 대출)
울 산	100만 원	500만 원 한도	-전세자금지원(400만 원, 1회) -직업훈련비 등 지급(100만 원/연)
경 기	500만 원	250만 원 한도	-
강 원	100만 원	250만 원 한도	-전세자금지원(300만 원, 1회) -능력개발비 등 지급(79만 원/연)
충 북	300만 원	100만 원 한도	-
충 남	500만 원	500만 원 한도	-전세자금지원(3000만 원, 도명의무상 임대 계약) -운전면허 취득비 지급(100만 원 한도, 1회)
전 북	500만 원	200만 원 한도	-직업훈련비 등 지급(42만 원/연)
전 남	300만 원	100만 원 한도	-
경 북	500만 원	-	-
경 남	300만 원	-	-
제 주	300만 원	300만 원 한도	-학습능력 증진비 지급(45~50만 원/연)

출처: 보건복지부 제출자료 재구성[아동발달지원계좌(CDA)사업에 대한 내용은 제외함]
* 아동 1인당 지원 금액
**지자체 모두 1회씩만 지급
출처: 국회의원 최영희 보도자료. 2011. 9. 26.

고 있을 뿐이고, 서울은 자립지원정착금, 대학등록금, 전세자금, 직업훈련비 등을 지원하고 있으나 광주·경북·경남은 자립지원정착금만 지원하는 것으로 나타나 지방자치단체마다 지원하는 자립지원내용이 다른 것으로 밝혀졌다. 특히 동일한 지역 내에서도 시설 형태에 따라 지원 금액이 다른 것으로 조사되었는데 광주의 경우 아동양육시설은 400만 원을 지급하지만 그룹홈은 100만 원을 지급하고 있고, 인천의 경우 아동양육시설에 500만 원을 지급하고 그룹홈에는 400만 원을 지급하는 것으로 조사되었다. 이는 보건복지부의 '2010년 아동청소년사업지침' 자료에서 그룹홈(공동생활가정) 퇴소아동에게도 동일하게 자립지원정착금을 지원하도록 규정한 지침을 위반하고 있는 사례다.

둘째, 자립정착금의 지급과 사용에서 운영상의 문제점이 드러나고 있다. 청소년이 보호체계에서 보호받는 동안 퇴소 후 자립을 위해 경제적 개념은 물론 자립정착금을 포함한 수입에 대한 재정 운용에 관한 교육을 통해 이러한 자금을 합리적으로 사용할 수 있도록 훈련받아야 하는데, 이러한 준비가 안 된 상태에서 지급함으로써 부적절하게 사용하거나 일시에 소진하는 등의 문제가 지적되고 있다. 이에 덧붙여 자립정착금이 퇴소청소년의 자립생활에 실질적인 도움이 되기 위해서는 퇴소아동의 특성에 따라 퇴소 시 일시 지급 또는 일정 기간 내 단계별 지원 등 탄력적인 운용이 필요한데, 아직까지는 지급 방식이 적절하게 이루어지지 못하고 있다.

셋째, 아동발달지원계좌는 보호체계에서 보호받고 있는 아동 및 청소년이 퇴소할 때 실질적으로 자립생활지원금이 될 수 있다는 점에서 의의가 있음에도 불구하고, 일부 보호체계에서는 기초학력 증진을 위한 학원비, 특기 · 적성 개발을 위한 사교육비 등 아동의 교육이나 생활상의 욕구에 따라 사용되는 후원금이 당장에는 지출할 수 없는 아동발달지원계좌에 적립됨으로써 오히려 장기적인 진로준비에는 어려움을 초래하였다는 문제가 지적되고 있다(보건복지가족부, 중앙아동자립지원센터, 2008). 또한 보호체계에서 보호받고 있는 청소년 전체에게 시행할 만큼 아동발달지원계좌를 위한 별도의 후원자가 개발되지 못하는 어려움이 발생하고 있고, 아동발달지원계좌에 적립되어야 하는 후원금 또한 아동에 따라 차이가 있을 수 있어서 아동별 형평성의 문제도 지적되고 있다.

넷째, 자립 준비 서비스와 관련된 예산지원이 부족하다. 중장기쉼터의 경우 자립자금 및 자립을 위한 구체적 지원이 부족하고, 퇴소준비청소년을 위한 별도의 주거지원 서비스가 미비하며, 교육지원의 부족 및 의료비 부족 등으로 학업, 직업, 주거와 관련하여 체계적이고 실질적인 지원이 이루어지지 못하고 있다(남미애, 홍봉선, 2007).

마지막으로, 기업, 사회복지기관, 지역사회의 민간자원 등에서는 국가와 지방자치단체가 보호를 중단한 청소년에게 필요한 서비스를 거의 지원하지 않고, 민간이 운영하는 장학재단 역시 아동복지시설에 있는 아동에게 우선적으로 장학금을 지급함으로써 보호체계에서 퇴소한 청소년에게까지는 도움을 주지 못하고 있다. 또한 국가와 지방자치단체가 직접 수행하거나 지원하는 수많은 사업도 퇴소한 청소년에게는 큰 도움이 못되고 있다. 예컨대, 무주택자에게 제공하는 영구임대주택(아파트)의 경우에도 퇴소청소년은 '결혼하지 않은 단독가구'이다 보니 입주 대상자의 선정 기준에서 낮은 점수를 받기 때문에 사실상 입주하기 어렵다(이혜연 외, 2007).

(2) 거주지 불안정

청소년이 보호체계에서 퇴소한 이후 가장 큰 어려움이 거주지 마련임에도 불구하고 이들의 자립지원시설의 이용이 저조한 것으로 나타났다. 한 예로 2007년 한 해 동안 전국 282개 아동복지시설에서 퇴소한 청소년이 6,265명으로 보고되었는데, 이 중 극히 일부인 119명(1.90%)만 자립생활관에 입소(통계청, 2007)하여 극소수의 퇴소청소년만이 자립지원 시설을 이용하였음을 알 수 있다. 이러한 결과는 자립지원시설의 수가 13개소에 불과하기 때문이기도 하지만, 자립지원시설 자체에 운영상의 문제가 있음을 보여 주고 있다. 한 예로 일부 자립지원시설(자립생활관)의 경우 시설이 보유하고 있던 장소에 건립되다 보니, 접근성이 떨어지거나 시설에서 퇴소한 후에 다시 시설에 재입소하는 부정적 이미지를 주어 이용이 떨어지는 것으로 분석하고 있다(보건복지부, 2007).

한편 전세자금지원은 이들에게 가장 실질적인 도움이 될 수 있음에도 불구하고 한정된 지원, 부적절한 지원 절차 및 조건 등에 따른 운영상의 문제가 지적되고 있다. 즉, 각 지방자치단체마다 예산이 충분히 확보되어 있지 않으며, 전세자금 지원 시 전세자금 반환과 관련하여 퇴소 후 단기간에 거액의 전세자금을 일시에 반환할 능력이 없는 경우가 많고, 이를 반환하지 못할 경우 책임 소재의 문제도 발생하고 있다. 전세주택 지원 역시 시설퇴소청소년의 안정적인 주거 마련을 위해 실효성 있는 대책이 되기를 기대했으나, 지원이 한정되어 있고 지원 절차와 조건이 일부 부적절하다는 지적이 있다. 예를 들어, 지원 연령을 만 23세까지로 제한하고 있는데 퇴소청소년이 군 입대나 휴학을 할 경우 지원 시기를 놓치게 된다. 또한 퇴소청소년이 원하는 주거 형태는 전세나 다가구 원룸 등인데 대부분 이런 주택이 은행 융자 등 정부지원을 받기에 부적합한 조건인 경우가 많아서 집을 구하기 용이하지 않다는 문제점이 있다(보건복지가족부, 중앙아동자립지원센터, 2008).

(3) 생활의 어려움

퇴소청소년은 퇴소와 동시에 갑작스럽게 상승한 생활비를 스스로 감당하기가 쉽지 않다. 이들은 보호체계에서 보호받는 동안 국가와 지방자치단체에서 생계급여는 물론 의료급여와 교육급여 등을 제공받았으나, 퇴소와 동시에 보호체계에서 받았던 모든 국민기초생활보장 급여를 더 이상 제공받지 못한 채 갑작스럽게 늘어난 생계비 · 주거비 · 의료비 등을 감당하기 어렵다. 일반 가정의 청소년은 일시적으로 곤경에 빠질 때 부모와 형제자매 등 가족의 도움을 받을 수 있지만 퇴소청소년은 대부분 본인이 감당해야 하는 현실적인 어려움을 겪고 있다. 특히 건강이 나쁘거나 질병이 생긴 경우에는 값비싼 의료비를 감당하기 곤란하다 보니 건강 문제와 관련된 어려움을 호소하곤 한다.

뿐만 아니라 거주지조차 마련하기 어려운 현실 속에서 주거가 불분명한 퇴소청소년은 '침식이 제공되고 초보자도 할 수 있는 일'을

4. 퇴소청소년의 자립지원 관련 서비스

찾기 쉬운데 이러한 일자리는 대개 음식숙박업 등으로 값싼 노동시장인 경우가 많다(이혜연 외, 2007). 즉, 안정된 주거지를 마련하지 못하는 퇴소청소년은 기숙사가 있는 사업체에 취업하거나 숙식을 제공하는 직장을 찾기 쉬운데, 이러한 일자리는 근로 조건이 열악한 영세 규모의 제조업체나 음식숙박업소 등이고, 심지어 성적 서비스의 제공을 요구하는 일자리일 가능성도 있어서 더 심각한 문제를 유발할 가능성도 배제할 수 없다.

이 밖에도 대학에 진학하거나 취업 준비 중인 청소년에게 필요한 교육비와 취업 준비금에 대한 지원이 부족하다 보니 아르바이트를 하면서 학업을 하거나 휴학하여 학비를 벌고 있어서, 체계적인 진로모색과 자립 준비를 위해 시간을 할애하기 힘든 상황에 놓여 있다.

(4) 자립지원 서비스의 미비

앞에서 살펴본 바와 같이, 보호체계에서 퇴소하는 청소년을 위해 국가 차원에서 이들의 자립을 돕고자 다양한 지원 서비스를 마련하고 있음에도 불구하고 미비한 수준이어서 이들의 서비스 이용에 대한 만족도가 낮은 편이다. 이경상 등(2009)의 조사에 따르면, 보호자립지원 서비스와 관련하여 의료지원, 의식주지원, 문화체계 지원은 만족도가 높은 반면 퇴소자 사후 관리, 자립지원계획 수립, 퇴소 전 퇴소체험 프로그램, 자립지원 프로그램은 만족도가 낮은 것으로 밝혀졌다. 이는 즉각적인 혜택을 얻을 수 있는 직접적인 서비스 제공에 대해서는 만족도가 높지만 퇴소 후의 자립생활에 대해서는 아직까지 구체적으로 파악하지 못하고 있고, 체계적인 자립지원 서비스도 마련되어 있지 못하다 보니 만족도가 낮으리라 예상할 수 있다.
또한 보호체계에서 퇴소 후 자립생활관에서 생활하고 있는 청소년
을 대상으로 한 조사(장경희, 2008)에서 조사 대상자의 47.1%의 청
소년이 자립생활관에서 제공하는 자립 프로그램에 대해 만족하지
못하는 것으로 나타났는데, 그 이유로 청소년은 시설 여건의 미비와
체계적이고 지속적인 자립지도의 부족을 언급하였다. 이에 덧붙여
자립생활관 실무자의 57.2%는 자립 프로그램 운영비가 매우 부족
한 것이 프로그램 운영의 가장 큰 애로사항이라고 지적하고 있다.

이를 좀 더 자세히 살펴보면, 첫째 종합적인 차원의 자립에 대한
인식이 부족하다. 대다수의 보호체계에서 적용하고 있는 자립은 취
업에 많이 치우친 반면, 심리적·정서적·사회적 자립 등은 상대적
으로 소홀하게 다루어지고 있다. 특히 근무 조건이 열악한 직장에
취업 시 평생 직장으로 연결되거나 지속적으로 유지되기가 쉽지 않
기 때문에 교육적 자활과 사회적 자활에 관한 서비스가 병행되어야
하는데, 이에 대한 인식이 미흡한 실정이다.

둘째, 퇴소청소년의 자립지원을 위한 전담 관리체계의 부재로 구
체적인 자립지원 프로그램 자료조차 없이 비체계적·비전문적으로
운영하고 있을 뿐만 아니라, 서비스 인력조차 부족하여 서비스에 대
한 만족도가 낮다. 이는 보호체계에 대한 국가적 재정지원이 부족하
여 열악한 근무여건을 초래하면서 전문 인력의 수급이 여의치 않고,
이러한 전문 인력의 부족은 효과적인 자립 프로그램의 계획 및 운영
과 전문적인 상담 서비스 제공을 어렵게 하고 있기 때문이다. 한 예
로 중장기쉼터의 경우 체계적인 자립지원 서비스와 관련하여 퇴소

시 활용할 수 있는 구체적인 내용보다는 자립에 필요한 다양한 사회
진출 관련 기술에 대한 내용을 명시하고 있고, 공적 서비스의 지원
에서도 개별 쉼터의 역량에 좌우되는 경향이 있다(배주미 외, 2010).
이에 덧붙여 자립 준비와 관련해서 장기적으로 현장성을 적용한 자
립 준비 프로그램이 부족하다. 즉, 청소년에게 제공해야 할 적절한
고용기회를 개발하지 못하고 있고, 자아존중감을 증진하기 위한 프
로그램에의 참여 기회가 적으며, 이들이 프로그램을 통해 배운 독립
생활기술을 실천할 수 있는 기회가 부족하다.

　셋째, 실무자의 인원 부족을 들 수 있다. 청소년 개개인의 욕구와
심리정서적인 기능, 인지기능, 행동상의 문제, 대인관계형성능력
등을 고려한 개별적인 자립생활계획이 필요함에도 불구하고 실무자
의 인원 부족으로 이러한 접근이 어려운 실정이다(하성도, 2009). 특
히 「아동복지법」에서 퇴소청소년의 안정적인 사회적응과 자립지원
을 위해 취업, 주거, 진학, 학업 및 생활상담, 정서지원 등의 전문적
인 복지 서비스 제공으로 건강한 사회구성원으로 성장할 수 있도록
지원하는 자립지도 전담요원, 임상심리사, 상담사 등을 배치하도록
명시하고 있음에도 불구하고 제대로 이루어지지 못하는 실정이다.
한 예로 공동생활가정의 경우 종사자(시설장 1인 및 보육사 1인 배치)
수의 부족으로 자립지원을 실시할 수 있는 전담인력이 부족하여, 다
양한 연령층이 생활하고 있는 그룹홈의 특성상 자립 준비가 필요한
대상을 별도로 선별하여 자립지원 서비스를 강화하지 못하고 있고
(배주미 외, 2010), 자립지원 프로그램이나 자원연계 등을 수행하기
어렵다(신혜령, 박은미, 2011). 특히 교육비가 부족한 현실에서 실무

자가 아동의 양육, 생활지도는 물론 학부모 역할과 지역사회에서 자
원을 발굴하는 등의 많은 업무에 소진되다 보니, 대략 10명 중에서
6~7명 이상의 그룹홈청소년이 자립생활을 위한 적절한 진로지도나
자립교육훈련을 받지 못하고 있다(조순실, 2010).

직업훈련시설 역시 크게 다르지 않아서 양육을 담당한 생활지도
원이 아동 20인당 1인이며, 임상심리요원이나 생활복지사도 배치하
지 않고 직업훈련교사만 20인당 1인을 지원하고 있다(신혜령 외,
2009). 이러한 보호체계 실무자의 과중한 업무량은 이들의 소진 및
이직을 초래하고 있고, 그 결과 청소년의 보호체계 서비스에 대한
불만을 증대시키고 있다. 이에 덧붙여 대다수의 퇴소청소년은 아동
학대, 방임, 가정불화 등을 경험하면서 심리적 · 정서적 문제를 안고
있으므로, 이들의 자립 준비와 관련하여 심리적 · 정서적 문제에 개
입 및 치료 서비스 제공이 필수적임에도 불구하고 이를 제공하는 자
립지도 전담요원과 임상심리사(또는 상담사)와의 업무 연계가 미비
하여 심리적 · 정서적 문제 해결이 쉽지 않다.

특히 가출청소년이 대부분 가정에서 이탈되어 있고 가정에서의
지원이 거의 불가능하여 타 보호체계 퇴소청소년보다 더 열악한 환
경에 놓여 있음에도 불구하고, 중장기쉼터를 퇴소할 경우 이들을 위
한 서비스와 관련된 법적 근거조차 없어서 아동보호시설 퇴소청소
년과 같은 서비스를 제공받지 못하고 있다. 한 예로 현행 특별지원
대상 청소년지원 사업의 선정 대상이 청소년이 속한 가구의 소득 인
정액의 범위에 따라 이루어지다 보니 정부의 지원 대상에서 제외되
는 경우도 많다(백혜정, 방은령, 2009).

따라서 위기청소년에 대한 지원 및 보호정책, 보호시설에 대한 전반적인 검토를 통해 보호와 지원이 필요한 가출청소년에게 보다 실질적인 혜택이 돌아갈 수 있도록 하고자, 퇴소청소년에 대한 취업이나 주거, 진학, 의료 등의 자립지원 사업을 적극적으로 추진할 수 있도록 빠른 시일 내에 중장기쉼터 서비스와 관련해서 법적 근거를 마련해야 한다. 또한 이들의 당면 과제인 경제적 어려움을 완화하기 위해서 자립정착금지원제도가 정착되어야 하고 효율적인 집행을 위해 이들의 특성과 자립이 가능한 조건 등을 고려한 지급 방법 및 사후 관리 등에 대해 구체적인 실행 방안을 모색해야 한다. 한 예로 백혜정과 방은령(2009)이 제시한 바와 같이, 가출청소년의 경우에는 원가족의 경제적 소득에 상관없이 가출청소년 한 개인만을 대상으로 하여 별도의 선정 기준을 마련할 필요가 있다.

또한 중장기쉼터의 주 목적이 거주청소년을 자립하도록 준비시키는 것이므로, 각 쉼터에 이들의 자립 준비를 도와줄 수 있는 전담 전문 인력을 배치해야 한다. 현재까지 대부분의 중장기쉼터에서는 청소년의 자립과 관련된 특별한 교육 및 훈련을 받은 전문가 없이 일반적인 상담을 하거나 보호에만 급급한 수준이다 보니, 복합적이고 다양한 가출청소년의 욕구를 충족할 수 없어서 쉼터 서비스에 대한 만족도가 낮은 편이고 가출청소년의 입소율도 낮은 편이다. 따라서 중장기쉼터에도 자립지도전담요원을 배치하여 거주청소년이 퇴소하기 전까지 전문적이고 체계적인 접근방안을 마련하여 이들이 퇴소 후 성공적인 성인이 되도록 도와야 한다.

지금까지 퇴소청소년의 자립지원과 관련된 서비스의 내용과 서비스의 문제점에 대해 살펴보았다. 지난 몇 년 동안 이들이 자립지원에 대한 인식이 증대되면서 다양한 서비스가 제공되고 있지만 아직까지는 미미한 수준에 그치고 있다. 따라서 국가 차원에서 자립지원에 관한 종합적인 정책과 지원체계의 마련이 시급하다.

5. 자립지원 관련 법과 제도

최근 선진국에서는 청소년의 자립을 부모의 역할로만 규정하지 않고 국가적 과제로 설정하여 다양한 노력을 기울이고 있다. 특히 부모의 역할이 부재한 상황에 놓여 있는 위기청소년의 성공적인 자립은 궁극적으로 국가의 우수한 노동인력을 양성하는 것이고 국가적으로도 경제적 부담을 줄일 수 있다는 인식하에, 이들을 위한 적극적인 지원체계를 마련하고 있다. 한 예로, 영국은 종합적 접근에 입각해서 가출청소년을 위한 보건지원 및 교육지원뿐 아니라 주택지원에도 보다 적극적이다. 미국의 경우도 정부에서 가출청소년을 위한 전환생활 프로그램을 강조하면서 광범위하게 실시하고 있다.

이러한 추세와는 달리 우리나라는 아직까지도 위기청소년의 보호를 위주로 하는 매우 제한적인 정책을 실시하고 있으므로 이들의 자립과 관련된 국가적 차원에서의 종합적인 지원 대책을 마련해야 한다. 따라서 우리나라와 미국의 자립지원과 관련된 법과 제도를 살펴보고자 한다.

1) 우리나라

위기청소년의 자립지원을 규정한 법률로는 「아동복지법」 「청소년기본법」 「청소년복지지원법」 등이 있으나, 이들 법규에 제시된 내용은 매우 제한적으로 언급하고 있다(배주미 외, 2010).

(1) 관련 법

「아동복지법」

제11조에서는 가정위탁, 아동복지시설, 전문치료기관 또는 요양소에서 보호조치 중인 보호대상 아동의 연령이 18세에 달하였거나, 보호 목적이 달성되었다고 인정되면 해당 시 · 도지사, 시장 · 군수 · 구청장 또는 아동복지시설의 장은 그 보호 중인 아동의 보호조치를 종료하거나 해당 시설에서 퇴소시켜야 한다고 명시하고 있다. 단 보호조치 중인 아동이 대학 이하의 학교에 재학 중이거나, 직업훈련시설 등에서 직업 관련 교육 · 훈련 중인 자와 학원에서 교육 중인 20세 미만 및 장애 · 질병 등의 이유로 연장을 요청하는 경우 시 · 도지사, 시장 · 군수 · 구청장 또는 아동복지시설의 장은 해당 아동의 보호 기간을 연장할 수 있다.

한편 제16조에서 자립지원 시설을 '아동복지시설에서 퇴소한 자에게 취업 준비 기간 또는 취업 후 일정 기간 보호함으로써 자립을 지원하는 것을 목적으로 하는 시설'로 명시하여 자립지원 시설의 목적을 언급함으로써 이들 시설이 아동의 자립을 지원함을 분명하게

밝히고 있다. 특히 2011년 「아동복지법」의 전면 개정으로 자립지원
관련 조항이 4개 항에 걸친 규정을 포함함으로써 비로소 자립지원
에 대한 법적 근거가 이루어졌으며, 앞으로 체계적인 자립지원 제도
를 구축하게 되었다. 또한 이러한 조항을 통해 자립전담기관의 설
치 · 운영이 법적 근거를 갖게 되었으며, 구체적으로 아동복지시설
및 가정위탁지원센터 등 아동양육기관에서 수행할 자립지원 내용이
명시되고 각 부처 간 협의를 이끌 자립추진협의회를 운영할 수 있게
됨으로써 지속적이고 체계적인 자립지원 제도를 운영할 수 있게 되
었다(신혜령, 박은미, 2011).
　이러한 자립지원 관련 조항의 내용을 살펴보면 다음과 같다.

　41조 (자립지원) ① 국가와 지방자치단체는 보호대상아동의 위탁
보호 종료 또는 시설 퇴소 이후의 자립을 지원하기 위하여 다음 각
호에 해당하는 조치를 시행하여야 한다.
　1. 자립에 필요한 주거 · 생활 · 교육 · 취업 등의 지원
　2. 자립에 필요한 자산의 형성 및 관리 지원(이하 '자산형성지원'이
　　라 한다)
　3. 자립에 관한 실태조사 및 연구
　4. 사후 관리체계 구축 및 운영
　5. 그 밖에 자립지원에 필요하다고 대통령령으로 정하는 사항
　② 제1항에 따른 자립지원의 절차와 방법, 지원이 필요한 아동의
　　범위 등에 필요한 사항은 대통령령으로 정한다.
　42조 (자립지원계획의 수립 등) ① 가정위탁지원센터의 장 및 아동

복지시설의 장은 보호하고 있는 15세 이상 아동을 대상으로 매년 개별 아동에 대한 자립지원계획을 수립하고, 그 계획을 수행하는 종사자를 대상으로 자립지원에 관한 교육을 실시하여야 한다.

② 제1항에 따른 자립지원계획의 수립·시행 등에 필요한 사항은 보건복지부령으로 정한다.

43조 (자립지원 전담기관의 설치·운영 등) 국가와 지방자치단체는 자립지원 관련 데이터베이스 구축 및 운영, 자립지원 프로그램의 개발 및 보급, 사례관리 등의 업무를 전담할 기관을 설치·운영하거나, 그 운영의 일부 또는 전부를 법인·단체 등에 위탁할 수 있다.

44조 (아동자립지원추진협의회) ① 보건복지부 장관은 지원 대상 아동의 자립지원정책을 효율적으로 수행하기 위하여 관계 행정기관의 공무원으로 구성되는 아동자립지원추진협의회를 둘 수 있다.

② 제1항에 따른 아동자립지원추진협의회의 구체적인 구성·운영 등에 필요한 사항은 대통령령으로 정한다.

「청소년기본법」

이 법은 청소년의 권리 및 책임과 가정·사회·국가 및 지방자치단체의 청소년에 대한 책임을 정하고 청소년 육성정책에 관한 기본적인 사항을 규정함을 목적으로 하는데, 여기서 '청소년'이라 함은 9세 이상 24세 이하의 자를 말한다.

이 법에서는 제6조 가정의 책임과 관련하여 "가정의 무관심·방치·억압 또는 폭력 등이 원인이 되어 청소년이 가출하거나 비행을 저지르는 경우 친권자 도는 친권자를 대신하여 청소년을 보호하는 자는 보호 의무의 책임을 진다."라고 규정하고 있다(전문개정 2005. 12.29.). 뿐만 아니라 제7조 사회의 책임과 관련하여 "모든 국민은 경제적·사회적·문화적·정신적으로 어려운 상태에 있는 청소년에게 특별한 관심을 가지고 이들이 보다 나은 삶을 누릴 수 있도록 노력해야 한다."라고 명시하고 있는데, 여기서 어려운 상태에 있는 청소년이란 위기청소년을 의미한다.

특히 제46조 제1항에서 "시·도지사는 청소년에 대한 상담·긴급구조·자활·치료 등의 기능을 수행하는 기관을 설치·운영할 수 있다."라고 규정하고 있고, 제2항에서 "국가 및 지방자치단체는 수련활동·교육·직업훈련·의료보호 등의 시책을 추진하는 데 경제적·정신적·신체적으로 특별한 보호·지원을 필요로 하는 청소년에 대하여는 우선적으로 배려해야 한다."라고 규정하고 있다. 그 밖에도 시행령 제33조 제6호에 청소년의 자립능력 향상을 위한 자활 및 재활(再活) 지원을 규정하고 있어 자립지원과 관련된 내용을 명시하고 있다.

그러나 제46조의 경우 실질적으로 가출청소년 보호의 법적 근거로 기능하기에는 한계가 있다는 문제점을 인식하여 「청소년기본법」 중 개정 법률안(법률 제6569호)에서는 제49조 제2항을 신설하여 국가 또는 지방자치단체가 가출청소년을 임시 보호하고 선도하기 위한 청소년쉼터를 설치·운영할 수 있는 법적 근거를 마련하였다.

그 밖에도 제50조에서 국가 및 지방자치단체는 청소년의 가출 및 비행을 예방하고 이들의 건전한 사회복귀를 돕기 위하여 필요한 복지적 지원을 제공하여야 한다고 명시하고 있다. 또한 가정은 국가 및 지방자치단체에 우선하여 청소년의 가출 및 비행을 예방하도록 노력하여야 하며, 가출·비행 청소년의 건전한 사회복귀를 위한 국가 및 지방자치단체 등의 노력에 적극 협력하여야 한다고 밝히고 있다.

「청소년복지지원법」

「청소년기본법」 제49조 제4항의 규정에 따라 '청소년 복지 증진에 관한 사항을 정함'을 목적으로 한 「청소년복지지원법」을 통해, 국가 및 지방자치단체는 특별 청소년에 대한 지원책을 강구해야 한다. 여기서 특별지원청소년이란, 청소년의 조화로운 성장과 정상적인 생활에 필요한 기초적인 여건이 미비하여 사회적·경제적 지원이 필요한 청소년을 말한다. 이를 자세히 살펴보면, 첫째는 보호자가 없거나 보호자의 실질적인 보호를 받지 못하는 청소년으로 가출청소년, 소년소녀가정, 빈곤계층 가정의 청소년, 요보호청소년 등이 이에 속한다. 둘째는 학업중단청소년으로 고등학교 이하의 학교에서 학업을 중단한 청소년을 말한다. 셋째는 교육적 선도 대상 청소년 중 비행 예방의 필요성이 있는 청소년으로 학교폭력 피해 및 가해청소년, 집단따돌림 피해 및 가해청소년, 비행청소년, 범죄 피해 및 가해청소년, 우울 및 자살위험이 있는 청소년 등을 지칭한다.

한편 제14조에 "국가 및 지방자치단체로 하여금 가출청소년의 일시적인 생활지원과 선도, 가정·사회로의 복귀를 지원하기 위하여 청소년쉼터를 설치·운영할 수 있다."고 명시하고 있고, 청소년쉼터의 설치, 예산지원, 활동 내용, 시설·인력 기준, 보험 가입의 의무에 관해 규정하고 있다. 또한 시행령 제13조에서는 청소년쉼터는

가출청소년의 일시적인 생활지원과 선도 및 가정·사회로의 복귀를
지원하기 위해, 가출청소년의 일시 보호 및 숙식 제공, 가출청소년
의 상담·선도·수련활동, 가출청소년의 학업 및 직업훈련지원 활
동, 청소년의 가출예방을 위한 거리상담 활동, 그 밖에 청소년 복지
지원에 관한 활동 등 청소년쉼터가 수행해야 하는 사업을 규정하고
있다. 그러나 자립과 관련해서는 각 기관의 자립에 관련된 부분의
역할을 명시하고 있을 뿐, 지원 내용 및 의무적인 자립지원 서비스
에 대한 내용이 포함되어 있지 않다.

　이러한 법적 근거에도 불구하고 우리나라에서는 2006년까지도
퇴소청소년에 대한 체계적 자립지원 프로그램이나 정책은 미비한
실정이었다. 다행히 2006년에 이들이 보호체계에서 보호받고 있는
동안에 장기적이고 체계적으로 자립생활을 준비할 수 있는 프로그
램을 개발하였고 관계 부처 간 합동으로 주거지원, 학자금지원 등
맞춤형 자립지원 서비스를 제공하고자 종합대책을 마련하여 추진하
기 시작하였다.

(2) 관련 제도

　이러한 법적 근거하에 아동보호시설의 퇴소청소년을 위한 자립지
원 대책을 마련하였다. 즉, 2007년 「아동복지법」 시행령 개정을 통
해 아동복지시설 내 자립지원 업무를 전담하는 자립지도전담요원을
배치하도록 함으로써 아동이 퇴소 이후 성공적으로 사회에 적응하
고 자립생활을 유지하도록 지원하는 역할을 담당하고 있다.

또한 아동복지시설에서 퇴소한 청소년에게 취업 정보의 제공은 물론, 정서함양을 위한 상담, 지속적인 사례관리를 실시하는 자립지원센터를 운영하고 있다. 중앙아동자립지원센터 외 전국 15개 시·도에 위치한 자립지원센터는 퇴소청소년의 현황 파악과 사례관리를 위한 서비스 전달체계를 구축하고, 시설퇴소가 예정된 청소년 및 3년 이내 퇴소자, 연장아동을 대상으로 취업을 비롯한 주거·교육·의료 등에 대한 서비스를 제공하고 있다.

그 밖에도 국가 차원에서 보호시설 퇴소청소년을 위해 현재까지 재정지원, 교육지원, 주택지원, 의료적 지원 등의 자립지원 서비스를 제공하고 있다. 즉, 재정지원의 경우 자립정착금을 지원해 주고, 아동복지지원계좌(CDA)를 도입하여 운영하고 있다. 또한 주거 문제의 해결방안으로 영구임대아파트 입주자격 부여, 공동생활가정 입주지원, 전세주택지원, 자립생활관 등 자립지원시설을 제공하고 있다.

이러한 관련 법과 제도의 마련에도 불구하고 아직까지도 퇴소청소년의 자립생활을 체계적으로 보호·지원할 수 있는 법적 근거가 없다 보니, 이들의 사후 관리가 전혀 이루어지지 못하고 있는 실정이어서 보호가 종결될 때 정부와 지역사회 내의 공식적·비공식적 지원과 단절되거나 멀어지게 되어 자립생활에 위기를 겪곤 한다. 아울러 이들을 보호하고 있는 보호체계조차도 이들의 자립생활을 준비할 수 있는 전문적이고 체계적인 프로그램과 서비스가 상당히 부족하며, 자립생활을 지도할 전문 인력 또한 부족한 현실이다.

2) 미 국

1980년대에 들어서면서 가정에서 부모에게 학대받거나 방임되어 더 이상 가정에서 보호받지 못한 채 집 밖에서 거주해야 하는 아동 및 청소년의 수가 증가함에 따라, 아동복지 담당 부서에서는 이들의 주거와 관련하여 위탁보호에 관한 관심이 높아지고 친부모에게서 분리되어 보호체계에서 성장한 청소년의 취약한 자립 실태에 대해 관심을 갖기 시작하였다. 이러한 위탁보호는 여러 유형을 포함하고 있는데, 특히 '친척 관계로 얽히지 않은 일반 사람들이 위탁부모가 되어 자신의 가정에서 24시간 아동을 돌보며 부모 역할을 수행하는 유형'과 '위탁보호에서 자립생활로 전환하는 과정에 있는 청소년에게 적어도 한 명 이상의 청소년이 함께 사용하는 아파트를 제공하는 감독된 독립생활 프로그램'이 대표적이다(Curtis et al., 1999).

건강 및 대인 서비스 부서의 자료(2002)에 따르면, 위탁보호체계에서 생활하고 있는 아동 및 청소년의 수가 50만 명을 넘고 있어서 아동 1000명당 8명꼴로 부모에게서 보호와 양육을 제공받지 못한 채 이러한 집 밖의 거주지에서 생활하고 있는 것으로 나타나고 있다(Wertheimer, 2002). 또한 매년 2만여 명의 위탁아동이 18세라는 연령 제한이 있어서 더 이상 보호체계의 도움 없이 스스로 살아가야 하는 현실 속에서 빈곤, 노숙자화, 알코올 및 약물중독 등 많은 사회문제를 낳고 있다. 또한 종종 폭력의 피해자가 되는 등 장기간에 걸쳐 사회적 부담으로 남게 되어 이들에 대한 우려가 커지면서, 이들이 성인 연령에 도달하기 전에 자립에 대한 준비를 체계적으로 시켜야 한다는 요구가 커지고 있다.

2003년 '부당한 대우를 받는 청소년에 관한 백악관 특별조사단 보고서'에 따르면, 거의 2000만 명의 미국 청소년이 가정에서 부모의 양육과 지지의 결여로 긍정적인 성인상을 획득하지 못한 채 심각한 위험에 처해 있다고 언급함으로써, 가족 문제가 심각한 사회문제를 초래하고 있음을 보여 주고 있다. 뿐만 아니라 2003년 당시 52만 3000명의 아동 및 청소년이 집 밖의 거주지인 위탁보호체계에서 생활하고 있는데, 이 수치는 20년 전에 비해 두 배 이상의 증가를 보여 이들에 대한 우려가 커지고 있다.

이러한 현실을 인식하면서 클린턴(Clinton) 대통령은 이들에게 18세의 생일은 매우 힘들고 외로운 길의 시작일 수 있다고 언급하면서, 위탁보호체계에서의 퇴소 자체가 이러한 젊은이 보호의 끝이 되어서는 안 된다고 분명하게 밝혔다. 아울러 이들이 당면한 어려움과 심각성을 인식하고 1999년에 「위탁보호독립법(The Foster Care Independence Act)」을 인준하면서 젊은이에게 위탁보호에서 독립생활로의 전환을 위해 국가가 더 많은 지원을 제공할 것을 약속하였다.

그 밖에도 힐러리 클린턴(Hillary Clinton) 의원은 "위탁보호체계에 거주하는 많은 청소년에게는 대부분의 젊은이에게 당연시되고 있는 기본적 지지가 결여되어 있어서 독립으로의 전환은 매우 어려운 과제다. 가족이 제공하는 사랑·지지·자원이 결여된 채 이들은 분명치 못한 장애물을 뛰어넘고 있다. 따라서 이들 세 명 중 한 명은 성인 연령이 되어 위탁보호체계를 퇴소하자마자 노숙자가 되고 있다."라고 설명하면서 이들을 위한 작은 보호꾸러미는 보잘것없을지

라도 이들에게는 새로운 세계를 열어 주고 다른 세상을 제공해 줄
수 있다고 강조하였다(Statements & Releases, 2006).

따라서 「가출 및 노숙 청소년법(Runaway and Homeless Youth
Act of 2008)」「위탁보호자립지원법(Foster Care Independence Act
of 1999)」「학교-직업 이행 기회법(School-to-Work Opportunities
Act of 1994)」「인력투자법(Workforce Investment Act of 1998)」 등
의 법안을 마련하고 전환생활 프로젝트(Transitional Living Project)
나 교육훈련 바우처(Educational Training Voucher), 유스 빌드
(Youth Build), 잡 콥스(Job Corps) 등의 프로젝트를 통해 위기청소
년의 자립지원이 실행되어 자리 잡고 있다. 이러한 프로젝트는 이들
에게 필요한 정서적 · 교육적 · 경제적 지원 및 주거지원을 대상의
특성에 따라 제공하여, 건전한 성인기로 순탄하게 이행하여 자립을
하도록 다각적인 노력을 시도하고 있다.

(1) 관련 법

「가출 및 노숙 청소년법」

1974년에 제정된 「가출청소년법(Runaway Youth Act)」을 1980년
에 개정하면서 기존의 「가출청소년법」의 서비스 수급 대상에 노숙
청소년을 추가하였는데, 여기서 '노숙청소년'이란 집에서 부모가
내쫓았거나 부모의 학대나 가정 내의 심각한 가족 갈등 때문에 집에
서 나온 아이들로, 부모나 친척과의 재결합이 불가능한 청소년을 의
미한다. 또한 이 법에서는 청소년 서비스 수급 대상자의 연령 범위

를 확장하였다. 기존의 법령하에서 대부분의 가출청소년 쉼터가 16세 이하의 청소년에게만 거주지 서비스를 제공하다 보니 성인으로서 독립적인 생활을 준비해야 할 시기인 16세 이상의 청소년은 아무런 도움을 받지 못하는 실정이었다. 이러한 문제점을 개선하고자 전환생활 프로젝트를 수립하고 이들에게 자립을 위한 기술습득, 직업훈련 및 다양한 서비스를 제공하는 프로그램에 대한 재정지원의 근거를 마련하였다(김향초, 2002).

집으로 돌아갈 수 없는 가출청소년에게 필요한 서비스는 응급쉼터에서 제공하는 단기적이고 귀가 목적의 프로그램이 아니라 자립을 위한 보다 장기적이고 지속적인 원조 프로그램이다. 이러한 인식 하에, 이 법에 기초하여 응급쉼터에서 서비스를 제공받지 못하는 청소년에게 다양한 서비스를 제공함으로써 길거리 생활에서 벗어나 독립된 생활을 할 수 있도록 도와, 사회 서비스 기관에 장기간 의존하는 것을 예방하고자 전환생활 프로그램을 실시하고 있다. 이 프로그램은 노숙청소년 중에 귀가가 불가능한 16~21세 이상의 가출청소년에게 기관 실무자가 지도·감독하는 안전한 생활공간에서 최대한 21개월까지 머물면서, 기본적인 생활기술은 물론 독립생활에 필요한 기술을 습득케 하고 자립능력을 향상하여 정부의 보조금이나 사회 서비스 기관에 장기적으로 의존하는 것 또는 범죄로 사법체계에 연루되는 것을 방지하고자 한다.

의회는 2008년 이 법안을 개정하여 가출 및 노숙청소년지원을 위한 재정을 확충하고 서비스 기간을 과거의 18개월에서 21개월로 연장하였으며, 프로그램 수행에 대한 점검을 강조하였다.

독립생활 발안권

위탁보호체계에서 거주하고 있는 아동 및 청소년의 수가 증가함에 따라 이들에게 필요한 적절한 서비스를 제공하는 데 관심이 커지게 되었다. 특히 1980년대 초에 위탁보호체계에서 퇴소한 많은 젊은이가 성인이 되어서도 복지수혜자가 되거나 범죄에 연루되어 사법체계에 개입되고, 심지어 노숙자로 전락하여 쉼터 거주자가 되는 등 다시 주정부의 보호하에 놓이게 되면서 사회적 염려가 커져 갔다. 이러한 보호체계에 거주하고 있는 대상은 청소년이거나 조만간 청소년에 포함될 연령대로서 11~15세의 아동이 가장 많은 비중을 차지하였다(Barth, 1990). 따라서 의회는 이들에게 특별한 관심을 가져야 하고 이들을 위한 프로그램을 마련해야 함을 인식하면서 독립생활 프로그램을 「사회안정법」에 첨부하였다.

의회는 위탁보호를 퇴소하는 청소년의 욕구에 관한 인식이 부족한 상태에서 이들에게 도움을 제공하는 내용으로 이 법을 통과시켰다. 즉, 이들이 일상생활에서 당면하고 있는 어려움과 충족되지 못한 욕구를 강조하면서, 이러한 퇴소청소년이 종종 성인기로의 전환에 도움이 될 적절한 주거지, 교육, 직업적 지지를 전혀 마련하지 못한 채 단지 성인 연령에 도달했다는 이유로 위탁보호체계를 퇴소하고 있는 문제를 언급하였다(Alen & Bissell, 2004).

따라서 근본적으로 위탁보호 거주지에 대한 욕구를 줄이고 아동 및 청소년이 위탁보호체계에서 머무는 기간을 축소시키며, 위탁보호체계에서 거주하고 있는 청소년이 자립생활을 통해 성공적인 성인이 되는 데 필요로 하는 서비스와 지지를 제공받을 수 있도록 하였다. 특히 주정부로 하여금 16세 이상의 청소년이 독립생활로의 전환을 이루도록 도와줄 프로그램을 계획하고 수립하는 데 예산을 사용하는 것을 허가하였다.

1987년에 이 법에 의거하여 재원이 할당되면서 50개 주에서 프로그램을 실시하기 시작하였고, 1980년대 말 단순한 연령 기준에 따라 자립을 요구하는 모순을 인식하고 나이 많은 청소년을 위한 독립생활준비 과정의 필요성을 이해하면서 독립생활준비 프로그램을 마련하기 시작하였다. 즉, 연방정부는 「사회보장법」의 Title IV-E에 근거한 재원을 제공하면서 주정부로 하여금 위탁보호체계에 거주하고 있는 나이 많은 청소년을 대상으로 독립생활 서비스를 제공할 것을 요구하였다.

이 프로그램은 1990년에 수정되어 독립생활 서비스를 제공받을 수혜자의 연령을 각 주정부의 방침에 따라 21세까지로 연장하였다. 이러한 연장은 위탁보호체계에 거주하는 청소년이 18세에 보호체계를 퇴소하여 뜻밖의 성인으로의 전환을 수행하는 데 어려움에 직면하고 있고, 이러한 독립생활에 필요한 서비스를 더 오랜 기간 동안 지속적으로 제공해야 효과가 있음을 인식한 결과다.

그러나 이 법안이 통과될 당시에는 전국적인 규모의 기초가 미처 마련되지 못한 상태여서 이 법안에 의거한 예산도 일시적으로 책정되었고, 일정 기간마다의 재승인이 요구됨에 따라 이러한 청소년을 위한 독립생활 프로그램이 활성화되지 못하였다. 또한 이 법에서는 연방정부의 재원을 청소년에게 집과 생활비를 제공하는 데 사용할 수 없다고 명시하고 있기 때문에 거주지 서비스나 기타 주거와 관련

된 원조는 다른 재원을 통해서 마련해야 하는 어려움에 직면하게 되
면서, 거주지 문제가 해결되지 못한 채 배회하는 청소년의 수가 적지
않았다. 그 밖에도 서비스 수혜자의 수치 변동과는 상관없이, 정부
는 고정된 지원금을 제공함으로써 프로그램 실천의 효과가 미비한
수준이었다.

「위탁보호자립지원법」

「사회보장법」Title IV의 Part B와 E는 아동복지와 자립지원정책
에 관한 중요한 내용을 규정하고 있다. 특히 Part E에서 가정위탁과
과도기적인 자립생활 프로그램, 입양 등에 대한 지원을 하기 위해
주정부가 어떠한 계획을 수립하고 이를 제출하여 정부지출금을 할
당받을 수 있는지를 명시하여 왔다. 이 내용은 1999년 「위탁보호자
립지원법(H.R.3443)」으로 대치되었다(신혜령, 2008).

이 법은 요보호아동에 대한 복지시스템이 시설 중심에서 위탁가
정 중심으로 변화함에 따라, 위탁가정을 떠나는 청소년에 대한 추가
지원의 필요성이 증가하는 분위기 속에서 이들의 어려운 생활상에
대한 인식이 확산되어 국가 차원에서 성인기로의 이행을 돕고자 하
는 노력에 의해 제정되었다. 즉, 위탁보호체계에서 퇴소한 많은 청
소년이 학업의 결여나 정규직업 없이 그리고 의료보험의 혜택조차
받지 못한 채 생활함으로써, 이들이 겪는 일상생활에서의 어려움이
또다시 심각한 사회 문제가 되면서 채피(Chafee) 의원은 새로운 법
을 제안하였고 1999년 11월 의회에서 「위탁보호독립법」을 발효시
켰다. 이 법은 「사회보장법」의 Section 477을 개정한 것으로, 한 가

지 체계만으로는 교육실천, 기술발전, 직업 경험, 기타 분야의 서비스를 다양하게 전달하기가 불가능하다는 점을 인식하고 이들에게 좀 더 나은 서비스를 제공하고자 기존의 연방정부, 주정부, 지역사회 프로그램의 협력을 도모하는 것이 특징이다.

이 법의 통과와 더불어 같은 해 12월 나이가 많아 위탁보호체계를 퇴소하는 청소년이 좀 더 나은 생활을 하도록 돕기 위한 노력의 하나로 '채피 위탁보호 독립 프로그램(The Chafee Foster Care Independence Program)'이 마련되었는데, 이 프로그램은 1986년 Title IV-E Independent Living Initiative를 대체한 것이다.

위탁보호체계를 퇴소하는 청소년의 성공적인 삶을 위해 법으로 규정한 내용 중 일부를 살펴보면 다음과 같다(김향초, 2006). 첫째, 젊은이가 자립하는 데 필요한 기술과 지식을 획득하도록 하는 것이다. 즉, 18세가 될 때까지 위탁보호체계에 거주하는 청소년을 명시하고 이들에게 고등학교 졸업장 취득, 직업개발, 취업훈련, 일상생활기술훈련, 예산과 재정관리 기술훈련, 약물 남용 예방, 예방건강활동(금연, 영양교육, 임신예방)을 획득하기 위한 원조 등과 같은 서비스를 제공함으로써 자립으로 전환할 수 있도록 도와주어야 한다. 둘째, 이들이 21세가 될 때까지 의료혜택을 제공한다. 그 밖에도 과거에 위탁보호에 거주했던 경험이 있는 18~21세의 청소년에게 거주지, 상담, 고용, 교육 및 기타 적절한 지지와 서비스를 제공함으로써 스스로 자립할 수 있도록 노력하고 성인기로의 전환을 준비하기 위한 개인적 책임을 받아들이도록 도와주어야 한다.

이 법에 의거하여 연방정부는 위탁보호체계에 거주하는 청소년을

위한 자립생활준비 서비스를 위해 주정부에 기존의 예산을 두 배로
증액시키는 재정지원은 물론, 예산 사용 시 재량권도 증대시켜 줌으
로써 위탁보호체계를 퇴소할 예정인 16~21세에 해당하는 청소년
에게 생활기술, 고용기술 훈련, 교육원조, 상담, 또래지지의 서비스
를 제공하는 데 사용토록 하였다. 또한 이 법을 통해 주정부가 위탁
보호 청소년에게 21세가 될 때까지 의료보호 혜택을 받을 수 있도록
정하였는데, 서비스 수혜 대상을 18세에 위탁보호체계를 퇴소했던
청소년과 자신의 바뀐 주소를 매년 등록했던 젊은이로 제한하였다.
이처럼 의료보호 혜택을 확대한 이유는 일반 청소년에 비해 위탁보
호에 놓여 있던 청소년이 정신건강과 관련한 문제와 약물 남용에 따
른 어려움을 더 심각하게 겪고 있기 때문이다(Ladew, 2002). 법 개
정 이후 주정부는 퇴소한 청소년의 사후 관리에 보다 적극적으로 개
입하도록 요구하고 있고, 청소년의 자립 성취를 돕기 위한 자율적인
서비스 제공이 가능하게 되었다.

그 밖에도 공공기관과 민간기관의 협력을 격려하며, 의미 있는 추
후 서비스를 제공할 능력을 확대하는 등 개혁적인 내용의 결과로 이
법은 이들을 위한 광범위한 정책개혁의 전환점으로 여겨졌다.

「학교-직업 이행 기회법」
이 법은 정규교육에서 직업으로 전환하는 시스템을 재정비하고,
공공교육에 대한 체계적인 개선을 위하여 학교에서 직업으로의 전환
을 지원하기 위해 마련한 법안이다. 이 법안은 학교에서의 직업교육
체제 정비와 직업교육 내용의 질적 향상, 학교-기업 간의 협동적인

파트너십을 통해 학교교육에서의 직업능력개발에 초점을 두고 있다. 또한 학교교육에서 직업교육을 강화함으로써 취약청소년의 자립지원을 위한 기초 제공의 역할을 수행할 수 있다(배주미 외, 2010: 16).

(2) 관련 정책 및 제도

미국의 자립지원정책은 위탁가정에서 보호 중인 퇴소예정청소년을 대상으로 한 준비 프로그램 위주에서, 이미 퇴소한 청소년에 대한 자립지원 프로그램을 포괄하는 것으로 점차 그 대상과 영역을 확대시켜 왔다. 이에 덧붙여 교육 및 훈련을 위한 바우처 제도를 실시하여 18세 이상 퇴소청소년은 물론 16세 이상 위탁보호청소년이 잠재력을 개발하여 기술을 습득하도록 하며, 직업기술대학, 4년제 대학에 진학할 기회를 제공하고 있다.

채피 위탁보호 독립 프로그램

「위탁보호자립지원법」에서는 주정부로 하여금 청소년의 성인기로의 전환을 돕기 위해 좀 더 많은 예산을 조달하고 유연성 있게 사용하도록 허용하며, 위탁보호를 받았던 아동이 프로그램 대상자일 경우 21세가 될 때까지 의료부조(Medicaid)를 받을 수 있게 허용하였다. 이에 덧붙여 이 프로그램에서는 연방 지원금의 30% 이상을 18~21세의 청소년의 주거비용으로 사용할 수 있도록 하였다.

1986년 독립생활 프로그램은 수혜자를 '16~18세'의 청소년으로 엄격하게 제한하였으나, 채피 위탁보호 독립 프로그램은 서비스 수혜 대상을 확대하여 18세까지 위탁보호체계에 거주하기를 원하는 청소년, 14~21세의 청소년, 17.5세나 그 이후에 위탁보호체계를 퇴소했던 청소년으로 21세가 안 된 청소년까지 포함하고 있다. 이에 덧붙여 독립생활과 관련한 연방정부의 재원 중 일부는 위탁보호를 퇴소하는 18~21세에 속한 청소년의 방값과 숙식 비용으로 사용할 수 있도록 허가하였다.

이 프로그램의 주요 내용은 상급학교 진학, 직업탐색, 취업에 필요한 교육과 훈련, 일상생활훈련, 재정관리기술훈련, 약물 남용 예방, 예방의학 서비스, 퇴소 후 성인 후원자나 멘토와의 교류를 통한 정서적 지원, 주거 관련 상담 및 지원 등이다. 또한 이 프로그램의 기본적인 생활기술훈련에 관한 교육과정 범주는 '예산·예금·카드 등의 자금 경영' '소비자 인식, 식사계획, 건강한 식습관, 요리 등의 영양관리' '개인위생, 응급치료, 약물, 질병 등의 건강관리' '아파트 유지 및 위생관리 등의 가사관리' 등이다. 이에 덧붙여 '월급, 세금 및 직장에서의 태도, 의사소통 등의 직업유지기술' '자아존중감, 사회적 기술, 분노·분쟁 다루기 등의 직업유지기술' 등을 포함하고 있다.

그 밖에도 위탁 보호나 시설에서의 퇴소아동이 성공적으로 자립할 수 있도록 전문가가 개인별로 자립 준비 정도를 사정하고, 사례계획 서비스 등의 자립 준비 프로그램 제공을 법제화하여 운영하고 있다(정익중, 2007). 또한 방세와 식비를 해결할 수 있는 자립생활 프로그램이나 대학교육·직업교육을 위한 비용의 재정지원이 가능하여 퇴소청소년이 자립을 위한 유예 기간을 가질 수 있도록 배려하고자 노력하고 있다.

한편 「위탁보호자립지원법」에서는 위탁보호체계에서 퇴소하는 청소년을 위한 교육훈련 바우처 프로그램을 추가하였는데, 이 프로그램은 이들의 교육과 훈련에 관한 욕구를 구체적으로 충족하는 자원을 제공하고 있다. 이 바우처 프로그램은 자립생활 프로그램(Independent Living Program)의 한 구성 요소로서, 위탁보호에서 벗어난 청소년이 지역사회에서 자립할 수 있도록 좀 더 상위의 교육이나 직업교육 등 기타 교육적 지원을 받을 수 있도록 하는 것으로 1년에 5000달러까지 대학이나 직업교육을 위한 비용의 지원이 가능하다.

또한 이 프로그램을 통해 18세에 위탁보호를 떠나는 청소년은 물론 16세 이상에 위탁보호에서 입양된 청소년이나 다른 청소년도 이미 형성되어 있는 네트워크에서의 지원을 제공받을 수 있으며, 직업기술대학, 4년제 대학교에 참여할 수 있는 더 많은 기회를 제공하고 있다.

자립생활 프로그램 및 전환생활 프로그램

응급쉼터에서 서비스를 제공받지 못하는 청소년은 「가출 및 노숙청소년법」에 기초하여 전환생활 프로그램을 통해 주어진 기간 동안 스스로 생활하는 데 필요한 '광범위한 생활기술에 관한 정보와 상담'을 제공받음은 물론, 자립생활에 필수적인 요소인 요리, 집안청소와 유지, 금전관리 등을 지도받고 있다. 그 밖에도 효과적인 대인관계 기술훈련과 신체적·정신적 건강보호를 위해 필요한 정보를 통해 건강한 생활을 준비할 수 있도록 돕고 있다.

이러한 프로그램의 배경을 살펴보면, 보호체계청소년이 성인기로의 이행에 필요한 요소 중 하나인 '취업에 필수적인 교육·기술·직업과 관련한 경험'을 제대로 갖추지 못한 채 일방적으로 퇴소하면서 결국 노숙자로 전락하여 길거리를 배회하게 되고 종종 폭력의 피해자가 되는 심각성을 인식하면서, 귀가가 불가능한 16~21세의 가출청소년을 대상으로 프로그램을 실시하고 있다. 이 프로그램에서는 이들이 궁극적으로 정부의 보조금이나 사회 서비스 기관에 장기간 의존하거나 범죄로 사법체계에 연루되는 것을 방지하는 목적하에, 보호체계 실무자가 지도·감독하는 안전한 거주지인 생활공간에서 최대한 18개월까지 머물면서 기본적인 생활기술은 물론 독립생활에 필요한 기술을 습득하도록 하고 자립능력을 향상하도록 다양한 서비스를 제공하고 있다.

한 예로 '시티하우스(C.I.T.Y.House)'라는 프로그램은 독립적인 삶을 위해 성공적인 변화가 필요한 15~21세 노숙청소년을 대상으로 하는데 남성, 여성, 임산부나 이미 출산을 한 청소년 모두 해당된다. 2002년 10월부터 실행하고 있는 이 프로그램의 명칭은 프로그레시브 패스웨이(Progressive Pathway)로서 집중적이고 강력한 체험을 통해 프로그램에 참여한 청소년에게 목표 설정, 하루하루를 살아가기 위한 기술과 방법을 가르쳐 성공적인 독립을 도우며, 그 내용은 다음과 같다(이춘화, 2005).

• 목표에 대한 평가: 시티하우스에 거주하는 동안 문제해결을 돕는 담당자와의 연계를 통해 독립적인 삶을 목표로 일하게 된다.

이 분야에서는 교육과 취업, 생활방법, 또는 부모로서 갖춰야
할 요소에 대한 훈련을 제공하고 있다.

- 생활방식의 습득: 장기적 시각으로 이뤄져야 할 생존의 문제로,
  숙식, 의료적인 필요, 상담, 교통수단, 취업을 위한 준비, 정규
  교육을 위한 취학, 탁아와 보육, 재정적 문제해결 등 일반적이
  고 다양한 도움이 18개월 동안 이루어진다.
- 성공적인 독립: 적절한 저축과 살림살이를 갖춘 성공적인 독립
  생활의 구축을 위한 협력 프로그램이다. 직장이나 학교를 다니
  기 위한 교통수단을 마련하고, 탁아 등의 문제도 해결한다. 마
  지막 단계는 지역사회, 협력적인 가족 구성원, 친구, 다른 프로
  그램을 이수한 경험자 등의 지원을 통해 미래 지역사회에 생산
  적인 일원으로 거듭나기 위한 변화를 목적으로 한다.

독립생활 프로그램은 적절한 생활공간을 마련하지 못한 채 위탁
보호나 그룹홈에서 퇴소해야 하는 청소년에게 지도·감독하는 생활
공간을 제공한다. 이 프로그램은 이들을 자립하도록 지도하고 지원
해 주는 프로그램 세팅에서 스스로 생활하도록 기회를 제공해 주고
있다. 이 프로그램의 참여자는 교육, 직업, 또는 적극적인 지역사회
서비스를 계속해야 하고 기본적인 생활기술을 습득하도록 노력해야
한다.

다음으로 라이트하우스 독립생활 프로그램(Lighthouse Indepen-
dent Living Program)에서는 16~19세의 남녀 청소년 중에서 주정
부의 후견하에 놓여 있으면서 집이 없거나 자립하고자 노력하는, 임

신 중이거나 곧 부모가 될 십대에게 서비스를 제공하고 있다. 이들은 짧은 시간 내에 복합적인 생존기술을 배우는 최선의 방법이 자신의 아파트에서 생활하는 것이고 자립할 때까지 적어도 6개월 이상의 생활 경험이 필요하다는 점을 인식하여, 이들이 잘 알고 있는 지역 내에서 버스 정류장 근처에 위치한 아파트를 월세로 생활할 수 있도록 마련해 주고 있다.

이 기관에서는 집세의 선지불은 물론이고 매달 집세, 관리비, 전화요금을 지불해 주고 가구도 배치해 주고 있으며 거주자에게 매주 60달러를 지불하고 있다. 이 중에서 15달러는 저축하고 나머지로 식비, 교통비, 개인용품 구입에 사용토록 지도하고 있으므로 개인적 용도로 돈을 사용코자 할 경우 일을 해서 벌어야 한다. 그 밖에도 기관에서는 이들에게 매주 정기적으로 연락을 취하여 이들의 생활을 점검하고 응급 시 또는 위기 상황 시에는 언제든지 전화 연락을 취하며, 매우 위험한 청소년에게는 한 주에도 여러 번 연락을 취하면서 지속적으로 개입하곤 한다(김향초, 2002).

이 프로그램에서는 청소년에게 자신이 성인이 되었을 때 살아야 할 생활을 경험해 볼 기회를 제공하고자 자신만의 아파트를 제공하고 있다. 대다수의 청소년은 누구도 자신의 생활—심지어, 기상, 취침, 식사, 세탁 등—에 대해 언급하지 않고 모든 것을 스스로 해결해야 하는 상황에 따른 혼란스러움을 경험하곤 하는데, 이러한 경험은 독립하여 스스로 결정하면서 살아갈 수 있는 기회가 된다.

이에 덧붙여 오클라호마 독립생활 프로그램은 10대 청소년에 초점을 맞추고, 주정부가 후견하는 16~21세의 청소년이 성공적인 성인기 삶으로 이행할 수 있도록 훈련된 현장 전문가 혹은 주변 성인을 통해 다각적인 지원을 받을 수 있도록 지원하고 있다. 이 프로그램에서 제공하는 서비스 목록은 일상생활기술 사정, 개별지도, 일상생활기술훈련인데, 특히 생활기술훈련에서는 여러 가지 기술개발[개인적 · 인간관계적 기술(Personal and Interpersonal Skill), 직업기술(직업준비, 직업탐색, 직업유지), 금전관리, 주거 및 교통, 건강, 미래를 위한 계획, 지역사회 자원의 활용 등]을 지원하고 있다(이혜연 외, 2007).

또한 이 프로그램은 전환생활 프로그램도 함께 제공하고 있고, 전문성을 띤 지역사회 가정 네트워크는 주정부의 인가를 통해 집중적인 독립생활 커리큘럼을 제공할 수 있으며, 이러한 프로그램의 내용은 주로 성인생활로의 이행에 필요한 교육, 고용, 기술능력개발이다. 특히 오클라호마 자립생활 프로그램의 세부 서비스 구성은 연령별로 나뉘어 제공하는 것이 특징으로, 18~21세를 대상으로 다음과 같이 이루어진다.

- 청소년이 만약 자발적인 장소에 있다면 계속 서비스를 받을 수 있다.
- 개별 교육을 제외하고 오클라호마 직업학교, 전문대학, 4년제 대학에 지원한다.
- 청소년은 계속 서비스를 받거나 IL서비스 지원을 바꿀 수 있는데, 만약 오클라호마 인적 서비스 부서의 보호소에 있었고 16~18세 사이에 9개월 동안 가정 외에 배치되었다면 회의에도 참석할 수 있다.

- 주거지원은 18세의 퇴소 케어를 받는 청소년에게 가능하다. 임시자금지원은 오클라호마 인적 서비스 부서의 보호소에 있었고 16~18세 사이에 9개월 동안 가정 외에 배치되었던 아동의 경우 가능하다.
- 교육훈련 바우처 지원을 완료한다.
- 의료지원을 신청한다.

교육훈련 바우처

「위탁보호자립지원법」에 기초하여 만들어진 교육훈련 바우처(Educational Training Voucher: ETV) 프로그램은 독립생활 프로그램의 하나로서 위탁보호에서 벗어난 청소년에게 고등교육 또는 직업교육을 제공하는 것을 목적으로 하고 있다. 위탁가정 출신의 청소년은 이 프로그램에 따라 대학교육 또는 직업교육을 위한 비용으로 1년에 5000달러까지 지원받을 수 있고 21세까지 의료보호 혜택이 보장되므로, 성인기 이행 이전에 필요한 건강관리 서비스를 제공받을 수 있다. 또한 18세에 위탁보호를 떠나는 청소년과 위탁보호에서 입양된 16세 이상의 청소년을 위해 이미 형성된 네트워크의 지지를 받을 수 있으며, 직업기술대학, 4년제 대학에 참여할 수 있는 더 많은 기회를 제공하고 있다.

그 밖에도 전문가에 의한 개인별 자립 준비 사정과 사례계획 서비스 등의 자립 준비 프로그램이 법제화되어 있으며, 취업교육과 직업훈련, 대학 진학 준비, 일상생활기술훈련, 약물 남용 예방훈련, 혼전임신 예방훈련, 예방적 보건활동, 후견인과의 교율 등의 프로그램이

지원된다. 지방정부는 주정부에서 주어지는 예산 중 일부(최대 30% 까지)를 위탁가정청소년의 주거 및 식비지원에 쓸 수 있어, 위탁가 정청소년에게 실질적으로 필요한 주거 및 식사 서비스 제공이 가능 하도록 되어 있다(배주미 외, 2010: 17).

직업교육

그동안 교육과 고용제도가 분리되어 운영됨으로써 청소년이 원활 하게 직업세계로 진입하는 데 장애물로 작용했다는 인식하에, 「학 교−직업 이행 기회법」 등 여러 법률을 제정하여 보호체계청소년을 포함한 모든 청소년의 고용 증진을 위해 노력하고 있다.

이를 구체적으로 살펴보면, 주마다 구체적인 지원 내용은 다소 상 이함에도 불구하고 학교에는 직업교육을 실시할 수 있도록 운영비 를 지원하고, 학생에게는 현장교육 시 훈련수당과 교통비를 지원하 며, 기업에 대해서는 현장교육 프로그램 운영비와 훈련수당 보조(수 당의 50%)와 세금 감면(연 20만 달러 한도 또는 기업 소득세의 10% 정 도)의 혜택을 주고 있다. 이처럼 학교·학생·기업 각각에 대해 인 센티브를 통해 좀 더 적극적인 참여를 유도하는 장치를 마련하고 있 다(이상일, 1998).

종합해 보면 미국의 경우 취약청소년에 대한 자립지원을 전담하 는 기구나 통일된 프로그램을 마련한 것이 아니라, 대상 및 지역의 특성에 맞추어 다양한 프로그램을 유기적으로 제공한다는 점이 특 징이다. 즉, 위탁가정청소년을 대상으로는 교육훈련 바우처로 의료

보호 혜택, 교육비지원, 주거지원 등을 제공하면서 일상생활기술훈
련 교육과정을 통해 독립 이후의 생활에 대한 준비를 강조하고 있
고, 가출청소년을 대상으로는 전환생활가정에 최장 21개월까지 거
주하면서 기관 실무자의 지도하에 일상생활기술훈련, 직업훈련 등
에 참여하거나 잡 콥스의 취업 준비 과정에 참여할 수 있도록 지원
하고 있다.

이렇듯 다양한 미국의 자립지원 프로그램을 살펴볼 때 무엇보다
도 먼저 여러 가지 사회적 자원을 연계하여 개별적인 청소년의 요구
에 부합하는 다양한 프로그램을 제공하는 것이 중요하다. 또한 주
거, 의료, 교육, 직업훈련, 일상생활기술, 사회성, 리더십 등 광범위
한 영역에서 자립지원 서비스를 제공하는 것이 바람직하다.

6. 퇴소청소년의 자립지원 개선방안

최근 선진국에서는, 위기청소년의 성공적인 자립이 궁극적으로
국가 차원에서 볼 때 우수한 노동인력의 양성은 물론 경제적 부담도
덜게 된다는 인식이 확대되면서 다양한 지원체계를 마련하고 있다.
이러한 추세 속에서 우리나라에서도 가정에서 양육을 받지 못하는
아동과 청소년을 위한 보호체계의 기능이 변화하고 있다. 즉, 이러
한 체계는 과거에는 단순히 수용보호 차원이었으나 가족체계기능의
변화 속에서 기존의 아동양육기능은 물론 치료기능 등 자립에 이르
기까지 다양한 기능을 요구하고 있다. 뿐만 아니라 이러한 보호체계

에서 생활하고 있는 청소년의 퇴소를 전후하여, 이들이 사회에서 건강한 성인으로 살아가기 위해 필요한 자립생활준비와 사회적응에 초점을 둔 서비스 제공의 필요성을 강조하고 있다.

우리나라도 몇 년 후에 보호체계에서 생활하는 청소년이 자립에 대한 준비가 전혀 안된 채 성인 연령에 도달하여 사회로 편입하는 경우가 늘어남에 따라 국가의 부담은 점점 심각한 수준에 이르게 될 것이 분명하다. 따라서 국가 차원에서 대다수의 퇴소청소년이 궁극적으로 사회의 부담이 되지 않도록 이들의 자립을 지원하는 방향으로 지원정책을 강화하고 있지만, 아직까지는 이들에 대한 경제지원과 주거지원에 편중되어 있고 지원 수준도 미비하다. 즉, 2006년부터 장기적이고 체계적으로 자립생활을 준비할 수 있는 프로그램을 개발하였고 자립지원센터 등도 운영하고 있지만, 전국의 각 보호체계에서 얼마나 일관되고 전문적으로 실시하고 있는지는 미지수다.

따라서 이들이 사회의 부담이 되지 않기 위해서는, 국가 차원에서 하루 빨리 체계적인 서비스와 프로그램을 마련하여 이들이 건강한 사회인으로 살아갈 수 있도록 준비시켜야 한다. 이를 위해서 자립지원과 관련하여, 우선적으로 보호체계 퇴소청소년에게 제공되는 서비스에 따른 법적 근거를 마련하고 관련 제도를 개선하며, 정책적 측면에서 자립지원정책 강화, 자립정착금지원의 개선, 주거공간 지원 확대 및 개선, 사후 관리 강화, 자립지원 실무자 전문성 강화와 처우개선 등을 마련해야 한다. 지금까지 이루어진 퇴소청소년에 대한 선행 연구 결과를 종합해 보면, 자립으로 전환하는 퇴소청소년에게는 주거, 취업, 진학, 의료 등의 물질적 지원뿐 아니라 가족과 보호체계 보호자와의 관계를 통한 정서적 지지가 필요함을 시사하고 있다. 따라서 청소년의 심리적 특성과 지속적인 적응을 위해서 청소년 자신의 기술 향상에 기초한, 종합적이고 체계적인 제도 개선을 요구하고 있다.

중요한 점은, 이러한 자립 준비 프로그램은 이들의 욕구 파악에 근거하여 장기적인 시각으로 체계적으로 개발해야 이들의 자립능력을 향상할 수 있다는 사실이다. 따라서 당장의 성과가 없더라도 이들이 독립생활을 할 때까지 도움을 요청할 경우 적절한 서비스를 제공하면서, 성인기로의 이행 과정에서 시행착오를 겪더라도 기다려주는 자세가 요구된다. 아울러 퇴소청소년에 대한 지원은 퇴소 이전, 퇴소 시, 퇴소 이후에 다양한 교육과 지원, 사례관리 등의 서비스는 물론, 지속적이고 전문적인 사후 지도를 통해 지속적인 관심을 보여야 한다.

1) 개인적 요인

퇴소청소년의 자립에 영향을 미치는 요인으로는 낮은 자립생활기술 수준과 자기관리기술 수준은 물론, 우울, 불안, 낮은 통제력, 부족한 인내력 등의 부정적 심리정서적 특성이 포함되므로 퇴소 전에 자립에 대한 사전 준비와 홀로서기에 대한 체계적인 상담을 통해 정서적 안정과 정체성 확립이 중요하다. 특히 대다수의 퇴소청소년이 학대, 방임, 가정불화 등으로 심리·정서적 문제를 안고 있으므로, 보호체계에 전문상담인력의 양성 및 확대 배치를 통해 심리·정서적 안정을 우선적으로 하는 전문적인 상담을 제공하는 것이 바람직하다.

(1) 자존감 향상

보호체계에서 생활하는 청소년의 대부분은 열악한 가정환경 속에서 가족에게 거부당하거나 폭력을 당하는 등 부정적인 경험을 하면서, 자신에 대한 왜곡된 자아개념은 물론 가족, 사회에 대해서도 부정적인 견해를 가진 채 살아가고 있다. 뿐만 아니라 부모에게서 애정과 관심을 받아야 할 어린 나이에 자신의 의지와는 상관없이 부모와 헤어진 위기를 경험하였고 일반 가정과는 다른 특수한 환경에서 성장하다 보니, 일반 가정의 청소년과 자신을 동등하게 생각하지 못하는 경향을 보이고 있다.

특히 만성 가출청소년은 일반 청소년에 비해 심각한 가정문제나 일탈을 경험한 비율이 높고, 그에 따라 낮은 자존감과 높은 불안감, 우울증 증세를 보여 신체적 · 심리적 외상 정도가 심각한 수준이다. 즉, 이들은 실패나 어려운 장애를 극복하기 위한 인내심이나 자기존중감 등의 내적인 유연성이 부족한 형편임에도 불구하고, 다양한 심리적 외상에 대한 적절한 치료를 받지 못한 채 사회로 던져졌다. 그러다 보니 사회에서 재적응하고 자립기반을 마련하는 데 많은 시간을 소요하면서도 그 결과가 기대 수준에 크게 미치지 못할 가능성이 높다(백혜정, 방은령, 2009).

앞에서 살펴본 바와 같이 보호체계청소년은 부모에게서 버림받았다는 상처가 매우 크기 때문에 심리적으로 부정적인 측면이 나타날 가능성이 많고, 자신의 열악한 신분과 환경 때문에 미래에 대해서도 긍정적으로 생각하는 경향이 상대적으로 낮은 편이다. 이와 관련하여 백혜정과 방은령(2009)은 이들이 자아개념에서 보통 수준 이상임에도 불구하고 일반 청소년과 비교해 볼 때, 상대적으로 자신을 동등하게 여기고 자신의 장점을 강점으로 살려 자신의 미래를 긍정적으로 생각하는 비율은 낮은 편이라고 설명하고 있다.

따라서 이들이 보호체계에서 퇴소한 이후에 자립 과정을 거치면서 겪게 되는 환경적 변화와 이에 대한 대처 상황에 보다 잘 적응하기 위해서는, 왜곡된 자아개념을 전환하여 자신을 유능하고 중요하게 생각하는 높은 자존감을 획득케 하는 것이 중요하다. 성인으로서의 자립 준비 과정에서 자기 자신을 어떻게 생각하고 느끼는가는 자신의 일상적인 행동에 영향을 미칠 뿐만 아니라 다른 사람에 대해서 느끼는 태도 등에도 영향을 미치므로, 일반 가정과 유사한 환경 속에서 어린 시기의 양육 환경에서 오는 결여감과 가족 지지의 결핍을 극복하여 긍정적인 자아상을 발달시킬 기회를 제공해야 한다. 왜냐하면 이들도 자신의 개성이 존중되고 자신에 대한 긍정적인 반응이 제공되는 양육환경에서 성장 시 자신이 가치 있고 소중한 사람이라고 여기게 되고, 성인이 되어서도 건강한 자아개념을 유지할 수 있기 때문이다. 이를 위해 필요하다면 체계적인 심리검사를 통한 심리치료도 지원하는 것이 바람직하다.

이에 덧붙여 이들이 도움을 청하고 지지를 제공받을 가족이 부재하므로, 이러한 역할을 대신해 줄 수 있는 보호체계 실무자와의 긴밀한 관계형성이 이들의 독립생활 준비에 가장 기본적인 환경을 제공해 준다는 점을 인지해야 한다. 이들에게 관심을 가져 주는 성인

과 지속적이고 긍정적인 관계형성을 통해 전문적이고 긍정적인 양
육방법을 지속적으로 제공해야 한다. 이들과의 관계의 지속은 청소
년에게 긍정적인 성인상을 제공하고 지지체계로서의 역할을 수행할
수 있을 뿐만 아니라, 이들에게서 정서적 지지를 많이 받을수록 청
소년은 자신의 행위를 관리·통제하는 기술은 물론 자립 의지도 높
다(김미연, 2009). 아울러 자신의 원가족과 스스로에 대한 경험을 긍
정적으로 내면화하여 건강한 가정을 이룰 수 있도록 준비시키는 것
도 중요하다.

그 밖에도 퇴소청소년 자신의 선택권에 관한 교육을 강화시켜야
한다. 이들을 단순히 보호 차원이 아니라, 자기결정권을 갖고 자신
의 권리에 대해 충분히 알고 있도록 지도함으로써 자신의 미래에 대
한 계획에 좀 더 적극적으로 참여토록 지도해야 한다. 이를 위해서
보호체계 실무자는 안전한 생활환경 속에서 미래에 대한 계획을 자
발적으로 수립하도록 보호청소년을 지도하며, 이러한 계획을 실천
하는 데 필요한 충분한 훈련과 지속적인 지지를 제공해야 한다.

한편 자립과 관련하여 심리사회적 적응에 학교도 주요 변수로 작
용하고 있다. 즉, 학교적응도가 높은 청소년일수록 자원을 관리하고
활용하는 기술 정도가 높았는데, 신혜령(2001)은 이러한 학교적응
능력에 초점을 두어 학교 수업 태도, 학교 친구관계 등을 언급하고
있다. 특히 퇴소청소년의 학업성취는 자립에도 중요한 영향을 미치
는 요인으로 지속적으로 보고되었다(김미연, 2009; 신혜령 외, 2003;
박은선, 2005; 황미정, 2009; Hines et al., 2005). 이경성 등(2009)의
조사에서 시설 아동청소년의 진로와 관련하여 10명 중 4~5명

(43.1%)이 상급학교로 진학할 것으로 응답하여 이들의 높은 교육 수준에 대한 욕구를 잘 보여 주고 있는데, 이러한 교육 수준이 높을수록 청소년의 사회적 발달 수준이 높은 것으로 밝혀졌다. 또한 학업성적이 높을수록 자아존중감과 정서조절감이 높았고 자립 준비기술이 높아지며(박은선, 2005), 양육시설 퇴소청소년의 사회적 관계와 심리적 발달 측면에서도 대학에 진학한 집단과 그렇지 못한 집단 간의 격차가 크다는 연구 결과(강현아 외, 2009)는 퇴소청소년의 안정적인 자립에 학업성취나 교육 수준이 중요한 변인이 된다는 점을 시사하고 있다. 그 밖에도 그룹홈 거주 청소년의 경우에도 학업성적이 높은 청소년일수록 자립생활기술 정도가 유의미하게 높게 나타나(김미연, 2009) 학업성취가 보호체계청소년의 긍정적인 적응을 측정하는 중요한 요인일 뿐 아니라 향후 직업획득과 경제적 안정을 위한 기초가 된다는 점에서 특히 중요하다. 이에 덧붙여 홍미리(2006)는 학습적응이 진로준비행동에 영향을 미치고 있다고 밝히면서, 시설청소년이 학습에 흥미를 느끼고 학교생활을 잘 할 수 있도록 돕는 것이 퇴소 이후 진로준비에 긍정적인 영향을 미치리라 설명하고 있다.

이처럼 학업이 자립에 중요하므로, 보호체계에서 청소년을 대상으로 한 체계적인 학업 지도 프로그램을 강화해야 한다.

(2) 자립 의지의 강화

청소년에게 자립 의지는 성인기를 준비하는 과정에서 매우 중요한 요인이다. 이러한 자립 의지는 미래의 일에 대한 자신의 의지 반영, 자신의 문제해결을 위한 수단 마련에 대한 자신감, 맡겨진 업무 및 과업의 수행에 대한 자신감, 주어진 일의 수행을 위해 최선을 다할 수 있는 의지, 혼자의 힘으로 문제를 해결할 수 있는 자신감, 어려움 극복에 대한 의지 등을 포함한다(박영란, 강철희, 1999). 특히 가출청소년을 대상으로 한 연구(강민정, 2000)에서 자립 의지가 자립에 의미 있는 영향을 주는 것으로 밝혀짐에 따라 자립 의지의 중요성에 대한 인식이 높아지고 있다. 이러한 자립 의지를 키우기 위해서는 다음과 같은 점이 필요하다.

첫째, 이들에게 적절한 수준의 학습지도 프로그램을 개발해야 한다. 보호체계에서 생활하는 청소년 중 과반수 이상은 학업능력의 부족, 학교체계와의 갈등 등으로 학업을 중도 포기한 상태인데, 이들의 학업중단은 훗날 성인기의 실업 및 빈곤으로 이어질 가능성을 높이므로 이들에게 학업을 지속할 수 있는 기회를 최대한 확보해 줄 필요가 있다. 신혜령과 박은미(2011)의 조사에 따르면, 학업성적이 좋다고 응답한 아동의 경우 학업성적이 좋지 않은 아동에 비해 역할모델이 있다고 응답한 비율이 높았으며, 장래에 대한 생각과 염려를 많이 하고 직업에 대한 준비를 하는 비율도 높은 것으로 밝혀졌다. 또한 성적이 좋다고 응답한 학생의 경우 진로선택에 불리한 요인이 있다고 응답한 비율이 낮았으며, 직업기술교육 경험이 있다고 응답한 비율이나 진로결정 수준, 진로결정 자기효능감은 높은 것으로 나타났다.

그러나 아직까지는 보호체계에서의 학업지원이 미흡한 실정이다. 김종삼(2008)은 중장기청소년쉼터에 거주하는 가출청소년의 자립 관련 프로그램에 관한 조사에서, 대부분의 프로그램에서 기초생활지원 서비스는 높게 나타났지만 직업 지원이나 학업지원은 보통 이하 수준의 참여도를 나타내고 있어서, 전반적으로 이에 대한 지원이 미흡한 것으로 설명하고 있다. 따라서 우선적으로 보호체계에서 생활하는 청소년에게 상담이나 다양한 활동 경험을 통해 교육의 중요성을 깨닫게 하고, 일반 학교 및 대안학교 등 다양한 교육기관과의 연계를 통해 이들이 최소한 의무교육 기간인 중학교 과정까지는 마치도록 도와주어야 한다(백혜정, 방은령, 2009). 또한 이들로 하여금 성공적인 경험을 통해 성취동기를 부여하고, 기본 과정을 마치면 각자의 자립 의지에 따라 스스로 선택하여 상급학교나 직업훈련기관으로 진학하게끔 하여, 지속적인 지원 대책을 제공할 수 있도록 학업지원에 대한 체계적인 프로그램 개발이 시급하다.

둘째, 진로에 대한 체계적인 준비를 통해 자립 의지를 강화시켜야 한다. 선행 연구에서는 진로에 대한 의식과 태도가 자립 준비에 중요한 영향을 미치는 요인으로 보고되었다(강정선, 2003; 박선정, 2009; 박은선, 2005; 손혜옥 외, 2008; 황미정, 2009). 즉, 진로탐색, 적성검사와 같은 자립 준비 프로그램에 참가한 경험이 있는 학생이 그렇지 않은 학생보다 생활과업수행기술, 대인관계기술, 문제해결기술, 자립 의지가 모두 높은 것으로 나타났고(박선정, 2009), 직업목표를 수립하고 인식한 집단이 직업목표를 수립하지 못하고 인식하지 못한 집단보다 자립 의지와 생활관리능력, 자존감, 자립 준비도가 높은 것으로 나타났다(손혜옥 외, 2008). 그 밖에도 취업 경험이 있는 그룹홈청소년이 그렇지 않은 그룹홈청소년보다 사회기술, 자립생활기술 정도가 높다는 연구(박미양, 2005) 등을 통해서 볼 때, 진

로에 대한 의식 및 태도를 발달시키고 이와 관련된 경험을 쌓도록
하는 것이 자립 의지를 강화시키는 데 매우 중요하다.

셋째, 직업관이 자립 의지에 큰 영향을 미치고 있다. 직업관이란
청소년으로 하여금 노동의 가치를 알게 하고 일에 대한 올바른 태도
를 취하도록 하는 것으로, 보호체계청소년의 자립 준비 전반에 걸쳐
긍정적인 영향을 주고 가장 영향을 미치는 요인이다. 이러한 직업관
은 청소년의 취업 준비나 취업활동에 직접적인 영향을 주기 때문에,
보호체계 퇴소 후 혼자서 자신의 생활을 책임지며 살아야 하는 청소
년의 경우에는 더욱 필요한 요소다. 이와 관련하여 김남욱(2008)은
중장기쉼터에 거주하는 청소년의 자립 준비에 이들의 직업관이 가
장 영향력 있는 요인이라고 설명하고 있다. 이러한 직업관은 자립
의지, 생활과업수행기술, 대인관계기술, 문제해결기술, 취업 여부
등에 영향을 미치는 것으로 나타났다(박은선, 2005; 조진영, 2007).
또한 직업목표를 잘 수립하고 이를 확실하게 인식할수록 자립 준비
도가 높은 것으로 밝혀짐에 따라(손혜옥 외, 2008), 보호체계청소년
에게 올바른 직업관을 형성하도록 도와주는 것이 자립 준비에 매우
중요하다.

따라서 일찍부터 체계적인 진로지도를 실시하여 자신의 진로 및
직업에 대한 계획을 세우도록 하고, 일상생활에서 적절한 역할과 과
제를 부여하여 이를 책임지고 수행하도록 하는 등 스스로 할 수 있
는 기회를 많이 제공하여 자발성과 문제해결 능력을 키우도록 도와
야 한다. 단, 이러한 개인적인 직업관은 단기간에 갖추어지는 것이
아닐뿐더러 강의식 교육으로는 제한적인 효과에 그치므로, 장기적

인 관점에서 체험학습, 상황극, 토론, 모델링할 수 있는 성인과의 만
남 등의 다양한 교육방법의 개발을 통해 올바른 직업관을 심어 주어
야 한다. 아울러 청소년에게 직업에 대한 실제적이고 다양한 정보를
제공하여 자신의 적성에 맞는 직업을 탐구케 함으로써 미래에 대한
설계를 구체화할 수 있도록 도와야 한다. 그 밖에도 일상생활에서
청소년이 실무자와의 자연스러운 상호작용을 통해서도 바람직한 직
업관을 획득할 수 있으므로, 실무자의 바른 직업관에 대한 점검과
직업 지도와 관련한 교육이 지속적으로 이루어져야 한다.

이에 덧붙여 청소년의 욕구, 직업이 다양해짐에 따라 기존 보호체
계에서 지원하는 자립 준비 프로그램의 효과가 크지 않으므로, 이들
이 취업뿐 아니라 진로와 연관된 다양한 정보를 제공받을 수 있도록
도와야 한다. 이를 위해서 학교에서의 직업교육, 노동부의 직업훈련
교육, 정부 부처의 청소년지원사업 간의 다각적인 연계가 절실하다.

(3) 사회지지망의 구축

사회지지망은 퇴소청소년이 성공적으로 자립하는 데 중요한 요소
가 된다. 그러나 이들 대부분은 접근이 가능하고 도움을 요청할 수
있는 공식적 · 비공식적 지지체계가 매우 취약하므로, 보호체계에서
는 보호기간 내에 이들의 자립생활에 도움을 줄 수 있는 긍정적인
지지망 구축을 도와야 한다.

일반 청소년이 성인기로의 이행 시 가장 중요한 지지체계인 가족
지지체계가 퇴소청소년에게는 자립에 큰 영향을 미치지 못하는 것
으로 조사되었다(신혜령 외, 2003; 강현아, 2010). 강현아(2010)에 따

르면, 퇴소청소년의 경우 가족 유대감이 부족하기 때문에 가족 지지
의 영향력이 낮은 반면, 시설이나 사회복지사 등 타자에게서의 지지
가 자립생활에 영향을 주는 요소로 드러났다. 신혜령(2001)의 연구
에서도 퇴소청소년의 경우, 가족 지지보다는 퇴소 이후 보호시설의
보육사와 긍정적인 유대관계가 높은 청소년과 보호시설의 퇴소자
모임에 참여하고 있는 청소년의 경우 자립 준비 정도가 높은 것으로
나타났다.

특히 양육시설청소년을 대상으로 한 연구에서, 청소년이 인식한
시설의 지지나 보육사의 지지는 퇴소아동의 자립 수준을 결정하는
가장 강력한 변수로 나타났다(신혜령, 2001; 신혜령 외, 2003; 박은선,
2004; 손혜옥 외, 2008; 김미연, 2009; 조진영, 2007). 이와 유사하게 그
룹홈의 경우도 청소년이 인식한 사회적 지지는 진로결정 수준에 영
향을 미치며(박은미, 장신재, 2009), 사회적 지지를 많이 받고 있다고
지각할수록 퇴소 후 생활만족도도 높았다(정선욱, 2008). 이러한 결
과는 퇴소청소년에게 보호체계나 자신을 돌봐 준 실무자의 지속적
인 지지와 조언이 이들의 긍정적인 자립생활에 큰 영향을 미치고 있
음을 보여 준다.

이와 같이 보호체계청소년의 경우 부모의 도움과 지지가 결여된
상태에서는 보호체계 실무자와의 유대관계가 자립 의지 및 자립 준
비에 큰 영향을 미치는 것으로 나타났다(강민정, 2000; 김남욱, 2008;
김종삼, 2008; 조순실, 2010). 이들은 성장하면서 가정에서 겪은 부정
적 양육 경험을 통해 어른을 불신하기 쉽고, 종종 부모에 대한 좋지
못한 감정이 실무자에게로 전이되어 나타나곤 한다. 그럼에도 불구

하고 실제적으로 보호자인 실무자와 가깝게 지내는 시간이 많아지고, 자신을 이해하고 챙겨 주면서 형성되는 애착관계는 이들의 자립의지 강화에 영향을 미침에 따라, 더욱 자신의 생활을 개선하고자 노력하고 자신의 미래에 대한 희망을 기대하는 데 큰 도움이 되고 있다. 특히 실무자와 장기간에 걸친 지속적인 관계형성이 중요한데, 조진영(2007)의 조사에서도 현재 생활하는 시설에서 보육사가 교체되지 않았거나 한 번 교체된 경험이 있는 청소년이, 보육사가 네 번 이상 교체된 경험이 있는 청소년보다 자립생활준비 정도가 높은 것으로 나타났다.

이들은 실무자, 자원봉사자, 함께 생활하는 또래집단과 안정된 관계를 유지함으로써 새로운 사회적 지지체계를 형성할 수 있음은 물론, 이러한 지지체계에서의 정서적 지지는 과거에 가족에게서 받은 부정적 지지와 경험을 대체할 수 있는 효과도 기대해 볼 수 있다. 따라서 제2의 가정인 보호체계의 실무자, 선후배, 청소년 전문가 등으로 구성된 사회지지망을 구축할 필요가 있다.

이에 덧붙여 보호체계 실무자의 지지가 이들의 진로준비 행동을 높이는 데 큰 역할을 담당하고 있으므로, 이러한 역할을 제대로 할 수 있도록 보호체계의 역량을 강화하는 프로그램을 마련해야 한다 (홍미리, 2006; 신혜령 외, 2003). 아울러 정책적인 지원을 통해 보호체계에서 거주청소년에게 체계적이고 종합적인 자립지원을 제공하는 전담직원 제도를 강화하고 직업현장의 발굴을 통해, 퇴소를 앞둔 청소년에게 직장체험의 기회를 제공할 수 있도록 하는 것이 바람직하다. 이를 위해서 청소년의 발달 단계에 따른 진로준비 프로그램을 개발하여 보호체계에 보급하고 실무자를 대상으로 체계적인 교육을 제공하여, 청소년에 대한 지속적인 관리와 사회지지망을 형성하는 정서적 지지원의 역할은 물론 진로지도에 관한 전문성을 키우도록 지원책을 마련해야 한다.

(4) 생활관리기술의 개선 – 자립 준비 프로그램

퇴소청소년의 대부분은 가정에서 성장하면서 자연스럽게 습득하는(생활에 필요한 기본적인) 기술을 배우지 못한 채 집 밖으로 나와, 정해진 규칙에 따라 수동적으로 생활하거나 여러 곳을 배회하며 생활하다 보니 생활관리기술을 배울 기회가 전혀 없다. 미국의 경우 이들의 교육과 건강에 관련된 문제의 심각성을 인식하고, 최근에는 주정부가 위탁보호체계에서 거주하고 있는 청소년의 연령을 상향 조정하여 고등교육을 마칠 때까지 필요한 기회를 줌으로써 많은 청소년이 고등교육 이상의 교육을 받을 수 있도록 모색하고 있다.

따라서 보호체계에서 거주하고 있는 청소년에게 이전의 불건전한 생활방식을 버리고 건강한 생활습관을 습득하고 바람직한 사회기술을 훈련받을 기회를 제공해야 한다. 강복정(2002)에 따르면, 자립 준비교육 프로그램이 시설청소년의 자기 이해와 성장에 긍정적인 영향을 주었고, 퇴소 후 사회적응 및 가정 형성관에도 긍정적인 영향을 미쳤다고 설명하고 있다. 또한 학업을 지속시키고 직업훈련을 통해 경제적인 독립을 이룰 수 있는 기회를 확대시키며, 구체적인 독립능력의 획득과 실제적인 연습을 통해 철저하게 독립 준비를 시켜야 한다. 한 예로 미국의 라이트하우스 독립생활 프로그램에서는 실제적인 공간에서 생활관리를 습득하도록 도와주고 있다.

이러한 독립준비 프로그램은 금전관리, 건강 및 안전, 거주지 확보 및 관리, 음식과 영양 상태, 지역사회 자원에 대한 정보, 직업경력에 대한 계획, 사회기술 발달을 위한 원조 등 다양한 내용을 포함해야 한다. 여기서 무엇보다 중요한 것은 레더스와 테스타(Leathers & Testa, 2006)가 강조하는 것처럼, 독립준비 프로그램은 청소년에게 보호체계를 퇴소할 즈음에 제공하는 것이 아니라 입소 때부터 계획을 수립하고 거주 기간 동안 지속적으로 경험할 수 있도록 도와주어야 한다.

이에 덧붙여 이들을 위한 기초생활관리가 요구되고 있다. 이들은 일상생활에 대한 관리가 제대로 이루어지지 않고 불규칙한 생활패턴 때문에 사회화에 필요한 기본적인 소양이 부족한 경우가 많다. 따라서 보호체계에서의 퇴소 이후에 자립생활을 영위하기 위해서는 자신의 생활을 스스로 관리하고 유지할 수 있는 능력이 필수적인데, 여기에는 생활관리기술, 금전관리, 가사관리, 주택 및 지역사회자원 활용 등을 포함한다.

2) 제도적 요인

앞에서 살펴본 바와 같이 일반 청소년의 경우 18세가 되어도 자립한다는 것은 엄두도 못내는 현실 속에서, 보호체계에서 생활하는 청소년으로 하여금 18세가 되면서 법적 연령 제한을 근거로 아무런 준비 없이 보호체계에서 퇴소하도록 하는 조치는 커다란 모순이다. 지금은 고등학교를 졸업해도 전혀 자립할 수 없는 현실 속에서 이들에게만 이를 적용하여 자립을 강요하는 것은 차별의 여지가 있으므로, 이들을 포함한 일반 청소년도 혜택을 받을 수 있도록 자립지원제도를 전반적으로 검토·개선할 필요가 있다.

이와 관련하여 미국의 경우 1994년에 「학교-직업 이행 기회법」을 제정하고 연방정부가 적극적인 개입과 지원을 함으로써 청소년의 취업에 긍정적인 효과를 얻었다. 즉, 학교와 기업 간에 파트너십을 구축했으며, 통합형 학교체계를 통한 직업교육의 보편화를 이룩하는 등 정부 차원에서 직업 관련 구성 요소에 대해 종합적이고 체계적인 개입전략을 추진함으로써 청소년이 학교에서 직업세계로 원활하게 진입하도록 도와주고 있다. 이러한 정부의 주도적이고 적극적인 개혁 결과로 현장교육에 참여하는 학생의 직업능력이 높아져 취업할 때 유리해졌고, 결국 고용과 소득에 긍정적인 영향을 준 것으로 평가하고 있다(Stern, 1995).

이러한 외국의 사례는 우리에게 시사하는 바가 크다. 즉, 우리나라 현행 직업교육제도에서 현장교육을 활성화하고, 현재의 획일적인 현장실습에서 벗어나 학생의 다양한 수준과 욕구에 맞도록 프로그램을 개편하여 현장교육의 질을 높이는 것이 시급하다. 이러한 구체적인 조치를 통한 직업세계로의 원활한 진입은 보호체계청소년을 포함한 모든 청소년의 성공적인 자립을 위한 기본 조건이다. 외국에 비해 우리나라는 청소년의 보호를 위주로 하는 매우 제한적인 정책을 실시하고 있으므로, 이제부터라도 정부 차원의 종합 지원 대책을 마련하여 청소년에 대한 종합적 지원을 강화해야 한다. 특히 자립의

욕구가 강한 보호체계청소년을 체계적으로 평가하는 틀을 개발하여
이들의 자립을 위해 다각적인 지원이 이루어지도록 정책적 변화를
요구하고 있다.

(1) 퇴소청소년에 대한 인식의 전환

이제는 일반인의 보호체계 퇴소청소년에 대한 부정적인 인식이
바뀌어야 한다. 이들도 일반 청소년과 유사한 욕구가 있어서, 자신
을 보호해 주는 성인에게서 지속적인 지지를 받고 일정 기간 동안
재정적 지원을 제공받기를 희망하고 있다. 또한 스스로 병원비를 마
련할 수 있을 때까지 국가에서 의료보험의 혜택을 받기를 원하고,
실패를 겪는 한이 있더라도 직접적인 경험을 통해 다양한 학습의 기
회를 얻고 싶어 한다. 이들은 또래의 일반 청소년과 마찬가지로, 의
미 있는 직업을 얻고 싶고 민주시민으로서의 역량과 개인적 목표를
달성하고 싶으며, 자신의 잠재능력을 개발코자 많은 도전을 필요로
하고 있다.

따라서 국가 차원에서 이들이 조만간 우리의 미래를 책임질 사회
구성원임을 명심해야 한다. 왈드와 마르티네즈(Wald & Martinez,
2003)는, 이들이 필요한 도움을 받아 안정되고 생산적인 시민으로
성장한다면 이들이 사회의 부담으로 남아 있을 때 사회가 지불해야
할 근본적인 비용을 감소할 수 있어서 궁극적으로 거대한 사회적 이
득이 될 것이므로, 성인으로의 전환에 필요한 자원과 지지 프로그램
을 적극적으로 제공할 것을 제안하고 있다. 그러므로 우리 사회가
이들에 대한 부정적인 태도를 버리고 이들도 건강한 사회인으로 살

아갈 수 있는 존재임을 인정하며, 이러한 존재로 자랄 수 있도록 이들에 대한 인식을 변화시켜야 한다. 이를 위해서는 일반 가정에서 부모의 보호와 양육 속에서 성장하는 청소년과 크게 다르지 않은 양육환경을 제공함으로써, 이들이 비록 자신의 가정은 떠나 있더라도 건강한 성인으로 성장할 수 있다는 인식의 전환은 물론 이러한 기회를 제공하여 사회 구성원으로서의 역할을 충실히 수행할 수 있도록 지지해 주어야 한다.

(2) 퇴소청소년을 위한 법과 제도 마련

관련 법 제정

보호체계에서 일하는 실무자는 퇴소청소년을 위한 취업이나 주거, 진학, 의료 등의 자립지원 프로그램을 적극적으로 실시할 수 있도록 무엇보다도 먼저 관련 법적 근거의 마련을 강조하고 있다. 이에 앞 장에서 살펴본 바와 같이 여러 법과 제도를 마련하여 이들을 보호하고 있는 서비스기관으로 하여금 이들이 퇴소하기 전부터 장기계획을 세워, 퇴소 후 생활에 대한 준비 과정을 체계적으로 마련토록 지도해야 한다.

우리나라의 경우 「아동복지법」에 의거하여 아동보호시설 퇴소청소년을 위해 다양한 자립지원 서비스를 마련하였다. 정부는 아동보호시설의 퇴소청소년을 위한 자립지원 대책의 일환으로 2007년 「아동복지법」 시행령 개정을 통해 아동복지시설 내 자립지원 업무를 전담하는 자립지도전담요원을 배치하고 있고, 이들을 위해 현재까지 재정지원, 교육지원, 주택 지원, 의료지원 등의 자립지원 서비스를 제공하고 있다. 이에 덧붙여 아동복지시설의 퇴소청소년에게 취업 정보의 제공은 물론, 정서함양을 위한 상담, 지속적인 사례관리를 실시하는 자립지원센터를 운영하고 있다. 그러나 앞에서 살펴본 바와 같이 실제로 자립지원 혜택을 제공받는 청소년은 극소수에 불과한 실정이고, 그나마 제공되고 있는 자립지원 서비스에서도 여러 문제점이 등장하고 있다.

따라서 정익중(2007)이 제시한 바와 같이, 보호체계 자체의 노력만으로는 해결되기 어려우므로 정부에서 우리의 미래를 책임져야 할 사람에 대해 무조건적으로 투자한다는 자세를 취해야 한다. 특히 보호와 지원이 필요한 청소년에게 보다 실질적인 혜택이 돌아갈 수 있도록 자립지원 관련 정책을 법적으로 제도화하도록 추진하는 것이 시급하다. 그 이유는 이러한 법적 근거를 마련한다면 안정적인 재원과 인력의 확보가 가능해지고 퇴소 후 자립생활을 장기적이고 체계적으로 지원할 수 있기 때문으로, 중장기쉼터 실무자의 경우 쉼터 퇴소청소년에 대한 취업이나 주거, 진학, 의료 등의 자립지원사업을 적극적으로 추진할 수 있도록 법적 근거 마련을 촉구하고 있다. 따라서 우리나라도 외국과 같이 국가 및 지방자치단체에서 보호체계청소년에 대한 자립지원을 적극적으로 추진하도록 하는 규정을 법에 구체적으로 명시하여, 청소년 자립지원에 필요한 충분한 예산 확보를 통해 지역별 자립지원 서비스의 편차를 해소시키는 것이 시급하다. 아울러 구체적인 법 제정을 통해 보호체계의 특성을 살려 청소년이 집 밖의 보호체계에서 적합한 서비스를 제공받을 수 있는 기회를 제공해야 함은 물론, 다각적이고 체계적인 자립지원 방안을 마련해야 한다.

서비스 전달체계의 강화

퇴소청소년의 자립지원을 효과적으로 지원하기 위해서는 서비스 전달체계를 강화해야 한다. 먼저 청소년 관련 법에 기초하여 자립지원을 위한 정부 부처 간의 유기적인 협력을 모색하고, 기관 간 업무가 중복되는 영역에 대한 재정리와 기관 간의 연계를 강화할 필요가 있다. 한 예로, 현재 정부는 가출청소년을 위한 연계협력방안으로 CYS-net을 통해 원스톱(one-stop) 서비스를 제공하고자 노력하고 있음에도 불구하고, CYS-net와 CYS-net 수행의 허브(HUB) 기관을 맡고 있는 상담지원센터의 경우 가출을 포함한 모든 위기청소년을 위한 보호체계의 역할을 함으로써 가출청소년에 대한 집중적인 지원이 충분히 이루어지지 못하고 있다. 뿐만 아니라 가출청소년을 보다 집중적으로 다루는 쉼터와 상담지원센터 간의 연계가 원활히 이루어지지 않아 업무가 중복될 경우 갈등이 발생하기도 한다(백혜정, 방은령, 2009). 따라서 기관 간 업무 중복에 따른 갈등을 해소하기 위해서는 각 기관의 역할을 명확히 할 필요가 있고, 연계체계에 대한 종합적인 검토가 필요하다. 아울러 자립 정책을 지원하는 담당자의 업무에 관한 인식 부족과 비전문성 때문에 원활한 지원이 이루어지지 못하고 있으므로, 담당자와 보호체계 실무자와의 합동교육을 통해 지원전달체계를 활성화하는 것이 바람직하다.

다음으로 자립지원센터에서는 전문인력의 확충을 통한 전문성 확보와 재정 증액을 통해 효율적인 자립지원 서비스를 제공하고, 보호체계청소년의 자립에 필요한 지역사회 내의 학교, 취업알선센터, 사회복지관, 기업, 직업훈련시설 등의 외부 자원을 개발하고 연계하여 종합적이고 체계적인 서비스를 마련하여야 한다. 특히 보호체계내의 자립지도전담요원과의 업무연계를 통해 퇴소 전후의 자립 준비와 퇴소 후의 사례관리를 구체화하여 사회복지 서비스, 학업지원 서비스, 고용, 건강 서비스를 연계지원하는 역할을 담당해야 한다.

또한 자립생활관의 경우 청소년의 주거욕구를 충분히 반영하지 못했고, 지방도시의 수요 부족과 시가지, 교통 등을 고려하지 못한 접근성 부족의 결과로 정원에 미달되어 운영하고 있는 문제점을 인식하여, 활용도를 높이고 가장 필요한 주거공간으로 인식하도록 운영방식을 개선해야 한다.

다음으로 2007년부터 배치하기 시작한 아동복지시설의 자립지도전담요원의 경우 지역에 따른 자립 서비스의 질적 차이를 확대하지 않기 위해서라도, 모든 지역에 시설별 전담요원을 빠른 시일 내에 배치해야 한다. 특히 대부분의 그룹홈이나 중장기쉼터의 경우 자립준비를 도와줄 수 있는 전담 전문인력이 없어서 일반적인 상담 제공 및 보호에만 급급한 수준이다. 사정이 이렇다 보니 복합적이고 다양한 위기청소년의 욕구를 충족할 수 없어 이들의 서비스에 대한 만족도가 낮은 편이고 가출청소년의 청소년쉼터 입소율도 낮은 편이다. 따라서 그룹홈과 중장기쉼터에도 자립지도전담요원을 배치하여 거주청소년이 퇴소하기 전까지 전문적이고 체계적인 자립지원책을 마련하여 이들이 퇴소 후 성공적인 성인으로 전환하도록 도와야 한다.

아울러 현재 시설당 1명씩 전담인력의 배치는 시설의 규모, 아동 수에 비례하여 실질적인 자립지원 업무가 가능하도록 추가 배치하는 것도 고려해야 한다.

그 밖에도 자립지원체계의 다양화가 이루어져야 한다. 퇴소청소년의 사회적응을 위해서는 본인의 노력도 중요하지만, 무엇보다도 먼저 정부 차원에서 이들을 위한 자립지원 관련 예산을 충분히 확보하고 집행함으로써 전문 인력을 통한 수준 높은 자립지원 서비스를 제공해야 한다. 또한 자립지원은 정부의 힘만으로는 될 수 없다는 점을 분명히 인식하여 지역사회, 기업, 민간단체 등에서도 이들의 자립을 위한 재정지원을 모색할 뿐만 아니라, 이들의 취업활동, 사회활동 지원, 후원자 연계 등에 적극 참여하여 이들에 대한 사회적 편견을 없애는 데 주력해야 한다. 아울러 지역사회의 자원 제공기관과 민간자원 네트워크를 구축하여 이들의 멘토 역할을 할 수 있는 취업현장 발굴 및 시설청소년의 취업탐색에 대한 정보를 제공하도록 기능을 강화해야 한다.

자립지원 제도 마련

퇴소청소년의 당면과제인 경제적 어려움을 완화하기 위해서 퇴소연령을 연장함은 물론 주거 해결과 자립정착금지원 제도가 정착되어야 한다. 이와 함께 퇴소청소년의 특성과 자립이 가능한 조건 등을 고려한 효율적인 지급방법 및 사후 관리 등에 대해 구체적인 실행방안을 모색해야 한다.

◆퇴소 연령의 연장

현대사회에서 성인이 되어 자립하기까지의 기간이 연장되는 추세와 이 기간 동안 부모의 지원이 일반화되고 있는 시점에서, 퇴소청소년은 18세에 도달하면 '안정된 직장'과 '경제적 자립'이 전제되지 않은 상황에서도 퇴소해야 한다. 이처럼 준비가 덜 된 퇴소 조치는 이들의 자립을 지연시키고 있다. 신혜령 등(2008)의 연구에 따르면, 18세 이상으로서 시설보호를 받을 수 있는 기간을 연장할 수 있었던 청소년이 연령 제한으로 퇴소한 청소년에 비해 대학 진학 비율이 높았으며, 심리사회적 적응 측면에서도 더 긍정적인 결과를 나타냈다. 따라서 콜린스(Collins, 2001)가 언급한 바와 같이, 이들로 하여금 너무 어린 나이에 아무런 지원도 받지 못한 채 퇴소하여 자립하기를 유도하기보다는, 대학 진학이나 자립생활 프로그램 등의 프로그램을 통해 자신의 미래를 위해 준비할 수 있는 시간을 주는 것이 필요하다(강현아 외, 2009에서 재인용).

실제로 학업을 지속하고자 하는 퇴소청소년이 증가하면서 대다수의 퇴소청소년이 퇴소 연령의 연장을 희망하고 있다. 보건복지가족부와 중앙아동자립지원센터(2008)의 조사에 따르면, 희망 퇴소 연령은 만 22~23세(35.9%), 20~21세(32.2%), 24~25세 미만(21.2%)의 순으로 나타나 현재의 18세와 상당한 격차를 보이고 있을 뿐만 아니라 현재보다 2~4년 늦게 퇴소하기를 원하고 있었고, 이는 학력이 높아질수록 희망 퇴소 연령도 높아지고 있다. 또한 대학을 다니는 동안 퇴소 시기를 늦추길 원하는 것으로 보여 앞으로 퇴소청소년의 대학 진학률이 증가할 경우 연장청소년의 수가 증가할 것으로 예상된다.

18세가 지나더라도 청소년이 보호와 감독을 받을 수 있는 보호체계에 남아 있는 것이 자립으로의 전환에 큰 도움이 되므로, 퇴소 연령의 연장을 통해 적어도 고등학교를 졸업하고 직장생활을 하거나 대학 진학 시 학업에 집중할 수 있는 기간을 부여하여, 좀 더 준비가 된 상태에서 사회적응을 하도록 유도하는 것이 바람직하다. 이와 관련하여 김대원(2010)은 1~2년 정도 퇴소 연령을 늦출 것을 제안하고 있다. 또한 김남욱(2008)은 중장기쉼터에서 2년 이상 거주하는 청소년이 21.1%로 나타나 퇴소 후 갈 곳이 없는 청소년이 많다는 사실을 밝히면서, 가출청소년의 경우 최대 2년의 거주 기간 동안 자립 준비를 하는 것은 거의 불가능하므로 거주 기간 연장의 필요성을 강조하고 있다. 특히 가출청소년의 경우 타 보호체계에서 생활하는 청소년에 비해 불규칙한 생활의 일상화로 자립 준비 자체가 힘들고 시간도 더 많이 필요하므로, 중장기쉼터는 자립지원 기간을 최대 2년, 19세까지로 한정하기보다는 청소년이 실질적인 자립 준비를 완료할 때까지 대상의 연령이나 자립지원 기간을 제한하지 않는 방향으로 운영되는 것이 바람직하다. 그러나 보건복지가족부와 중앙아동자립지원센터(2008)가 지적한 바와 같이, 보호체계에서의 보호기간의 단순 연장은 연장청소년과 퇴소청소년 간의 학업지원, 취업지원, 생활지원에서 형평성의 문제가 제기되므로, 퇴소청소년의 거주 기간 연장에 대한 다각적인 검토가 요구된다.

아울러 퇴소 직후 진로를 변경한 청소년에게도 필요한 서비스를 제공할 수 있도록 융통성 있는 서비스 수혜 자격을 요구하고 있다.

예를 들어, 시설에서 퇴소하기 전에 진학을 결정하고 시설에서의 생활을 연장하면 주거 및 생활비, 학비 등을 지원하는 것이 용이하지만, 현재 상황으로는 취업하여 퇴소한 이후에 다시 대학에 진학한다거나 그 반대의 경우 서비스 제공이 어려운 경우가 있다. 그러므로 보건복지가족부와 중앙아동자립지원센터(2008)의 제안을 고려하여, 서비스의 자격을 현재 시설에서 보호되고 있는 청소년으로 제한하지 말고 퇴소 후 일정 기간 동안 필요한 서비스를 제공받을 수 있도록 해야 한다.

◆ 주거 문제의 해결책

국내외를 막론하고 목돈이 없는 퇴소청소년에게 가장 큰 장벽으로 여겨지는 주거 문제는 심리적 불안과도 관련되어, 자립에서 가장 시급히 해결되어야 할 요인이다. 이들의 주거 문제 해결을 위해, 미국의 경우 채피 위탁보호 독립 프로그램에서는 연방지원금의 30% 이상을 18~21세의 청소년의 주거비용에 사용할 수 있도록 명시하고, 일본의 경우 소규모 가정인 원조홈에서 지낼 수 있도록 지원하고 있다.

우리나라의 경우 국민임대아파트나 영구임대아파트 등에 퇴소청소년 우선순위라는 조항이 있다. 하지만 퇴소청소년은 '결혼하지 않은 단독 가구'이다 보니 입주 대상자 선정 기준에서 낮은 점수를 받아 사실상 입주가 어려운 실정이고, 퇴소 시 받는 '자립정착금'도 국민임대아파트의 보증금에 못 미치는 수준이다. 그 밖에도 이미 여러 부처에서 퇴소청소년을 위한 '전세주택 지원'이나 공동가정'등의 주거 관련 프로그램을 제공하고 있지만, 이러한 프로그램에 대한 홍보 부족으로 실무자조차 모르다 보니 이들에게 적절한 정보를 제공하지 못하곤 한다(김대원, 2010). 따라서 실무자를 대상으로 전세주택지원에 관한 홍보 및 교육을 통해 청소년에게 정확한 정보를 제공하고 안정된 주거를 마련하도록 돕는 것이 필요하다. 아울러 현재의 복잡한 지원 절차를 간소화하여 접근성을 개선하여야 한다.

선행 연구(배주미 외, 2010; 보건복지가족부, 중앙아동자립지원센터, 2008)에 따르면, 주거지원과 관련하여 자립생활관청소년 대부분이 영구임대아파트 제공과 충분한 전세자금지원을 선호하고 있으므로, 이들을 대상으로 영구임대아파트 입주자격 우선 부여, 충분한 전세자금지원, 청약저축 가입자격부여지원 등의 개선이 요구되고 있다. 이를 자세히 살펴보면, 저렴하고 청소년의 기호에 맞는 임대주택 제공 확대, 대학 졸업 시까지의 전세주택지원, 직업교육을 받는 동안 시설청소년의 입소기간 연장, 현실적 수준의 전세자금지원, 전세주택 서비스 체계의 개선, 자립 체험을 위한 중간 형태의 시설 및 프로그램을 희망하고 있다.

이에 덧붙여 자립생활관의 적극적인 홍보로 자립생활관의 역할을 청소년에게 인지시키고 부정적인 이미지를 개선할 방안을 마련해야 한다.

◆자립정착금지원의 현실화
퇴소를 준비하는 또는 이미 퇴소한 청소년 모두에게 정부의 자립정착금은 상당한 의미가 있음에도 불구하고, 현실적으로 퇴소청소년에게 현재 지급하는 자립정착금은 주거 마련 비용과 생활용품 구입비용으로도 부족하여 자립을 정착시키기에는 턱없이 부족한 액수다. 이는 자립생활관청소년과 실무자 모두가 동의하는 내용으로, 적절한 자립정착금과 관련하여 자립생활관청소년은 73.6%가 500만 원 이상에서 적당하다고 응답하였으며, 자립생활관 근무자는 71.4%가 500만 원 이상에서 적당하다고 응답(장경희, 2008)하여 현재 지역에 따라 100~500만 원씩 지급하고 있는 자립정착금을 적정한 수준으로 상향 조정할 필요가 있음을 보여 준다.

또한 지역별로 지급하고 있는 자립정착금의 차이와 관련하여 최소 금액 기준을 정해 지역별 형평성을 맞출 필요가 있다. 아울러 자립정착금 지급방법에서도 보호체계청소년의 특성에 맞게 일시 지급, 일정 기간 단계별 지급 등 다양한 방법으로 지급함은 물론 자립정착금을 지원 목적에 맞게 사용할 수 있도록 사전 경제교육을 실시하고, 철저한 사후 관리가 이루어져야 한다.

부산시, 시설퇴소아동 자립지원금 300만 원으로 늘려

부산시는 아동양육시설을 나오는 아동(만 18세)에게 지난해까지 200만 원씩 지원하던 자립지원금을 올해 300만 원으로 늘려 제공한다고 28일 밝혔다. 자립지원금은 아동양육시설에서 나오는 아동이 가구·가재도구를 구입하는 데 쓰이며, 아동양육시설에 배치된 자립지도 전담요원이 퇴소아동의 자립재활을 지원하고 있다. 부산시는 앞으로 자립지원센터를 개설해 시설퇴소아동을 대상으로 퇴소 후 5년간 지속적으로 관리할 계획이다.

부산시는 퇴소아동의 주거지원을 위해 한국토지주택공사와 연계해 전세주택 및 영구임대주택을 지원하고 있으며, 아동이 대학에 진학할 경우 1학기 학자금을 전액 지원하고 있다. 또 아동이나 후원자가 월 3만 원을 적립하면 국가가 3만 원을 지원하는 디딤씨앗통장 개설도 적극 안내하고 있다.

부산시 공무원 및 유관기관 단체 직원 등 1,364명은 '월 급여 자투리 후원금' 6750만 원을 모아 지난 6일 아동양육시설을 퇴소하는 아동 135명에게 전달했다. 부산시 관계자는 "2008년 4월부터 시작한 시 직원 대상 자투리 후원금 모금에 부산복지개발원, 부산시안경사협회, 부산시 여자예비군, 내 고장 사랑운동본부 등이 동참했다."라며 "디딤씨앗통장 가입자도 늘어나는 등 퇴소아동이 사회에 빨리 정착할 수 있도록 후원 하는 분위기가 확산되고 있다."라고 말했다(머니투데이. 2012. 2. 28.).

그 밖에도 퇴소청소년은 주 생활비를 대부분 아르바이트를 통해 조달하다 보니 불안정한 생활로 경제적 어려움을 겪으면서 학업을 중단하는 사례가 적지 않다. 따라서 이들이 퇴소 후에 학업을 지속 할 수 있도록 학자금과 같은 생활자금을 융자해 주고, 취업 혹은 졸 업 후에 장기 상환할 수 있는 제도를 마련하는 것이 바람직하다. 이 러한 학업지속의 기회를 부여하는 것은 일시적인 실직으로 장기간 빈곤에 놓이거나 장기수급자로 전락하지 않도록 하는 안전망 역할 을 담당할 것이다.

지금까지 살펴본 바와 같이, 자립지원 서비스와 관련하여 개인적 · 환경적 요인을 종합적으로 고려함으로써 자립 준비 프로그램을 개발하고 체계적으로 운영해야 한다. 또한 심리적 · 정서적 지원 강화, 진로탐색 및 진로설계 서비스의 강화, 학업지원의 강화, 사회기술 역량 함양, 경제교육 강화 등 다양한 서비스가 요구되고 있다.

3) 자립지원 프로그램의 개발

보호체계청소년은 18세에 퇴소해야 하는 현실 속에서 일반 청소년보다 더 이른 나이에 자립을 해야 하므로 철저한 자립지원 프로그램을 마련하여야 하는데, 선행 연구들(강철희, 2001; 이혜은, 최재성, 2008; 조규필, 2010)은 정서적 측면과 경제적 측면이 균형을 이루어야 자립이 효과를 발휘할 수 있다고 설명하고 있다. 강철희(2001)는 시설아동의 자립 준비는 다양한 측면, 즉 정서적 측면, 생활기술 측면, 경제적 측면, 주거 측면 등에서 체계적인 준비가 필요하다고 설명하고 있고, 신혜령(2009)도 퇴소청소년의 정서적인 측면과 경제적인 측면은 물론 청소년 개인의 기술향상능력까지도 고려한 통합적인 자립 준비 프로그램을 제안하고 있다.

(1) 특징

자립은 오랜 기간 동안 지속적이고 체계적인 준비를 통해 이루어지는 만큼 정서적 · 심리적 · 사회적 · 인지적 측면에서 개인적 발달에 대한 이해와 이러한 발달과정에 영향을 준 경험에 대한 파악은 물론, 개별적인 욕구 파악, 자립 동기 부여 및 향상, 자아존중감 향상 등을 포함한 자립 준비에 관한 전문적이고 체계적인 프로그램을 개발해야 한다. 또한 이러한 자립을 유지하기 위해서는 취업 이외에도 심리적 상담은 물론 규칙적인 생활에의 적응, 그리고 진로 및 취업에 관한 지원 등을 균형 있게 제공해야 한다.

미국의 아동복지연맹기준(CWLA, 2004)에서는 자립생활 서비스를 규정했는데, (자기충족적인 어른으로서 건강하고 생산적이며 책임 있는 삶을 살아가기에 필수적인 기술습득이 필요한) 가정과 분리된 청소년을 표적 집단으로 하여 이들이 원가족과 부모와의 재결합이 가능하지 않을 경우 다음과 같은 기준을 요구하고 있다(신혜령, 2008).

- 명확하게 기술한 자립생활계획
- 청소년의 자립생활계획 과정에의 참여
- 가능한 한 자립 과정의 조기 시행
- 퇴소 이후 서비스의 필요성
- 양육자와 사회복지사의 역할모델과 교사로서의 역할과 지지 제공
- 자립생활준비 과정에의 원가족의 광범위한 참여

한편 자립지원 서비스 영역과 관련하여 박은선(2005)은 교육 및 직업훈련기술, 진로(직장 문제)기술, 돈관리, 학업기술, 주택관리기술, 건강관리기술, 지역사회자원 활용기술, 체험학습, 일상생활기술, 대인관계기술, 문제해결기술, 극기훈련, 자조집단 등을 대표적인 자립지원 서비스로 제시하였다. 이와 같이 다양한 영역에 대한

자립지원 서비스 제공은 자립의 기초가 되는 심리적 · 신체적 건강, 주변 사람과 조화롭게 생활할 수 있는 사회성, 자원활용기술을 통해 안정적으로 직업과 주거를 유지할 수 있는 종합적인 영역을 포괄하는 것으로 이해할 수 있다.

또한 미국 내 자립 관련 서비스 중 대표적인 프로그램인 케이시 가족 프로그램(Casey Family Program, 2001)에서는 직장 및 학업기술, 일, 돈관리, 공부습관, 주택, 자기보호, 지역사회자원, 일상생활, 사회성 발달을 대표적인 자립생활기술의 영역으로 설정하고 프로그램을 구성하고 있다. 마지막으로 대인 서비스 부서(2001)에서는 진로 직장기술, 직업 · 훈련기술, 돈관리기술, 교육, 주택관리기술, 건강관리기술, 지역사회 자원활용, 일상생활기술, 자아 향상 및 자립심강화와 더불어 자조집단 구성을 중요한 자립의 영역으로 보았다.

이러한 다양한 영역과 관련하여, 보호체계청소년의 성공적인 자립을 위해서는 무엇보다도 대학 입학을 비롯한 교육의 기회와 취업 및 직장생활에 대한 전문적인 상담 서비스와 직업훈련을 실시함으로써 취업에 필요한 지식과 기능을 습득할 수 있도록 해 주어야 한다. 또한 실무자와 청소년 간의 유대강화 프로그램을 통해 단순히 생활지원의 측면을 넘어서, 청소년의 마음을 이해하고 지지해 주고자 하는 보호체계의 노력이 있어야 자립을 위한 사정 및 실천을 성공적으로 수행할 수 있다.

이를 위해서는 이들이 입소 때부터 자립 준비계획을 수립하고 거주기간 동안 지속적으로 자립 준비 프로그램을 경험할 수 있도록 도와주어야 한다. 이를 자세히 살펴보면, 퇴소 전 훈련 프로그램에서는 개별적인 생활계획, 심리적·정서적 문제 개입은 물론 학업지원, 진로지도 등에 관해 체계적으로 자립 준비를 갖추게 하고, 퇴소 후의 자립생활에 대한 정보 제공을 통해 자립생활에 대한 정보를 미리 인지하도록 함으로써 퇴소 이후 자신의 미래에 대한 불안감을 감소시키고 자신감을 갖도록 하여 사회적 적응을 도와야 한다(이혜연 외, 2007). 이와 관련하여 배주미 등(2010)은 긍정적 대인관계형성 및 갈등상황 대처, 분노조절 등과 관련된 사회기술훈련 제공, 사회생활에 필요한 대인관계 기본예절 및 규범에 대한 교육, 생활 속에서 체험적으로 이루어지는 일상생활기술훈련의 체계적 제공, 또래관계와 집단생활을 통한 사회적 학습 등의 사회기술 역량의 강화 등을 강조하고 있다.

그리고 퇴소 직전에는 자립생활관 체험, 실제적 취업능력 함양 등의 서비스를 제공해야 하고, 퇴소 후에도 이들이 보호체계와의 유대감을 형성하도록 지원해야 한다. 이에 관련하여 배주미 등(2010)은 관심 있는 분야의 직업을 체험할 수 있는 체험 중심의 진로탐색 프로그램, 욕구 파악 및 목표 설정을 위한 진로탐색, 진로발달검사, 적성검사, 흥미검사 등의 진로설계 서비스를 강화할 것을 제안하고 있다.

그 밖에도 일률적인 자립 준비 프로그램보다 퇴소청소년 개개인의 적성을 살릴 수 있도록 개인의 적성이나 능력에 맞는 맞춤형 프로그램의 개발이 요구되며, 퇴소청소년 사례관리를 통한 체계적인 사후 관리가 필요하다. 한 예로, 인천시 아동복지시설은 다양한 프로그램을 추진하고 있는데, 그 내용은 다음과 같다(하성도, 2009).

- 경제교육을 실시하여 아동의 용돈관리방법, 퇴소 후 급여 및 적립방법, 신용카드 사용법 등 경제적 개념과 인식 및 아동의 의식 변화와 경제적 안정을 지원한다.
- 아동청소년 스스로 하고 싶은 일을 찾아 새로운 경험과 멘토를 정하고 자신의 계획을 수립해 보는 체험적 프로그램을 진행한다.
- 자립 준비를 위한 매뉴얼 보급과 지도를 통해 아동 스스로 구체적 · 계획적인 준비와 훈련을 하도록 지도한다.
- 아동청소년기 적성에 맞는 진로선택을 할 수 있도록 지원하여 아동 스스로 능동적인 자립 준비와 진로발달에 도움을 제공한다.

이에 덧붙여 프로그램 기획 단계 및 평가 단계에 이들을 참여시킴으로써 프로그램의 효과성을 높이고, 지역사회 · 기업 · 민간단체의 참여를 통한 프로그램 개발과 운영에 힘써야 한다. 즉, 공공기관, 지역사회 비영리 조직, 대학교, 기업 간의 긴밀한 협조를 통해 학업과 취업을 연계할 수 있는 프로그램을 개발하여 자립 준비를 강화시킬 필요가 있다. 한 예로, 미국의 학교와 직장의 연계 프로그램(School-to-Career Partnerships)에서는 퇴소청소년을 비롯한 소외계층의 청소년에게 UPS, Marriott, Depot 등 다양한 직장에서 좋은 경험을 할 수 있도록 도움으로써 이들에게 직업 및 교육의 기회를 제공함은 물론, 지속적인 사례관리와 교육을 통해 이직률을 낮춤으로써 이들의 재정적 자립을 확보하는 데 기여하고 있다(원지영, 2008에서 재인용). 따라서 외국의 사례를 참고로 청소년의 적극적인 참여를 유도해야 한다.

(2) 내용

보건복지가족부에서는 2009년 자립지원 전문가 TF 회의를 통해 타 영역과 중복 또는 혼합되는 영역을 제외하고 자립지원 영역을 8개 영역으로 구분하였다. 자립지원 영역의 세부 내용은 〈표 3-3〉과 같다.

첫째, 직업 준비(Career Planning) 영역은 직업을 준비하고 취업할 수 있도록 지원하는 영역으로 직업탐색, 이력서 작성, 자기소개서 작성, 면접기술에 관한 구직 클리닉, 직업훈련, 직업교육, 직업체험, 인턴십 체험, 사내멘토 연결 등의 지원이 포함되어 있다.

〈표 3-3〉 **취약계층 아동청소년의 자립지원 영역**

영 역	필수사항	필요 지원 내용
직업 준비	직업 및 취업 준비 영역 등	직업탐색(직업체험) 및 훈련 구직기술(이력서, 자기소개서 작성법 등) 등
경제관리	경제관념, 합리적 선택 등 개인 경제활동 교육 및 지도 영역	용돈관리교육 합리적 경제의식 함양 등
학업교육	학습능력, 학업복귀 유지능력 등	학습지도, 진학 등
주거생활	주거 마련 일상생활기술 습득 등	주택지원 집구하기방법교육 등
건 강	신체적 건강유지 등	건강검진, 성교육 등
자원활용기술	자립 관련 정보탐색 및 활용기술 등	지역사회 자원활용기술 등
사회성 기술	대인관계 향상, 갈등관계 해결 등	대인관계 향상, 자기주장훈련 등
심리·정서	심리정서 건강 유지 등	개별상담, 집단상담 등

출처: 김범구(2009). 민간자원 활용현황 및 과제. 취약 아동청소년 자립지원 활성 세미나 자료.

둘째, 경제관리(Money Management) 영역은 경제관념, 합리적 선택, 저축, 소비, 절약습관 등 자립생활에 필수적 요소라 할 수 있는 개인 경제활동에 관한 교육 및 지도 영역으로, 용돈관리 교육, 합리적 경제의식 함양 등의 지원을 포함하고 있다.

셋째, 학업교육(Learning Support) 영역은 학령기에 있는 취약계층 청소년에게 직업 선택의 기회 확대를 위해 자립생활에 기본적 요인으로 작용할 수 있는 학업복귀 및 유지 관련 영역으로, 학습지도, 검정고시 지원, 학습 클리닉, 복교지원 등이 포함되어 있다.

넷째, 주거생활(Housing Management, Daily Living) 영역은 주거에 필요한 주택 마련지원 및 일상생활기술 활용을 익히도록 지원하는 영역으로, 임대주택 지원, 전세자금지원, 집 구하기, 주택관리기술 및 자립에 따른 일상생활에서 필요한 기술 등의 지원을 포함하고 있다.

다섯째, 건강(Physical Management) 영역은 신체적 건강 유지를 위한 기본적 건강상식, 질병 예방ㆍ치료의 필요성, 체력단련의 필요성, 특히 성 문제, 흡연, 음주 등을 포함한 건강 관련 영역으로, 건강검진, 흡연예방교육, 성교육 등을 포함하고 있다.

여섯째, 자원활용기술(Resources Skill) 영역은 자립생활에 필요한 인적ㆍ물적 자원에 관한 정보를 찾아내고, 활용할 수 있는 기술과 문제해결능력을 갖추도록 지원하는 영역으로, 지역사회 자원활용기술, 자원지도 활용기술, 문화 지원 등을 포함하고 있다.

일곱째, 사회성 기술(Social Skill) 영역은 사회생활 중에 겪게 되는 사람들과의 관계에서 우호적인 관계를 형성하거나 갈등 상황에 적절히 대처하는 기술을 익히도록 지원하는 영역으로, 리더십 워크숍, 갈등상황 대처법 등을 포함하고 있다.

마지막으로, 심리 · 정서(Psychological Intervention) 영역은 부모의 부재나 관계 단절, 가정폭력, 가정해체 등의 위기 경험으로 정서 불안, 우울, 애정결핍, 낮은 자존감, 목표 상실, 자신감 부족, 대인 불신감 등 심리 · 정서적 회복을 위한 일련의 지원 활동 영역 및 자립에 성공하고자 하는 동기화 영역을 지원해야 하고, 개별상담, 집단상담, 자아성장 체험캠프, 미술 · 운예 · 음악 치료 등을 포함하고 있다.

한편 배주미 등(2010)은 취약청소년의 성공적인 자립을 위하여 필요한 서비스를 좀 더 자세히 범주화하여 아홉 가지의 자립지원 서비스 영역을 제시하였는데, 그 내용을 살펴보면 주거, 일상생활기술 및 건강관리, 심리 · 정서, 사회성 발달, 학업, 진로(취업), 경제기술, 자원활용, 원가족과의 연계로 구성되어 있다. 이러한 자립지원 영역은 양육시설, 그룹홈, 가정위탁, 쉼터, 학업중단청소년 모두에게 공통적으로 필요한 서비스로 이루어져 있다.

이 연구에서는 특히 자립지원을 5단계로 나누어 자립 준비 기초 단계, 자립 준비 심화 단계, 생활전환 단계, 준독립생활 단계, 독립생활 단계로 구성하였다. 자립 준비 기초 단계 및 자립 준비 심화 단계는 청소년기(만 18세 이전)에 이루어져야 할 자립기술훈련을 포함하고 있으며, 생활전환 단계, 준독립생활 단계, 독립생활 단계는 만 18세 이후 자립생활에 이르기까지 이루어져야 할 지원을 단계화한 것으로 점차적으로 지원을 줄여 나가 청소년이 자립을 달성할 수 있

〈표 3-4〉 아홉 가지 자립지원영역별 목표 및 지원 서비스

영 역	자립 목표	지원 서비스
주 거	• 독립적인 주거공간 유지	• 주택지원 • 집구하기방법교육
일상생활기술 및 건강관리	• 신체청결 및 주변환경 청결 유지 • 건강 유지	• 일상생활기술훈련 • 일정 기간 의료보호지원 • 건강관리기술훈련
심리 · 정서	• 안정적인 심리 상태 유지 • 긍정적인 자아상 • 좌절에 대한 인내	• 심리치료지원 • 지속적인 개인상담 및 집단상담
사회성 발달	• 직장 내 조화로운 대인관계 유지	• 대인관계향상훈련 • 자기주장훈련
학 업	• 기초학습능력 • 고등교육기관 진학(선택)	• 학습지도 • 진학정보 제공
진로(취업)	• 안정적인 직업생활 유지 • 경력개발	• 진로설계 및 진로정보 제공 • 진로탐색 및 직업체험 • 자격증 취득 및 직업훈련 • 구직기술훈련
경제기술	• 합리적인 경제생활 • 신용등급 유지	• 합리적인 경제의식 함양 • 체험식 경제교육 • 경제관리 자문 및 정보 제공
자원활용	• 지역사회 자원 탐색 및 활용	• 자원활용기술훈련
원가족과의 연계	• 원가족과의 문제해결 • 원가족에게서의 긍정적 연계	• 원가족과의 문제해결지원

출차: 배주미 외(2010). 취약청소년 자립지원 모형 개발.

게끔 조력하는 과정으로 구성되었다.

이에 덧붙여 신혜령 등(2008)은 자립지원과 관련한 제도 및 서비스 내용을 구체적으로 제안하고 있다. 먼저 제도 관련 내용을 살펴

보면, 퇴소청소년과 연장청소년의 지원 연령의 균등화, 자립생활의 기준 제시 후 자립생활계획, 시설인력의 직무규정과 양육 프로그램의 매뉴얼화, 부모의 의무와 책임 강화, 아동복지시설 서비스의 목표로 가족 재결합을 명시, 자립지원 기금의 확보를 통한 학비, 취업훈련, 주거 및 생활지원, 생활자금 융자지원, 긴급의료지원, 서비스 전달체계 강화(자립지원센터의 확대와 사후 관리 강화, 자립지도 전담요원의 배치 등), 주택임대지원, 「자립생활지원법」 제정 등이다.

다음으로 서비스 관련 내용으로는 시설 내 서비스(개별 아동에 대한 자립생활계획, 심리정서적 문제개입, 자립생활 서비스 제공, 가족개입 및 가족생활 체험 서비스, 학업지원, 체계적인 진로지도 서비스 제공, 서비스 표준화 등), 퇴소 직전 서비스(자립생활관 체험, 실제적인 취업 능력 함양, 체계적 진학지도), 퇴소 후 서비스(집중적 사례관리, 융통성 있는 서비스 수혜자격 적용, 퇴소청소년의 시설과의 유대감 형성 지원 등)를 제안하였다.

이러한 내용을 종합하여 2010 아동청소년사업지침 안내에서 〈표 3-5〉와 같은 자립 준비 프로그램 내용을 제시하고 있는데, 자립지원 영역과 관련하여 특히 중요한 취업, 교육, 사후 관리에 대해 자세히 살펴보고자 한다.

〈표 3-5〉 **자립 준비 프로그램 내용**

영 역		내 용
일상생활 기술	의복의 구입과 손질	- 옷장 계획, 빨래하기
	집 관리	- 방 청소, 욕실 청소, 부엌 청소, 전등 갈기 - 전기화재 예방, 불이 날 때
	음식준비와 요리하기	- 식단 짜기, 장보기, 요리하기
자기보호 기술	나 자신 돌보기	- 깔끔한 나, 개인위생, 응급처치, 의료 적 도움 구하기(알코올, 담배)
	건강 유지하기	- 영양의 균형, 이럴 땐 이런 음식, 운동, 충분한 휴식, 여가
	어른되기	- 어른이 되는 과정: 육체적 변화, 사춘기
	성(性)	- 성적인 행동, 성에 대한 신화, 성적 관 계는 언제? - '아니요.'라고 이야기하기, 언제 부모 가 될까? HIV 감염과 AIDS, 부모 되는 것 미루기
지역사회 자원 활용기술	교통	- 대중교통 이용하기, 운전면허증 취득하기
	지역사회자원 활용	- 생태도(eco-map) 그리기, 여가활용, 사회복지 서비스, 응급상황
돈관리기술	돈관리	- 예산 세우기, 올바른 지출, 요금납부, 저축하기
	신용카드	- 신용카드 이해, 신용카드의 용도와 활 용, 신용불량
사회적 기술	나에 대한 탐색	- 나의 가치, 내가 느끼는 감정, 나의 의 사결정 스타일
	현명한 선택	- 결과에 대하여 배우기, 현명한 선택하 기, 결과 예측, 도움 얻기, 습관 바꾸기
	대처기술	- 갈등 해결, 스트레스 이해하기, 스트레 스 다스리기
	대인관계	- 친구 들여다보기, 룸메이트 고르기, 또 래의 압력에 맞서기, 잘못된 관계 정리 하기

직업 찾기	나에게 맞는 직업 찾기	- 일에 대한 가치, Work-job 게임, Work-job 게임 후 - 직업의 영역
	취업 준비하기	- 이력서, 자기소개서, 면접 준비하기
직장 생활	즐겁게 일하기	- 출근 첫날, 사내규칙, 직장에서의 태도, 직장 내 갈등 다루기, 직장에서 이런 일이 생긴다면, 직장을 계속 다니거나 그만두는 이유
다시 집 떠나기	새로운 시작을 향한 출발	- 인생 선배와의 인터뷰, 나의 목표, 보물찾기 - 변화에 대처하는 법, 자립 후 필요한 기술 - 어려움이 생기면, 모든 것이 잘되고 있다면, 마지막 날, 새로운 시작의 첫날
	혼자 살아가기	- 살 곳 결정하기, 집 찾기, 계약서 쓰기, 이사, 주택의 안전, 주택관리, 계획하여 행동하기

출처: 보건복지가족부(2010). 아동청소년사업안내.

◆ 취업 준비 프로그램

취업은 곧 자립을 의미하기도 하고, 직업에서의 성공은 개인적인 성장과 삶의 만족도 등과도 높은 상관관계가 있다(이용환, 2003). 따라서 청소년으로 하여금 보호체계에 거주하는 동안 직업과 일의 중요성을 인식시키고 올바른 직업관을 확립시키며, 다양한 직업의 종류와 내용에 관한 정보 제공을 통해 자신의 적성과 능력에 맞는 직업을 선택할 수 있도록 취업과 관련된 체계적인 교육 프로그램을 개발해야 한다. 또한 자신이 선택한 직업에 대해 정보 수집, 자격증 취득, 현장 실습 등의 준비를 갖추도록 훈련과정을 마련함으로써 체계적인 자립 준비를 할 수 있도록 도와야 한다. 이에 덧붙여 김종삼 (2008)은 보호체계에서 보다 적극적으로 체계 밖의 취업 프로그램과 학업지원 프로그램 등에 연계하여 사회적 지지와 관계 향상을 도모 하는 것이 자립에 효과적이라고 조언하고 있다.

그러나 대다수의 퇴소청소년은 취업 시 직종이 제한되어 있고 임 금도 경제적 자립을 위한 급여보다 적은 것으로 밝혀져 경제적 어려 움을 겪고 있으므로, 보다 이른 시기에 적성을 파악하여 진로계획을 수립하여야 한다. 특히 지금까지의 단순한 직업 제공이나 단기간의 자립훈련과정이 아닌 자립능력의 향상을 목표로 한, 체계적이고 종 합적인 자립 준비 프로그램을 통해 집중적이고 지속적인 지지와 지 원을 제공해야 한다.

이에 덧붙여 직업훈련의 강화가 매우 중요한데, 이를 위해서 직업 훈련시설의 확대와 예산 증액은 물론 직업체험, 훈련, 인턴십, 취업 등을 포함하는 단계별 취업지원 시스템, 직업기술훈련 관련 정보 제 공, 취업 후 실직·전직 시 재취업을 위한 서비스 제공 등이 필요하 다(배주미 외, 2010). 특히 조성호(2008)는 미성년자인 보호체계청소 년의 일자리 정보에 관한 욕구 증대와 관련하여, 정부가 일명 '청소 년 일자리 종합 전달 시스템'을 구축하여 합법적으로 각 지역마다 청 소년을 고용할 수 있고, 고용하려는 의사가 있는 기업이나 업체를 등 록받아 이들에 대한 정보를 청소년이 쉽게 이용할 수 있도록 운영하 는 것을 제안하고 있다. 또한 이혜연 등(2007)은 취업청소년의 경우 안정적인 한 직장에서 지속적으로 근무하는 것이 아니라 자주 직종 을 옮기고 있으므로, 이들에게 정보센터로서의 역할을 할 수 있도록

자립지원센터의 기능을 활성화하여 자립지원센터, 보호체계, 퇴소
청소년을 연계하는 체계를 구축함으로써 취업형 퇴소청소년이 적성
과 능력에 맞는 직업을 찾을 수 있도록 도와줄 것을 제안하고 있다.

아울러 퇴소청소년의 정상적인 사회적응을 위해 필수적인 안정적
인 취업활동을 돕고자 지역사회 내의 기업체와 연계하여 취업 전에
취업 실습 기회를 얻도록 유도하고, 기업체와의 정보 공유를 통한
취업 정보 네트워크를 강화하여 청소년 스스로 구직 정보를 구하는
적극적인 취업 태도를 갖추도록 도와야 한다. 또한 정부와 지역사회
차원에서도 다양한 일자리 제공이 이루어져야 한다. 이에 덧붙여 퇴
소 후에도 다양한 직업훈련 프로그램을 통해 자립할 수 있도록 일정
기간 동안 사후 관리를 해 줌으로써 이들의 미래에 대한 불안을 감
소시키고 사회에 적응하도록 도와야 한다.

◆ 교육기회 제공

학교적응, 학업성적, 학업능력 등이 자립 준비에 긍정적인 영향을
미친다는 선행 연구(김남욱, 2008; 박미양, 2005; 박은선, 2005; 신혜령
외, 2008; 조진영, 2007)의 결과를 고려해 볼 때, 기본 학력을 갖추는
것은 자립에 매우 중요하다. 또한 학력 취득은 이를 통해 취업에 대
한 선택권이 넓어질 수 있다는 점뿐만 아니라 청소년으로 하여금 성
취감과 자신감을 높일 수 있는 중요한 요소로, 신혜령 등(2008)의 연
구에서도 시설보호 기간을 연장한 청소년이 퇴소청소년에 비해 대
학 진학 비율이 높았으며 심리사회적 적응 측면에서도 더 긍정적인
결과를 보였다. 또한 대학에 진학하거나 졸업한 집단의 자립 및 사

회적응 수준은 고등학교 졸업자보다 훨씬 긍정적이었고, 고졸 집단
과의 이러한 차이는 퇴소 후 시간이 지날수록 점차 벌어지는 양상을
보이고 있다. 또한 김미연(2009)은 학력 수준과 진학에 대한 의지를
품게 하는 것이 자립 의지를 향상한다고 언급하였다.

장기적으로 볼 때 교육적 자립은 경제적 자립으로 이어질 수 있으
므로, 정부와 보호체계에서는 청소년의 학교 복귀, 학업 유지, 학력
향상 등을 위한 보다 적극적인 서비스를 개발하여 제공할 필요가 있
다(조성호, 2008). 다행히 보호체계에서 실시하는 자립 준비 프로그
램에서 학업지원 서비스의 참여도는 물론 복학지원 및 학교적응지
원, 검정고시 준비의 참여도가 높았고 자립 준비와도 유의한 관련성
을 보여(김남욱, 2008), 청소년의 학업에 대한 욕구가 그만큼 절실하
고 높음을 알 수 있다. 따라서 학교를 다니지 않는 청소년의 경우 학
업지속을 적극 유도해야 할 것이며, 학교를 다니는 청소년의 경우에
는 학교생활을 잘 할 수 있도록 지원해야 한다. 이와 관련하여 김점
숙(2009)은 학원수강, 학습 멘토나 학습자원봉사자를 적극적으로
발굴, 결연시켜 줌으로써 이들의 실력을 향상하도록 도모해 줄 것을
제안하였다.

아울러 현재 빈곤 아동 위주로 시행하는 바우처 제도, 방과후 학
교, 드림스타트 등의 프로그램과의 적극적인 연계를 통해 학습지원
방안도 마련해 볼 수 있다. 이와 관련하여 조성호(2008)는 특히 청소
년쉼터 거주청소년의 교육적 자립을 촉진하기 위한 구체적인 방법
으로 지역 소재 대학과 연계한 대학생 학습 자원봉사 제도 실시(봉사
학점 수여), 사설 교육기관(학원)의 수강료 면제 혹은 수강료 할인 제

도 실시(참여 학원에 인센티브 제공), 학습지 제도를 실시하고 있는 민간 기업과 연계한 무료 학습지 봉사제도 실시(참여업체에 인센티브 실시) 등을 제안하고 있다.

　이러한 지속적인 교육을 위해서는 학자금지원이 중요한데, 그 이유는 대학에 진학하는 청소년이 당면하는 장애 요인의 하나가 학비 마련이기 때문이다. 이들은 교육체계로의 재진입에 대한 욕구가 있음에도 불구하고 방세, 청구서 및 기타 생활에 필요한 기본적인 요인을 해결하는 데 필요한 돈을 벌기 위해 학업을 포기하는 사례가 적지 않다. 또한 지역사회의 자립지원시설에 대한 인식의 부족으로 학자금지원을 위한 후원자 발굴과 후원금 모금에도 어려움이 있고, 이들을 성인으로 간주하여 후원의 필요성을 못 느끼고 있는 실정이다.

　따라서 경제적 악조건으로 보호체계청소년의 대학 진학 기회가 좌절되지 않도록 퇴소청소년의 욕구에 맞는 교육 바우처 마련, 대학 등록금지원의 확대, 비진학청소년에 특화된 기초학습지원 프로그램, 장기학습지원 멘토 프로그램 운영을 통한 1:1 학습 제공, 검정고시 학원과의 연계 강화, 학업중단청소년을 위한 학력(인가)형 특성화 대안학교 설립 등을 제안하고 있다(배주미 외, 2010). 다시 말해, 이들에 대해 지방자치단체의 지원뿐만 아니라 사회적 배려 대상자에 대한 대학의 특별 전형을 적용하고, 기업·장학회·지방자치단체 등의 장학금 수혜 대상자로 우선적으로 선정하며, 장학금 선정이 어려울 경우 정부보증 학자금 대출을 지원하는 등 학비가 없어도 대학 진학을 포기하거나 중도에 대학을 포기하지 않도록 체계적인 지원 시스템을 마련해야 한다.

현재 시설청소년이 대학교에 진학할 경우 일반적으로 첫 학기의 입학금과 등록금을 지원받고 있고 시설에서 계속 생활하면 생계급여를 받을 수 있으므로 앞으로 교육 급여를 2~4년 동안 연장할 때마다 이들의 자립능력은 더욱 커질 것이다. 다행히 현재 국가 차원의 대책은 아니지만 대부분의 국공립대학교는 아동복지시설 출신이 입학할 때 전액 장학금을 지급하고 일부 사립대학교에서도 등록금의 1/2~1/3가량을 장학금으로 지급하고 있다(서정아 외, 2006). 이러한 추세 속에서 앞으로 퇴소청소년을 위한 학비지원은 이들의 자립능력 향상 차원에서 국가가 적극적으로 책임지는 방향으로 나아가야 한다.

이에 덧붙여 대학에 재학 중인 청소년에게 거주지의 해결이 당면과제이므로 우선적으로 보호체계 거주 기간을 연장하여 적어도 이들이 재학 중에는 학업에 매진할 수 있도록 도와야 한다. 또한 대부분의 퇴소청소년이 대학에서 기숙사 제공을 원하고 있으므로, 학생복지 차원에서 이들에 대해 기숙사비 감면 혜택과 방학 중에도 기숙사를 이용할 수 있는 방안을 모색하는 것이 바람직하다. 그리고 정부에서도 대학의 학생복지 확대를 위한 대안을 모색하고, 수요자가 많은 곳에 자립지원시설의 추가 설치를 고려할 필요가 있다.

◆사후 관리 프로그램 개발

퇴소청소년이 겪는 어려움은 단순히 퇴소 전후에 겪는 것이 아니라 다양한 문제가 누적되면서 몰려 온다. 즉, 보호체계에서 서비스를 제공받기 이전의 상처, 보호체계에서의 부적절하거나 불충분한 양육, 퇴소에 따른 성인기로의 급속한 이행, 사후지원의 부재 등이 누적되면서 살아가기 힘든 현실에 부딪치게 되므로 이들에 대한 지원은 지속적이어야 하고 가능하면 실무자가 퇴소 후에도 사후 지도를 제공하는 것이 바람직하다(김대원, 2010).

현행 「아동복지법」 시행령 제9조는 "시·도지사 또는 시장·군수·구청장은 아동복지지도원 또는 관계 공무원으로 하여금 제5조 또는 제8조의 규정에 따라 대리양육·위탁보호를 받거나 귀가 조치한 아동의 가정을 방문하여 당해 아동의 복지 증진을 위하여 필요한 사후 지도를 하게 하여야 한다."라고 규정하고 있다. 이 규정에 따르면, 국가와 지방자치단체는 보호 중인 아동이나 귀가 조치한 아동의 '사후 지도'를 할 의무가 있지만, 아동복지시설을 퇴소한 청소년의 사후 관리를 명시하지 않고 있다. 또한 아동청소년을 보호했던 아동복지시설도 퇴소 이후에는 사후 지도에 대한 법적 책임이 전혀 없기에 이들의 자립은 방임되어 있는 셈이다.

특히 보호체계에서 자립 준비를 갖춘 후 퇴소하더라도 단체생활이 익숙한 청소년에게는 취업, 거주지 마련, 생활비 마련 등 스스로 생계를 꾸려 가는 것이 쉽지 않고, 힘든 상황이 지속되면서 자립하고자 하는 의지가 쉽게 꺾이곤 한다. 또한 이들이 자존감을 회복하고 문제해결능력이 향상되더라도 위기 상황은 반복될 수 있기 때문에, 일정 기간 동안 사후 관리 프로그램을 통해 지속적인 접촉이 요구된다. 따라서 퇴소 후에도 지속적으로 사후 지도 상담과 방문을 통해 이들로 하여금 언제든지 이야기하고 고민을 함께 해결해 줄 수 있는 대상이 있다는 점을 인식시키는 것이 중요하다(양미진 외,

2007). 한 예로, 아동청소년사업지침안내(2010)에서는 가출청소년 사후 관리와 관련하여 직업훈련 프로그램 제공, 취업연계지원 등을 통해 가출청소년의 사회적응력을 제고시키고 지방청소년상담센터, 직업훈련기관, 대안학교 등과 적극적으로 연계하도록 지시하고 있다. 또한 미국 오클라호마 자립지원프로그램에서처럼 국가가 중심이 되어 아동복지시설에서 퇴소한 청소년 등 소외된 청소년을 지원하기 위한 센터를 설치하고, 이 센터를 중심으로 시급한 도움이 필요한 퇴소청소년을 24시간 지원할 수 있는 연결체계를 구축하는 방안도 고려해 볼 수 있다(이혜연 외, 2007).

따라서 「아동복지법」에 퇴소청소년의 자립을 돕는 차원에서 일정 기간 동안 사후관리체제를 의무화하도록 하는 조항을 시행해야 한다. 이들은 주거 및 취업과 관련하여 장기적으로 준비했더라도 현실적인 어려움에 봉착했을 때 시행착오를 겪을 수 있으며 퇴소 후에 긴급하게 지원이 필요한 경우도 있을 수 있으므로 이들의 특성과 욕구를 반영한 사후 관리시스템을 운영해야 한다.

지금까지 살펴본 바와 같이, 퇴소청소년의 자립 과정은 시간이 많이 소요되고 힘든 과정임에도 불구하고 현재까지 사후 관리조차 받지 못한 채 홀로 사회에 방치된 존재로 삶을 살아가고 있다. 설사 퇴소청소년이 자립지원시설에 입소하거나 보호시설 연장이라는 대안을 선택하더라도 이는 보호기간의 연장에 그칠 뿐이다. 또한 자립을 위한 체계적이고 지속적인 사회지원이 부족하여 실제적인 지원이 거의 없다 보니 자립에 따른 문제는 고스란히 개인의 몫으로 남게 되고, 현실적으로 홀로서기가 유일한 생존수단으로 간주되고 있다. 따라서 국가 차원에서 이들이 보호체계를 퇴소하기 전부터 자립 준비 프로그램을 적극적으로 활용하여 이들의 자립을 도와 건강한 사회인으로 성장하게 하는 것이 궁극적으로 건강한 사회의 인력을 확보하는 길이다.

| 참고문헌 |

강민정(2000). 사회적 지지가 가출청소년의 일에 대한 태도, 자립의지, 사회 적응에 미치는 영향에 관한 연구: 가출청소년 부랑경험의 정도와 행태 별 연구. 이화여자대학교 석사학위논문.

강복정(2002). 시설청소년을 위한 자립준비교육프로그램의 효과에 관한 연 구: 사회적응 및 건강가정형성교육 중심으로. 대한가정학회지, 40(10), 33-48.

강석영, 김동민, 하창순(2009). 전국 청소년 위기상황 실태조사, 청소년상담 연구, 146.

강정선(2003). 아동양육시설 퇴소예정아동의 자립준비프로그램 활성화 방 안. 대구대학교 석사학위논문.

강철희(2001). 시설보호아동의 자립준비 실태에 관한 연구: 퇴소를 준비하고 있는 아동과 퇴소 후 자립지원시설에 거주하는 아동을 대상으로. 한국아 동복지학회 학술대회 자료집.

강현아(2010). 시설퇴소청소년의 레지리언스에 영향을 미치는 요인. 청소년 학연구, 17(2),

강현아, 신혜령, 박은미(2009). 시설퇴소 청소년의 성인전환단계에 따른 자 립 및 사회적응 현황. 한국아동복지학. 30, 41-69.

고기홍(2003), 학업중단 청소년 문제와 상담적 개입방안. 학생생활연구, 23(1). 117-136.

곽금주(2008). 20대 심리학. 서울: 랜덤하우스.

곽금주(2010). 흔들리는 20대. 서울: 서울대학교출판문화원.

권세은(2002). 시설보호아동과 일반아동의 사회적 기술, 정서조망능력과 자기역량 지각의 비교. 서울대학교 석사학위논문.

권지성(2007). 아동양육시설 청소년의 퇴소 후 생활에 대한 문화기술지. 아동권리연구, 11(1), 1-26.

구본용, 금명자, 김동일, 김동민, 남상인, 안현의, 주영아, 한동우(2005). 위기(가능) 청소년지원모델 개발연구. 청소년위원회.

국가청소년위원회(2006). 2020 미래사회와 청소년 인구 I (종합보고서)-청소년을 둘러싼 사회환경 변화와 정책과제-.

국가청소년위원회(2007). 위기청소년 유해환경실태조사.

국가청소년위원회(2008). 청소년백서.

김경준, 김지혜, 류명화, 정익중(2006). 청소년 유형별 복지욕구 실태와 지원방안. 한국청소년개발원.

김광혁(2006). 빈곤이 아동의 학업성취에 미치는 과정분석. 한국사회복지학, 58(4), 265-290.

김난도(2010). 아프니까 청춘이다. 파주: 쌤앤파커스.

김남욱(2008). 가출청소년의 자립준비에 영향을 미치는 요인-중장기청소년 쉼터를 대상으로-. 가톨릭대학교 석사학위논문.

김대원(2010). 아동양육시설 퇴소청소년의 사립초기 삶에 대한 질적 연구-경기도 아동양육시설 퇴소청소년을 대상으로-. 서강대학교 석사학위논문.

김여환(2000). 시설청소년의 성장과 자아정체감에 관한 연구. 단국대학교 석사학위논문.

김성경(2003). 그룹홈 청소년의 일상생활 스트레스가 심리사회적 적응에 미치는 영향 연구. 청소년학연구, 10(1), 117-137.

김범구(2009). 민간자원 활용현황 및 과제. 취약아동청소년 자립지원 활성 세미나 자료. 59-74.

김미연(2009). 그룹홈 청소년의 자립의지에 영향을 미치는 요인에 관한 연구. 숭실대학교 석사학위논문.

김애순(2010). 혼돈의 20대, 자신을 말하다. 서울: 시그마북스.

김종삼(2009). 중장기청소년쉼터 입소자의 자립의지에 영향을 미치는 요인. 조선대학교 석사학위논문.

김지혜(2005). 가출청소년의 비행화 과정 연구. 서울대학교 박사학위논문.

김향초(2002). 미국 가출청소년프로그램의 이해. 서울: 도서출판 나눔의집.

김향초(2006). 미국의 독립생활 프로그램에 대한 이해. 중장기 청소년쉼터관계자 워크숍 자료.

남미애, 홍봉선(2007). 2007년 가출청소년 및 청소년쉼터 실태조사. 국가청소년위원회, 한국청소년쉼터협의회.

노재현(2010. 7. 1.). 이길 수 없다면 한 편이 돼라. 노재현의 시시각각. 중앙일보.

노혁(2004). 빈곤계층 청소년의 자립능력개발을 위한 복지지원 방향−생활 및 자립지원시설 실태를 중심으로−. 청소년학연구, 11(1), 94-117.

대검찰청(2010). 2010 범죄분석.

랭커스터, 스틸먼(2010). 밀레니얼 제너레이션. 서울: 도서출판 더숲.

류진아(2007). 위기청소년의 문제상황에 대한 사례연구, 한국놀이치료학회지, 10(2), 59-71.

박갑철(2000). 아동복지시설 청소년의 자아개념 강화를 위한 집단상담에 관한 연구−일반청소년과의 비교를 중심으로−. 동신대학교 석사학위논문.

박선정(2009). 자립준비 프로그램과 사회적지지가 아동양육시설 청소년의 자립생활준비에 미치는 영향. 경성대학교 석사학위논문.

박미양(2005). 그룹홈 거주 청소년들의 자립준비에 영향을 미치는 요소에 관한 연구. 경남대학교 석사학위논문.

박영란, 강철희(1999). 저소득 모자가정 가구주의 자립 의지에 영향을 미치는 요인들에 관한 연구. 한국가족복지학, (3), 91-116.

박은미, 장신재 (2009). 시설보호청소년의 사회적 지지와 진로결정수준과의 관계에 대한 자아존중감의 조절효과 검증. 대한가정학회지, 47(4), 111-119.

박은선(2005). 아동양육시설 퇴소청소년들의 자립생활 준비를 위한 일반주의 실천접근에 관한 연구. 서울여자대학교 석사학위논문.

박윤희(2011). 장·단기 가출청소년의 개인 및 가족특성의 차이에 관한 연구. 가톨릭대학교 석사학위논문.

박윤희, 이상균(2010). 청소년가출의 장기화에 영향을 미치는 요인. 사회복지리뷰. 157-186.

배주미, 정익중, 김범구, 김영화(2010). 취약청소년 자립지원 모형 개발. 한국청소년상담원.

백혜정, 방은령(2009). 청소년 가출현황과 문제점 및 대책 연구. 한국청소년정책연구원.

보건복지가족부(2010). 아동청소년백서.

보건복지가족부(2008). 청소년 유해환경접촉 종합실태조사.

보건복지가족부(2009a). 아동·청소년백서.

보건복지가족부(2009b). 아동청소년복지시설의 개선방안.

보건복지부(2010). 2010 아동청소년사업안내.

보건복지가족부, 중앙아동자립지원센터(2008). 퇴소청소년의 실태 및 자립지원방안 연구.

서정아, 권해수, 정찬석(2006). 학교밖 청소년의 실태와 정책적 대응방안. 한국청소년개발원.

성윤숙, 박병식(2009). 여성청소년의 인터넷성매매 실태와 대응방안 연구. 한국청소년정책연구원.

손혜옥, 최외선, 이미옥(2008). 시설청소년의 자립준비도에 영향을 미치는 요인. 한국가족복지학, 13(4), 185-203.

신혜령(2001). 시설청소년의 자립지원에 관한 연구: 청소년과 보육사의 인식 비교를 중심으로. 이화여자대학교 박사학위논문.

신혜령(2008). 2008 퇴소청소년의 실태 및 자립지원 방안연구. 보건복지부, 중앙아동자립지원센터.

신혜령, 김성경, 안혜영(2003). 시설퇴소아동 자립생활의 영향요인에 관한 연구, 한국아동복지학, 16, 167-194.

신혜령, 한지은(2006). 보호아동 자립지원프로그램개발 연구. 보건복지부.

신혜령, 박은미, 노충래(2009). 아동청소년복지시설의 개선방안. 한국보건복지인력개발원.

신혜령, 박은미(2011). 보호아동 실태조사를 통한 자립지원의 방향과 과제. 보건복지부, 중앙아동자립지원센터.

안선영, 김희진, 박현준(2011). 청소년기에서 성인기로의 이행과정연구II: 총괄보고서. 한국청소년정책연구원.

양미진, 지승희, 김태성, 조규필, 이자영(2006). 중장기쉼터 운영모형 개발연구. 한국청소년상담원.

엄기호(2010). 이것은 왜 청춘이 아니란 말인가. 파주: 푸른숲.

여성가족부(2010a). 청소년백서.

여성가족부(2010b). 2010년도 청소년 유해환경 접촉 실태조사.

여성가족부(2011). 2011 청소년백서.

원미혜(2008). 아동양육시설 퇴소를 앞둔 아동의 자립준비현황과 욕구조사. 중앙대학교 석사학위논문.

원지영(2008). 아동복지시스템 퇴소 청소년들의 자립현황과 자립 지원정책에 대한 고찰: 우리나라와 미국의 사례를 중심으로. 청소년학연구, 15(7), 79-107.

우석훈, 박권일(2010). 88만원 세대. 서울: 레디앙.

윤명희, 장아름(2007). 부산지역 위기(가능)청소년의 생활역량 조사연구. 부
    산교육학연구, 20, 55-79.

윤옥현(2007). 가출청소년의 심리적 특성에 관한 연구: 쉼터 이용청소년을
    중심으로. 강원대학교 석사학위논문.

윤철경, 조흥식, 김향초, 이규미, 우정자(2006). 위기청소년 지역사회 안전망
    실태와 발전방안. 한국청소년개발원.

윤현영, 강진구(2005). 가출청소년쉼터 실태조사. 한국청소년쉼터협의회.

윤현영, 권선중, 황동아(2007). 청소년쉼터에 입소한 가출청소년 건강실태 조
    사연구. 국가청소년위원회.

은기수, 박진, 권영인, 정수남(2011). 취약위기계층 청년의 성인기 이행에 관
    한 연구. 한국청소년정책연구원.

이강훈(2003). 육아시설퇴소예정아동의 자립지원활성화 방안에 관한 연구.
    대구가톨릭대학교 석사학위논문.

이경상, 임희진, 안선영, 김지연(2009). 취약위기 아동청소년 보호자립 실태조
    사. 보건복지가족부, 한국청소년정책연구원.

이동욱, 유주형, 김규훈(2011). 시설퇴소아동 실태조사 및 분석. 보건복지부,
    아동자립지원단.

이미혜(2002). 시설보호형태에 따른 보호청소년의 자이개념 비교연구. 서울
    대학교 석사학위논문.

이병희, 장지연, 윤자영, 성재민, 안선영(2010). 우리나라의 청소년기에서 성
    인기로의 이행 실태. 한국청소년정책연구원, 한국노동연구원.

이상일(1998). 미국의 직업교육 훈련제도의 새로운 변화. 한국노동연구원.

이상현, 윤명성(2007). 위기청소년의 가정과 학교생활 특성에 관한 연구. 사
    회과학연구, 14(1), 89-118.

이용환(2003). 아동복지시설 퇴소아동의 취업실태에 관한 연구. 한국아동복
    지학, 15, 115-136.

이유진(2011). 위기아동·청소년 긴급구호체계 개선방안. NYPI Youth Report, 16.

이진선(2010). 시설청소년 자립프로그램의 효과에 관한 연구: 서울시 아동양육시설을 중심으로. 한양대학교 석사학위논문.

이춘화(2005). 청소년 보호시설·단체의 역할 정립방안 연구. 한국청소년개발원.

이춘화, 윤옥경, 진혜전, 황의갑(2010). 위기아동·청소년 긴급구호 체계개편 및 안전모니터링시스템 구축방안 연구. 한국청소년정책연구원.

이혜연, 서정아, 조흥식, 정익중(2007). 아동복지시설 퇴소청소년의 실태와 적응과정 연구. 한국청소년정책연구원

이혜연, 유성렬, 이상균, 정윤경, 황진구(2010). 취약가정·시설의 아동·청소년 지원을 위한 종단연구. 한국청소년정책연구원.

이혜은, 최재성(2008). 아동양육시설 퇴소청소년의 경제적 안정성, 거주 안정성, 삶의 만족도에 관한 연구. 청소년학연구, 15(2), 209-233.

임밝네(2008). 청소년의 노숙기간과 노숙반복에 영향을 미치는 요인에 관한 연구. 중앙대학교 석사학위논문.

임영희(2007). 아동양육시설 퇴소아동 자립지원정책의 문제점과 그 개선방안. 동아대학교 석사학위논문.

장경희(2008). 시설청소년 자립지원방안에 관한 연구. 경희대학교 석사학위논문.

전경숙(2006). 10대 학업중단 청소년의 근로 실태에 관한 실증적 고찰연구: 가출경험 학업중단 청소년을 중심으로. 청소년상담연구, 14(1), 3-21.

전은진(2006). 아동양육시설 퇴소청소년의 초기자립생활 경험에 관한 질적 연구. 부산대학교 석사학위논문.

정선욱(2010). 시설퇴소 청소년의 생활만족도와 관련 요인. 청소년학연구, 17(2), 233-252.

정선욱(2009). 시설보호 청소년이 경험하는 시설 생활의 의미. 한국청소년연구, 20(3), 193-219.

정선욱(2008). 시설 퇴소 청소년의 생활만족도와 관련 요인. 청소년학연구, 17(2), 233-252.

정선욱(2002). 시설보호 청소년의 원가족 관계 경험이 심리사회적 적응에 미치는 영향. 한국아동복지학, 14, 145-168.

정익중(2007). 미국 요보호아동의 퇴소후 자립관련 프로그램과 시사점. 사회과학연구, 13, 35-52.

정익중, 조순실(2008). 아동청소년그룹홈실태조사연구. 서울: 한국아동청소년그룹홈협의회.

정채기(2010. 11. 2.). 美國의 부모들도 별 수 없나보다!?. 동부교차로 저널.

정철상(2010). 심리학이 청춘에게 묻다. 서울: 라이온북스.

조규필(2005). 청소년쉼터가 가출청소년의 적응유연성에 미치는 영향에 관한 연구. 연세대학교 석사학위논문.

조규필(2010). 청년실업시대, 청소년의 홀로서기. 한국청소년복지학회 추계학술대회 자료집: 취약청소년 자립준비 요인탐색 및 정책적 과제. 1-33.

조성호(2008). 위기청소년 지원방안 연구. 보건복지가족부, 가톨릭대 산학협력단.

조순실(2010). 그룹홈 퇴소청소년의 자립을 향한 삶의 경험 연구. 숭실대학교 석사학위논문.

조영숙(2007) 학교 중도탈락현상 발생요인에 관한 연구, 동국대학교 석사학위논문.

조진영(2007). 아동양육시설 청소년의 자립생활준비에 관한 연구. 대구대학교 석사학위논문.

주동범, 임성택(2009). 청소년의 문제행동 경험이 가출경험에 미치는 영향. 청소년학연구, 16(1), 51-72.

청소년위원회(2005). 위기청소년 통합지원 시스템 구축 방안.

최옥자(2000). 육아시설 퇴소 예정 아동의 취업 및 자립욕구에 관한 연구. 대구대학교 석사학위논문.

하성도(2009). 시설아동 자립이행 과정의 현주소-인천시 아동복지시설 자립지원프로그램을 중심으로-. 취약아동청소년 자립지원 활성 세미나 자료, 23-36.

홍미리(2006). 양육시설 청소년의 진로준비에 관한 연구. 이화여자대학교 석사학위논문.

황미정(2009). 빈곤청소년 진로준비에 영향을 미치는 요인-개인적 변인, 환경적 변인, 진로관련 변인을 중심으로-. 가톨릭대학교 석사학위논문.

황실리(2000). 육아시설 퇴소아동의 자립지원방안에 관한 연구. 단국대학교 석사학위논문.

허혜경, 김혜수(2010). 청년발달. 서울: 학지사.

Allen, M., & Bissell, M. (2004). Safety and stability for foster children: The policy context. *The Future of Children*, *14*(1). www.futureofchildren.org

Anderson, G. R. (2003). Aging out of the foster care system: Challenges and opportunities for the State of Michigan. Michigan Applied Public Policy Research Program. Online at http://www.ippsr.msu.edu/AppliedResearch

Arnett, J. J. (2000). A theory of development from the late teens through the twenties, *American Psychologist. 55.* 469-480.

Arnett, J. J. (2001). Conceptions of the transition to adulthood: Perspectives from adolescence through midlife. *Journal of Adult*

Development. 8, 133–143.

Arnett, J. J. (2004). *Emerging adulthood: The Winding road from late teens through the twenties.* Oxford: Oxford University Press.

Arnett, J. J. (2007). Emerging adulthood: What is it, and what is it good for?. *Child Development Perspectives. 1*(2). 68–73.

Arnett, J. J. (2011). Emerging adulthood(s): The cultural psychology of a new life stage. In L. A. Jensen (Ed.), *Bridging cultural and developmental psychology: New syntheses in theory, research and policy*(pp. 255–275). New York: Oxford University Press.

Barth, R. P. (1990). On their own: the experience of youth after foster care. *Children and Adolescent Social Work, 7*(5), 419–440.

Casey Family Organization. (2005). "Former foster children in Washington and Oregon suffer post traumatic stress disorder at twice the rate of U. S. war veterans, according to new study". http://www.casey.org/www.casey.org/Templates

Casey Family Programs. (2008). The Casey Young Adult Survey: Findings over three years. http://www.casey.org/.../CaseyYoung AdultSurveyThreeyears.

Charles, K., & Nelson, J. (2000). "Permanency Planning: Creating life long connections, What does it mean for adolescents?". *National Resource Center for Youth Development.* Oklahoma: University of Oklahoma.

Clark, W. (2007). Delayed transitions of young adults. Canadian Social Trends. Statistics Canada –Catalogue No. 11-008. http://www.statcan.gc.ca

Collins, M. E. (2001, June). Transition to adulthood for vulnerable youths: a review of research and implications for policy. *Social Service Review.* 271-291.

Courtney, M. E., & Dworsky, A. (2006). Early outcomes for young people transitioning from out-of-home care in the U.S.A. *Child and Family Social Work.* *11*. 209-219.

Courtney, M. E., Skyles, A., Miranda, G., Zinn, A., Howard, E., & George, R. M. (2005). "Who run away from out-of-home care", Issue Brief, Chapin Hall Center for Children: Issue Brief #103.

Courtney, M. E., Piliavin, I., Grogan-Kaylor, A., & Nesmith, A. (2001). Foster youth transitions to adulthood: A longitudinal view of youth leaving care. *Child Welfare, 80*(6), 685-717.

Curtis, P. A., Dale Jr., G. & Kendall, J. C. (Eds.) (1999). *The Foster Care Crisis.* Nebraska: University of Nebraska Press.

Dworsky, A. (2005). The Economic self-sufficiency of Wisconsin's former foster youth. *Youth Service Review.* *27*, 1085-1118.

Dworsky, A., & Courtney, M. E. (2009). Homelessness and the transition from foster care to adulthood. *Child Welfare.* *88*(4). 23-52.

Eccles, J. S., & Gootman, J. A. (Eds.) (2002). *Community programs to promote youth development/committee on community-level programs for youth.* Washington DC: National Academy Press.

Fussell, E. (2002). Youth in Aging Societies. In J. T. Mortimer & R. W. Larson (Eds.), *The changing adolescent experience: societal trends and the transition to adulthood* (pp. 18-51). Cambridge: Cambridge University Press.

Furstenburg. F. (2004). Achieving adulthood is more elusive. Network on Transitions to Adulthood. *The Future of Children.* *20*(1).

Furstenberg, F., Rumbaut, R. G., & Setttersten, R. A. (2005). On the frontier of adulthood: An introduction. In R. A. Setterstem. F. Furstenberg & R. G. Rumbaut (Eds.), *On the frontier of adulthood: Theory, research, and public policy*. Chicago: University of Chicago Press.

Gitelson, I. B., & McDermott. (2006). Parents and their young adult children: transitions to adulthood. *Child welfare*. *85*(5). 2006.

Greenen, S., & Powers, L. E. (2007). "Tomorrow is another problem" The experiences of youth in foster care during their transition into adulthood. *Children and youth Services Review*. *29*. 1085-1101.

Hawkins, J. D., Oesterle, S., & Hill, K. G. (2004). Successful Young Adult Development. Research Report in Bill & Melinda Gates Foundation.

Heybach, L., & Platt, S. (2000). Termination of older youth from foster care: A protocol for Illinois. Chicago Coalition for the Homeless.

Hines, A. M., Merdinger, J., & Wyatt, P. (2005). Former foster youth attending college: resilience and the transition to young adulthood. *American Journal of Orthopsychiatry*. *75*, 381-394.

Jones, L. P. (2006). The educational experiences of former foster youth three years after discharge. *Child Welfare*, *89*(6). 8-23.

Keller, T. E., Cusick, G. R., & Courtney, M. E. (2007). Approaching the transition to adulthood: Distinctive profiles of adolescents aging out of the child welfare system. *Social Service Review*, *81*(3). 453-483.

Ladew, P. (2002) "Medicaid extensions for emancipated foster youth". *Youth Law News*, *22*(2).

Leathers. K., & Testa, M. F. (2006). Foster youth emancipating from care: Caseworkers's reports on needs and services. *Child Welfare*, 85(3), 463-498.

Loman, L. A., & Siegel, G. L. (2000). *A review of literature on independent living of youths in foster & residential care.* St. Louis, MO: Institute of Applied Research.

McWhiter, J. J., McWhiter, B. T., McWhiter, E. H., & McWhiter, R. J. (2007). *At-Risk Youth : A Comprehensive Response,* Pacific Grove, CA: Brooks/cole.

Mech, E. V., & Rycraft, J. R. (Eds.) (1995). *Preparing foster youths for adult living.* Washington DC: Child Welfare League of America

Mendes, P., & Moslehuddin, B. (2006). From dependence to interdependence: Towards better outcomes for young people leaving state care. *Child Abuse Review. 15*, 110-126.

Munshon, & McMillen. (2009). Natural mentoring and psychosocial outcomes among older youth transitioning from foster care. *Children and Youth Services Review. 31.* 104-111.

Osgood, D. W., Foster, E. M., Flanangan, C., & Ruth, G. R. (2005). *On your own without a net: The transition to adulthood for vulnerable populations.* Chicago: The University of Chicago Press.

Osgood, D. W., Foster, E. M., & Courtney, M. E. (2010). Vulnerable populations and the transition to adulthood. *Future of Children,* 20(1). 209-229. www.futureofchildren.org

Perry, B. L. (2006). Understanding social network disruption: the case of youth in foster care. *Social Problems. 53*(3). 371-391.

Reilly, T. (2003). Transition from care: Status and outcomes of youth who age out of foster care. *Child Welfare, 82*(4), 727-746.

Robertson, M. J. & Toro, P. A. (1998). Homeless youth: Research, intervention, and policy. *The 1998 National Symposium on Homeless Research.*

Safety Network. (1998). "Breaking the Foster Care-Homelessness Connection", September-October. http://nch.ari.neat/sn/1998/sept/foster.html

Settersten, R. A., Jr. (1998). A time to leave home and a time never to return? Age constraints around the living arrangement of young adults. *Social Forces. 76*(4), 1373-1400.

Settersten, R. A., Jr. (2005). Social policy and the transition to adulthood: Toward stronger institutions and individual capacities. In R. A. Settersten Jr., F. F. Furstenberg & R. G. Rumbaut (Eds.), *On the frontier of adulthood: Theory, research, and public policy*(pp. 534-560). Chicago, IL: University of Chicago Press.

Settersten, R. A., & Ray, B. (2010). What's going on with young people today? the long and twisting path to adulthood. *Future of Children. 20*(1), 19-41. www.futureofchiddren.org

Shaw, T. V. (2006). Reentry into the foster care system after reunification, *Children and Youth Service Review, 28*, 1375-1390.

Sherman, R. H. (2004). "Serving youth aging out of foster care". *Welfare Information Network, 8*(5).

Smith, T. W. (2004). Coming of age in twenty-first century America: Public attitudes towards the importance and timing of transitions to adulthood. *Aging International, 29*(2). 136-148.

Stein, M. (2008). Resilience and young people leaving care. *Child Care in Practice. 14*(1). 35-44.

Steinberg, L. (1999). *Adolescence* (5th ed.). NY: McGraw-Hill.

Stern, D. (1995). *School to work: Research on programs in the United States.* Washington DC: Falmer Press.

Swartz, T. T. (2008). Family capital and the invisible transfer of privilege: International support and social class in early adulthood. In J. T. Mortimer (Ed.), *Social class and transitions to adulthood. New Directions for Child and Adolescent Development*(pp. 11-24). San Francisco, CA: Jossey-Bass.

Tanner, J. L., & Arnett, J. J. (2009). The emergence of 'emerging adulthood': The new life stage between adolescence and young adulthood. In U.S. Department of Health and Human Services(2003). *The adoption and foster care analysis and reporting system: Report No. 8*, Washington DC

Wald, M., & Martinez, T. (2003). Connected by 25: Improving the life chance of the country's most vulnerable 14-24 year olds. *William & Flora Hewlett Foundation working paper.* Palo Alto, California: Stanford University

Wertheimer, R. (2002). Youth who "age out" of foster care: Troubled lives, troubling prospects. Child Trends, Research Brief, Publication, 2002-59.

Wetzstein, C. (2005). "Aged out" foster youth suffer. *The Washington Times.* May 19.

White House Task Force on Disadvantaged Youth Final Report. (2003). http://www.adf.hhs.gov/programs/fysb/content/docs/white_house_task_force.pdf

Zarret, N., & Eccles, J. (2006). The passage to adulthood: Challenges of late adolescence. *New Directions for Youth Development, 111.*

Children's Rights. "Youth aging out of foster". http://www.childrensrights. org/site/PageServer?pagename=Issues_YouthAgingOut
National Fact Sheet 2006. http://www.cwla.org/printable/printpage.asp
Senator Clinton highlights pressing needs of young aging out of foster care system. Senator Clinton Statements and & Releases, Sep. 22, 2006. http://clinton.senate.gov/news/statements/details.cfm?id= 263635.

저자 소개

김향초

이화여자대학교 사학과 학사
하와이 주립대학교 사회복지학 석사
세인트루이스 워싱턴 대학교 사회복지학 박사
현 협성대학교 사회복지학과 교수

주요 저서 및 논문
『가출청소년의 이해』(학지사, 1998)
『가출청소년의 이해와 개입방법』(나눔의 집, 2001)
『가출청소년보호시설 매뉴얼개발』(청소년보호위원회, 2002)
『미국 가출청소년 프로그램의 이해』(나눔의 집, 2002)
『가출청소년의 이해와 상담』(학지사, 2009)
「중장기쉼터 퇴소청소년의 자립지원에 관한 연구」(2009) 외 다수

위기청소년의 성인되기

2013년 2월 20일 1판 1쇄 인쇄
2013년 2월 25일 1판 1쇄 발행

지은이 • 김향초
펴낸이 • 김진환
펴낸곳 • (주) **학지사**
　　　　121-837 서울시 마포구 서교동 352-29 마인드월드빌딩 5층
대표전화 • 02-330-5114　　팩스 • 02-324-2345
등록번호 • 제313-2006-000265호

홈페이지 • http://www.hakjisa.co.kr
커뮤니티 • http://cafe.naver.com/hakjisa

ISBN 978-89-997-0043-9　93330
정가 13,000원

인터넷 학술논문 원문 서비스 뉴논문 www.newnonmun.com